国家社会科学基金重大项目成果

主编　杜建录

# 西夏通志

## 文物志

于光建　邓文韬　杜维民　撰

人民出版社

教育部人文社会科学重点研究基地
宁夏大学西夏学研究院重大项目

# 目　录

序　一 ………………………………………………………………… 1

序　二 ………………………………………………………………… 6

序　三 ………………………………………………………………… 11

凡　例 ………………………………………………………………… 1

一、概论 ……………………………………………………………… 1

　（一）西夏文物发现 ……………………………………………… 1

　（二）西夏文物的种类 …………………………………………… 6

　　　1. 不可移动文物 ……………………………………………… 6

　　　2. 可移动文物 ………………………………………………… 7

　（三）西夏文物的价值 …………………………………………… 13

二、遗址篇 …………………………………………………………… 19

　（一）州城堡寨离宫 ……………………………………………… 19

　　　1. 古城遗址 …………………………………………………… 20

　　　2. 堡寨遗址 …………………………………………………… 33

　　　3. 离宫与祭祀遗址 …………………………………………… 55

（二）石窟庙塔 ······························ 66

　　1. 寺院佛塔 ··························· 67

　　2. 石窟遗址 ··························· 78

（三）窑址窖藏 ······························ 88

　　1. 瓷窑遗址 ··························· 88

　　2. 金银器窖藏 ······················· 95

　　3. 钱币窖藏 ························· 97

　　4. 其他窖藏类 ····················· 106

（四）陵寝墓葬 ···························· 111

　　1. 宁夏西夏墓葬 ··················· 111

　　2. 甘肃西夏墓葬 ··················· 120

　　3. 内蒙古西夏墓葬 ··············· 122

　　4. 陕西党项西夏墓葬 ············· 127

　　5. 附：西夏遗民墓葬 ············· 129

三、文物篇 ································· 131

（一）金银铜铁器 ························ 131

　　1. 金器 ··························· 132

　　2. 银器 ··························· 140

　　3. 铜器 ··························· 146

　　4. 铁器 ··························· 157

（二）官印符牌 ···························· 175

　　1. 官印 ··························· 176

　　2. 符牌 ··························· 193

（三）钱币 ································· 198

　　1. 西夏文钱币 ····················· 199

2. 汉文钱币 ·················· 200

3. 银锭 ·················· 203

（四）碑石刻 ·················· 205

1. 摩崖洞窟题刻 ·················· 206

2. 碑刻 ·················· 210

3. 墓志铭与塔铭 ·················· 217

4. 其他 ·················· 225

5. 附：西夏遗民石刻 ·················· 226

（五）雕塑造像 ·················· 232

1. 石雕 ·················· 232

2. 木雕 ·················· 237

3. 泥塑 ·················· 242

4. 陶瓷雕塑 ·················· 255

5. 金属雕塑 ·················· 260

（六）竹木器 ·················· 266

1. 家具 ·················· 267

2. 生活用具 ·················· 270

3. 葬具 ·················· 275

4. 木质文献 ·················· 276

（七）纺织品 ·················· 280

1. 毛纺织品 ·················· 281

2. 棉麻纺织品 ·················· 282

3. 丝织品 ·················· 282

（八）瓷器 ·················· 288

1. 扁壶 ·················· 289

2. 瓷钵 ·················· 294

3. 瓷瓶 ……………………………………………… 297

4. 瓷罐 ……………………………………………… 308

5. 瓷缸 ……………………………………………… 318

6. 瓷瓮 ……………………………………………… 321

7. 瓷盆 ……………………………………………… 326

8. 瓷碗 ……………………………………………… 329

9. 瓷盘 ……………………………………………… 335

10. 瓷壶 ……………………………………………… 339

11. 瓷釜 ……………………………………………… 341

12. 瓷炉 ……………………………………………… 343

13. 文具 ……………………………………………… 346

14. 窑具 ……………………………………………… 350

（九）建筑构件 ……………………………………… 357

1. 屋顶装饰构件 …………………………………… 358

2. 瓦当 ……………………………………………… 368

3. 滴水 ……………………………………………… 372

4. 板瓦 ……………………………………………… 374

5. 筒瓦 ……………………………………………… 376

6. 方砖 ……………………………………………… 378

7. 长砖 ……………………………………………… 381

8. 柱础 ……………………………………………… 384

9. 石构件 …………………………………………… 386

（十）绘画 …………………………………………… 389

1. 木板画 …………………………………………… 390

2. 绢画 ……………………………………………… 398

3. 纸本画 …………………………………………… 405

4. 唐卡画 ·················································· 413

5. 卷轴画 ·················································· 429

**附　　录**·················································· 434

（一）西夏遗址统计表 ···································· 434

（二）西夏文物统计表 ···································· 435

（三）国内西夏文物主要收藏单位一览表 ············· 439

（四）国外西夏文物主要收藏单位一览表 ············· 442

**参考文献**·················································· 443

（一）古籍 ················································ 443

（二）出土文献文物 ······································ 443

（三）研究论著 ············································ 446

（四）期刊论文 ············································ 448

（五）外文文献 ············································ 453

**后　　记**·················································· 455

# 序　一

　　在西夏陵入选世界文化遗产名录之际，以宁夏大学杜建录教授为首的西夏研究团队，凭借着对学术的执着追求与深厚积淀，又推出一部重磅成果——《西夏通志》。这部多年精心编纂的大型西夏史著作共 11 卷（12 册），包括《西夏史纲》(2 册)《西夏地理志》《西夏经济志》《西夏职官志》《西夏军事志》《西夏人物志》《西夏部族志》《西夏风俗志》《西夏语言志》《西夏文献志》《西夏文物志》，共 400 余万字。首卷《西夏史纲》以全景式的视角，为读者徐徐展开西夏王朝兴衰更迭的历史长卷，其余各卷则从不同维度分别展示西夏历史的一个重要侧面。

　　《西夏通志》为 2015 年国家社科基金重大项目成果，立项前我和建录教授多次交换意见，立项后我们的交流就更多了，我还参与《部族志》的撰写、《职官志》的审读，书稿付梓前又得以先睹，感到此书的编纂意义重大，功力深厚，贡献良多。

　　众所周知，宋辽夏金之后的元朝为前代修史时，只修了《宋史》《辽史》和《金史》，未修西夏史，仅在这三史的后面缀以简约的"夏国传""西夏纪""西夏传"，概略地介绍了西夏主体民族党项族和西夏建国后的大事简况，以及各自与西夏的交聘争战。历史资料的稀缺，使得人们对西夏历史和社会的认识模糊不清，感到西夏史在中国历史链条中似乎是个缺环。清代以来，有识之士拾遗补阙，先后编撰《西夏书事》《西夏事略》《西夏纪》等著作，均是对传统典籍中文献资料的编年辑录，不是一部完整的西夏史。20世纪80年代以来，学界推出多部重要的西夏史著作，尤以吴天墀《西夏史稿》影响最为深远。但一方面章节体很难容纳更多的内容，另一方面出土的文献资料特别是西夏社会文书尚未公布和释读，很难弥补元代没有编纂西夏史的缺憾。

为此，《西夏通志》在系统占有资料特别是近年公布考释的西夏社会文书的基础上，将我国古代史书中的纪传史志和近代以来的章节体专史结合起来完成的一部大型西夏史著作，如"西夏史纲"是西夏王朝兴衰更迭的历史长卷；"西夏史志"，相当于"正史"中的《志》，包括地理志、经济志、职官志、军事志、部族志、语文志、文献志、文物志等，但内容和"正史"中《志》不大相同，而是根据资料和当代学术的发展，赋予新的内容，显示出新的活力，如"经济志"中的经济关系、阶级结构和社会形态；"职官志"中蕃汉官名；"军事志"中的战略、战术与战役；"语文志"中的语音和文字；"文献志"已不是传统《艺文志》中的国家藏书，而是所有地下出土文献和传世典籍文献；"人物志"，相当于人物传记；"表"包括世袭、帝号、纪年、交聘、大事、战事、词汇以及名物制度异译对照等。由此可见，《西夏通志》在一定程度上弥补了元朝没有纂修一部西夏史的缺憾。

《西夏通志》的特点是内容丰富而平实。正如首卷《西夏史纲》在凡例中所提出的"本史纲在百年西夏学基础上，系统阐述西夏建国、发展和衰亡过程以及西夏政治、经济、军事和文化面貌，不是资料考辨和某种观点的阐述。"其他各卷也都在各自的凡例中规定，该卷是在前人研究的基础上，进行客观叙述，不是资料考辨和某种观点的阐述。这样明确的自我约定，表明了作者们的科学、客观的治学态度和大众化的表述理念，充分彰显了作者团队严谨的治学态度和致力于学术大众化传播的理念。他们十分注重吸收近些年来在西夏法律、经济、军事、文化诸多方面的最新研究成果，把认真搜罗的相关文献、文物资料展陈于前，将成熟的学术观点归纳于后，没有佶屈聱牙、艰涩难懂的争辩，只是客观地叙述历史，娓娓道来，毫无强加读者之意，却能收平易推介之功，让读者在轻松愉悦的阅读体验中，自然而然地接受西夏历史知识。这种独特的写作风格，真正实现了学术著作的传播，让高深的学术知识走出象牙塔，走进大众视野。

《西夏通志》的另一个特点是系统而全面。全卷不仅多方位地涵盖了西夏历史，即便是每一卷也都能做到在各领域中尽量搜罗各种资料，做到全面系统。如《西夏文献志》收入西夏世俗文献167种，出土西夏佛教文献556种，传统汉文典籍中的西夏文献41种，历代编撰的党项西夏文献21种，还有亡佚的西夏文献25种，共达810种之多，同时对每一种文献都有介绍，为读者提供了翔实的西夏文献盛宴，可谓西夏文献的集大成之作。

《西夏通志》还有一个亮点是多数卷的末尾附有《表》，如《史纲》卷的《世袭表》《帝号表》《纪年表》《交聘表》《大事年表》《西夏学年表》，《地理志》的《党项与西夏地名异译表》，《职官志》的《党项与西夏职官异名对照表》《西夏蕃名官号一览表》《夏汉官职异名对照表》《机构异名对照表》，《语言志》的《词汇表》等。这些《表》以简洁明了的形式，将复杂的历史信息清晰地呈现出来，如《西夏学年表》呈现出百年西夏学发展脉络，《词汇表》以2000条的篇幅分门别类地展示出西夏语的常用词，每条词有西夏文、国际音标和汉译文三项，非常方便读者检索使用。这些附录有的是对正文的补充，有的是对正文的提炼，有的则与正文相呼应，成为各卷不可或缺的有机组成部分，充分体现了作者对各研究领域的深入理解、长期积累以及对读者需求的贴心考量。我想，只有作者对该领域的全面了解和深耕细作才能做出这样既专业，又方便读者的附录，我们应该对作者们为读者的精细考量致以诚挚的感谢。

本书作者团队阵容强大，领衔的杜建录教授为长江学者，他一人担纲了《西夏史纲》《西夏经济志》及部分《西夏军事志》的重担。其他各卷作者均是这些年成长起来的学术带头人和学术骨干，据我所知，他们大多数主持完成两项以上国家社科基金项目，有的主持国家社科基金重大项目和国家社科基金冷门绝学团队项目。这个研究团队经过多年历练，有良好的研究基础与合作传统，十多年前也是由杜建录教授主持的 4 卷本《党项西夏文献研究——词目索引、注释、异名对照》( 中华书局 2011 年出版 )，这个团队的大部分成员就参加了这项基础资料建设工作，使他们在对党项西夏文献整理过程中打下了坚实的基础。他们中有的还参与《西夏文物》整理出版，看得出《西夏通志》是在坚实的基础上厚积薄发，他们的学术积累得到了充分的运用和表达。

　　他们还有一个特点，就是多熟悉西夏文。随着近代西夏文文献的大量发现，特别是近些年来黑水城出土文献的系统刊布，使西夏文文献成为解读西夏历史文化的重要资料基础。掌握西夏文成为解读西夏历史文化的关键。熟悉西夏文译释的本书作者们凭借这一优势，在研究中可以将汉文史料和西夏文资料以及文物资料充分同时利用，相互印证，有机地融汇在一起，做出特殊的深层次解读，从而取得新的符合史实的客观认识。他们如同穿越时空的使者，借助古老的文字，与历史对话，从而得出更符合史实的客观认识。揆诸各卷内容，都不乏利用新的西夏文资料展现该卷历史内容的实例，这种在中国史研究中大量利用民族文字资料的特殊手段彰显出本书的特点，展现出作者们经过艰苦学习、训练而能熟练应用西夏文的亮丽学术风采。

　　最后，我要说的是《西夏通志》作者无论研究环境优劣，都能正确把握国家对"冷门绝学"长远战略，以研究西夏历史文化为己任，以彰显其在中华文明中的价值为使命，坚守岗位，坚持学术，默默耕耘、潜心研究，努力发掘西夏文化在中华文明发展中的历史性贡献，用实际行动和优秀成果推动着西夏学的发展。对他们这种难能可贵的学术坚守点赞，对他们的学术品格表示尊敬！

　　随着西夏陵入选世界文化遗产名录，西夏研究将愈加受到有关部门、学术界和社会的关注和重视。此重要成果的推出无疑将会给方兴未艾的西夏学增添新的热度，对关心西夏的读者们有了认识西夏历史的新途径，为读者打开西夏历史知识的全新窗口，助力大众深刻理解西夏文化在中华文明中的重要地位，对铸牢中华民族共同体意识发挥积极的作用。

**史金波**

2025 年 7 月 15 日

（史金波　中国社会科学院学部委员　中国社会科学院学部委员工作室专家）

# 序 二

　　西夏史学史研究表明，西夏学一百多年的发展史，大体经历了两个阶段。第一阶段从 20 世纪 20 年代至 80 年代。从俄国探险家掠走黑水城西夏文献开始，苏联学者因资料上的优势，率先开始了西夏文献的整理研究，出版了一批论著。日本及欧美的学者也开始了西夏文献的研究。这个阶段，我国学者在西夏文文献资料有限的情况下，开始着手对西夏语言文献、社会历史及宗教文化等方面的研究。总体来讲，这一时期国外西夏学特别是俄罗斯西夏文献研究具有十分重要的地位。第二阶段从 20 世纪七八十年代开始，中国西夏学的研究开始出现了新的变化。70 年代开始，西夏陵等一批西夏遗址的考古发掘，90 年代以来的俄、中、英、法、日等国藏西夏文献的整理出版，西夏学的主战场逐渐由国外转移到国内，西夏学的内涵从早期的黑水城文献整理与西夏文字的释读，拓展成对党项民族及西夏王朝的政治、经济、军事、地理、宗教、考古、文物文献、语言文字、文化艺术、社会风俗等全方位的研究，完整意义上的西夏学逐渐形成，和敦煌学、简牍学一样，成为一门涵盖面非常广泛的综合性学科。西夏学取得的丰硕成果，表明已开始走出冷门绝学的境地，出现了初步的繁荣局面，学界给予了更多的关注和赞誉。2007 年，在北京召开的《中国藏西夏文献》出版座谈会上，史学大师蔡美彪先生曾说，"我深切的感到 30 年来，我国西夏学、西夏史的研究取得的成绩非常大，甚至可以说，将这 30 年的中国历史学的各个领域比较起来的话，西夏的文献整理和西夏学研究的成绩，应该是最显著的领域之一"（《西夏学》第 3 辑，2008 年）。

西夏学在新的发展进程中，研究机构及学术团队的建立发展壮大，是必要的条件和基础工作。西夏故地在宁夏，宁夏大学一直把西夏学作为重点建设的学科，2001 年，宁夏大学西夏学研究中心被教育部批准为高校人文社会科学重点研究基地，2008 年教育部批准更名西夏学研究院。基地建设二十多年来，他们立足当地，着眼长远，培养队伍，积极开展具有学科发展意义的重点项目研究，已成长为国内外西夏学领域一支有科研实力、能够承担重大项目并起到领军作用的学术团队。在这个过程中，我作为亲历者和见证者，看到杜建录教授带领的基地和团队之所以能取得突出成效，缘于他们坚持正确的学术导向，具有长远的学术眼光，尊重学术发展规律，在推动西夏学学科体系建设方面采取了一系列必要的举措：

一是重视基础建设，组织文献整理、集成和出版。二十多年来，他们以教育部人文社会科学重点研究基地为平台，联合中国社会科学院西夏文化研究中心等单位，整理出版大型文献丛书《中国藏西夏文献》《中国藏黑水城汉文文献》《中国藏黑水城民族文字文献》《西夏文献丛刊》，建设大型西夏文献文物资料数据库；参与承担并完成国家社科基金特别委托项目《西夏文献文物研究》；将西夏文献研究由西夏文延伸到拓跋政权和西夏时期的汉文、西夏文、吐蕃文、回鹘文等多语种文献，拓展了西夏文献研究的深度和广度。

二是倡导"大西夏史"。跳出西夏看西夏，从唐五代辽宋夏金元大背景下研究西夏，推动多学科交叉综合研究，揭示中华民族"多元一体"格局形成的历史轨迹，揭示西夏多元杂糅的文化特点。将西夏学研究拓展到中华民族"三交"史的研究。

三是重视和推进民族史学理论建设。二十多年前建在宁夏大学西夏学研究院的中国少数民族史博士点就设立了中国民族史学理论专业方向。以"多元一体"为核心的史学理论建设推进和指导了西夏研究，专业人员的史学理论素养和分析概括能力明显提高，和近年来习近平总书记提出的铸牢中华民族共同体意识的理论创新思想紧密衔接。

四是重视学术团队建设和拓宽研究视域。宁夏大学西夏学研究已形成了有一定数量、结构配置合理的团队，研究方向涵盖了西夏历史、文化、语言、文献、文物等主要领域，近十多年迅速发展起来的西夏文化和西夏艺术研究，进一步丰富了西夏学的内涵，具有填补空白和创新的学术意义。运用中华民族史观和多学科综合研究方法，成为西夏学新的增长点。

五是重视国际合作研究，提升国际话语权。2010年成立中俄西夏学联合研究所，开展黑水城文献合作研究，形成中俄联合研究机制。连续举办八届国际学术论坛，促进国际西夏学的交流和学术资源共享；利用国家社科基金外译项目等各种途径，组织出版西夏研究外译著作十多种。

这些举措的坚持和落实，使宁夏大学西夏学研究基地积累了经验，扩大了视野，历练了队伍，完成了一系列重大项目，展示了"西夏在中国，西夏学也在中国"的厚实基础。这也正是他们能够承担并高质量完成国家社科基金重大攻关项目《西夏通志》的主要原因。

杜建录担任主编的《西夏通志》2015年获批国家社科基金重大项目，2022年完成结项，2025年正式出版，十年磨一剑，是迄今为止西夏学各个领域研究成果的集大成者。在学术指导思想上，贯穿了中华民族历史观和中华民族共同体意识；在历史资料运用上，充分吸收了迄今国内外发现刊布的各类文字资料及实物资料以及近年考古新发现；在叙述内容上，尽可能涵盖了西夏社会的各个方面和各个领域，力求全方位呈现一个真实、生动、立体的历史上的西夏；在编纂体例上，将我国传统的史志体和近代以来的章节体结合起来，作了有益的探索。从上述意义上看，《西夏通志》不仅是目前西夏学全面的创新性成果，而且是具有中国自主话语权和自主知识体系的学术成果。

在这里，特别要提到的是《西夏通志》所采用的编著体例。在中国悠久的治史传统中，不仅保留了各种记述历史的文献资料，也创造了编著史书的体例，形成了以纪传体（如《史记》为代表的二十四史）为主流以及编年体、纪事本末体等体例的史书编纂方式，与此同时形成的还有志书体例。志基本属于史的范畴，"郡之有志，犹国之有史"（宋·郑兴裔《广陵志·序》），"方志是地方之史"（白寿彝《史学概论》）。志更侧重于资料内容的分类编纂。以历史纵向为主线的"史"和以横向分类为主线的"志"，构成了中国传统史学的主要记述模式。传统史志体例作为中国历史庞大复杂内容的主要载体，数千年来不断改进完善，其功能和作用不可低估。但传统史著体例也有其历史局限性，如以王朝政治史为中心，忽视社会多元性；以儒家史观主导，难避片面性；以人物和事件描述为中心，缺乏历史发展内在联系及因果分析；史料的选择有局限，民间、地方、民族方面的史料缺失等等。上个世纪随着西方史学理论和方法的引入，史著的章节体体例渐成现代历史著作的主要形式，它以历史演进为基本线索，以科学分类和逻辑分章的形式，将传统史志的叙事方式赋予了现代学术规范，具有结构清晰、内容涵盖面广、可以跨学科综合、便于阅读和传授的特点。但史家在运用章节体书写历史中，与传统史著相比，也感到有不足之处，如对人物、典籍、制度、文化等专项内容的描述不够，一般的处理方法是简要地概括在章节的综合叙事中。白寿彝先生主编的12卷《中国通史》作了新的尝试，用传统与现代相融合的创新编纂体例，采用甲、乙、丙、丁四编结构，甲编"序说"整合文献与研究成果，乙编"综述"以时序勾勒朝代脉络，丙编"典志"解析政治经济文化制度变迁，丁编"传记"通过人物纪传体现史实。这种创新体例将专题考据与宏观叙事结合，史料评介、制度分析、人物纪传、考古发现、研究动态等在章节体中不易展开的内容都有了一定的位置呈现。

作为以断代史和王朝史为叙述对象的西夏历史，《西夏通志》大胆采用了传统史志体例与现代章节体例相融合的方式，将史、志、传、表作为基本结构，"史"为"西夏史纲"，以纵线时间脉络为主，集中阐述从党项到西夏政权的治乱兴衰和社会各方面的演进;"志"为"西夏史志",采用传统地理志、职官志、军事志、部族志、语文志、文献志、文物志等分类编纂叙述的方法,但充分运用了新资料,内容更充实,阐释更有新意;"传"即"人物志",对见于记载的西夏人物逐个立传;"表"包括世袭、帝号、纪年、交聘、大事、战事、词汇以及名物制度异译对照等。全书在中华民族史观的统领下,继承考证辨析的严谨治学方法,以现代学术规范为基本要求,充分吸收传统体例的元素,力求作到史论结合、史志结合、出土文献和实物与典籍文献结合、西夏文文献与汉文文献及其他民族文字文献结合、国内研究与国外研究结合,尽可能吸收国内外研究的新成果。这种编纂体例,虽然带有试验性,但体现了学术上守正创新的精神,体现了构建自主知识体系的积极探索。

经过 10 年的不懈努力,煌煌 12 卷 400 多万字的《西夏通志》终于呈现在读者面前,可以说,《西夏通志》的出版,在西夏学发展史上具有里程碑意义,对于西夏学的过往来讲,是一次全面的总结和收获;对于西夏学的未来来讲,是进一步研究的起点。正如编著者在"序"中所言,《西夏通志》的完成不是收官,而是起点!

陈育宁

2025 年 7 月 6 日

(陈育宁　宁夏大学教授　宁夏大学原党委书记　校长)

# 序　三

元朝修宋辽金三史，没有给西夏修一部纪传体专史，给后人留下很多缺憾。现存的资料无法编纂一部纪传体《西夏史》，当代章节体的《西夏史》又无法容纳更多内容。鉴于此，2008 年就开始策划编纂多卷本历史著作《西夏通志》，2015 年获批国家社会科学基金重大项目，2022 年完成结项，2025 年正式出版。该多卷本著作体裁介于"纪传体"断代史和"章节体"专史之间，将我国的史论和史志结合起来，在西夏史乃至中国古代史研究体例和方法上都是创新，这是本通志纂修的意义和价值所在。

自明、清以来，封建史家有感于西夏史的缺憾，筚路蓝缕，拾遗补阙，撰写出多种西夏专史，重要的有明代《宋西事案》、清代张鉴《西夏纪事本末》、吴广成《西夏书事》、周春《西夏书》、陈崑《西夏事略》，民国初年戴锡章《西夏纪》等等。这些著作梳理了西夏史资料，特别是参考了当时能见到、现已不存的文献资料，值得我们重视。不过从总体上来看，明、清两代学者对西夏史的研究有较大的局限性：一方面采取的是传统的封建史学观点、方法和体例；另一方面黑水城文献尚未发现，西夏陵等重要考古尚未开展，所使用的资料仅限于传世典籍，因此，这些著作都不能够全面阐释西夏社会面貌。

20 世纪 70 年代以来，西夏史的研究又得到学界的重视，先后出版林旅芝《西夏史》（1975）、钟侃等《西夏简史》（1980）、吴天墀《西夏史稿》（1981）、李蔚《简明西夏史》（1997）、李范文主编《西夏通史》（2005），这些成果各有所长，大大推动新时期西夏史的研究，如果从研究的全面性来看，仍有一定的局限，一是章节体例无法容纳更多历史事实，前四种都在四十万字以内，其中《西夏简史》不足10万字，即使由专家集体完成的《西夏通史》也是几十万字；二是地下出土文献尚未完全公布，特别是数千件俄藏西夏社会文书近年才公布，所利用的资料有限。因此，有必要运用新资料、新体例完成一部多卷本的西夏史。

国外西夏研究的重点集中在西夏文献，西夏历史方面的成果相对较少，主要有苏联克恰诺夫的《西夏史纲》（1968），日本冈崎精郎的《党项古代史研究》（1972），美国邓如萍的《白高大夏国：十一世纪夏国的佛教和政体》（1998），《西夏史纲》比较简略，且汉文资料使用上有较多错误；《党项古代史研究》侧重西夏建国前的历史；《白高大夏国：十一世纪夏国的佛教和政体》过分强调西夏佛教的地位，国外的西夏史代表作虽有较高的参考价值，但也不能反映西夏历史全貌。此外，《中国通史》《辽宋西夏金代通史》《剑桥辽夏金史》也都有西夏史的内容。该成果或作为中国通史的一部分，或是辽金西夏断代史的组成部分。

除通史外，文献资料和专史研究也取得了很大成绩，文献资料整理研究方面，相继出版《俄藏黑水城文献》《英藏黑水城文献》《法藏敦煌西夏文文献》《中国藏西夏文献》《中国藏黑水城汉文文献》《斯坦因第三次中亚考古所获汉文文献》《日本藏西夏文文献》《西夏文物》（多卷本）。韩荫晟《党项与西夏史料汇编》，陈炳应《西夏文物研究》，史金波《西夏经济文书研究》《西夏军事文书研究》，史金波等译《天盛改旧新定律令》，杜建录等《党项西夏文献研究——词目索引、注释与异名对照》《西夏社会文书研究》等。所有这些，将西夏历史文献整理研究推向了新阶段。

西夏专史方面，史金波《西夏文化》《西夏佛教史略》《西夏社会》，白滨

《元昊传》《党项史研究》，周伟洲《唐代党项》《早期党项史》，汤开建《党项西夏史探微》，杜建录《西夏经济史》《西夏与周边民族关系史》，李华瑞《宋夏关系史》，杨浣《宋辽关系史》，陈育宁、汤晓芳《西夏艺术史》，韩小忙《西夏美术史》，鲁人勇《西夏地理考》等。这只是百年西夏学论著的一部分，还有大量论著收录在《西夏学文库》《西夏学文萃》两套大型丛书中，不一一列举。这些研究成果，为多卷本《西夏通志》的撰写奠定坚实的基础。

《西夏通志》约四百万字，从内容上看，可分为四部分，一是"西夏史纲"，包括党项内迁与夏州拓跋政权建立、西夏建国与治乱兴衰、西夏人口与社会、西夏农牧业和手工业、西夏通货流通与商业交换、西夏赋役制度、西夏社会形态与阶级结构、西夏文化、西夏遗民等。

二是"西夏史志"，相当于"正史"中的《志》，包括地理志、经济志、职官志、军事志、部族志、语文志、文献志、文物志等，但内容和方法和"正史"中《志》大不相同，而是根据资料和当代学术的发展，赋予新的内容，显示出新的活力，如"地理志"中的地的西夏地图；"经济志"中的经济关系、阶级结构和社会形态；"职官志"中蕃汉官名；"军事志"中的战略、战术与战役；"语文志"中的语音和文字；"文献志"已不是传统《艺文志》中的国家藏书，而是所有地下出土文献和传世典籍文献（含典籍中记载而已佚失的文献），既包括西夏文文献，又包括西夏时期产生汉文文献和其他民族文字文献。

三是"西夏人物志"，相当于人物传记，对目前见于记载的所有西夏人物立传，由于资料不一，每个传记多则近千字，少则数十字。

四是附表，包括《西夏世袭表》《西夏帝号表》《西夏纪年表》《西夏交聘表》《西夏大事年表》《党项与西夏地名异译表》《党项与西夏职官异名对照表》《西夏蕃名官号一览表》《夏汉官职译名对照表》《机构译名对照表》《西夏战事年表》《西夏人物异名对照表》《西夏部族名称异译表》《西夏沿边部族名称异译表》《西夏词汇表》《西夏学年表》等。

为了高质量完成书稿，课题组结合西夏文献资料特点，尽可能多重证据，将地下出土文献和传世典籍文献相结合，西夏文文献和汉文文献及其他民族文字文献相结合，《天盛律令》《亥年新法》《法则》《贞观玉镜将》等制度层面上的资料和买卖、借贷、租赁、军抄、户籍等操作层面上的资料相结合，国内研究和国外研究相结合。例如，《天盛律令》规定"全国中诸人放官私钱、粮食本者，一缗收利五钱以下，及一斛收利一斗以下等，依情愿使有利，不准比其增加。"过去对这条律令不好理解，通过和黑水城出土西夏天盛十五年贷钱文契结合研究，可知一缗收利五钱为日息，一斛收利一斗为年息。

郡为秦汉以来普遍设置的地方机构，相当于州一级，下辖县，有时是州县，有时是郡县。一般情况下县级名称不变，而州郡名称互换，如灵州与灵武郡，夏州与朔方郡，凉州与武威郡，甘州与张掖郡，肃州与酒泉郡。西夏立国后承袭前代，在地方上设州置郡，以肃州为蕃和郡，甘州为镇夷郡。这条资料出自清人吴广成《西夏书事》，由于该书没有注明史料来源，往往为史家所诟病，研究者不敢确认西夏设郡。黑水城出土西夏榷场文书明确记载镇夷郡，为西夏在地方设郡找到了确凿证据，其意义不言自明。

二是考证辨析，对异见异辞、相互矛盾的史料，加以辨正，以求其是；辨析不清者，两存其说、存疑待考。例如，《天盛律令》记载有石州、东院、西寿、韦州、卓啰、南院、西院、沙州、啰庞岭、官黑山、北院、年斜等十二个监军司，有的名称和《宋史》《续资治通鉴长编》记载相同，有的不相同，要逐一考辨清楚。还如，汉文文献中的党项西夏地名、人名、官名、族名，有的是意译，有的是用汉语音写下来，不同的译者往往用字不同，出现了大量的异译；有的在传抄、刊印过程出现讹、衍、误。以上种种现象，造成将一人误做两人，将一地误做两地，将一官误做两官，为此，在全面系统搜集资料的基础上，对汉译不同用字以及讹、衍、误逐一进行甄别和考辨，表列党项与西夏地名、人名、官名、族名异名对照。

三是分三步完成，第一步为按卷编纂"西夏通志资料长编"，将所有出土文献、传世典籍、文物考古资料，按照时间和门类编成资料长编；第二步对搜集到西夏文献资料辨析考证，完成西夏史考异，对当代专家不同的认识，也要加以辨析，有的问题两存其说；第三步在资料长编和文献考异的基础上，删繁就简、去误存真、存疑待考，完成资料详实、内容丰富、观点鲜明的多卷本《西夏通志》。

教育部西夏学重点研究基地建设伊始，确立了西夏文献整理出版、西夏文献专题研究以及西夏社会面貌阐释的"三步走"战略。《西夏通志》的纂修是该战略的重要环节，它的完成不是收官，而是起点！

**杜建录**

2025 年 6 月 1 日

（杜建录　教育部人文社科重点研究基地

宁夏大学西夏学研究院院长　民族与历史学院院长）

# 凡 例

一、本志收录西夏及其前身夏州拓跋李氏政权时期的文物遗址，西夏遗民文物遗址以附录的形式收录。包括不可移动文物和可移动文物两部分，不可移动文物分州城堡寨离宫、石窟庙塔、窑址窖藏、陵寝墓葬四大类；可移动文物分金银铜铁器、官印符牌、钱币、碑石刻、雕塑造像、竹木器、纺织品、瓷器、建筑构件、绘画十大类，每类之下又分若干小类。

二、本志是在目前研究的基础上，对遗址和文物的客观叙述，不是资料考辨和某种观点的阐述。

三、本志收录的国内西夏遗址和文物主要依据相关省市自治区与市县区已出版和发表的考古调查、发掘报告、文物地图集、文物志、文物图录等资料，国外藏西夏文物主要采用已出版的俄藏黑水城艺术品等文物图录资料，部分资料是课题组实地调研获取。

四、本志所收文物遗址具有代表性，力求反映西夏物质文化的面貌，尚未定论者不收。

五、本志所收文物遗址大小尺寸等，原则上采用文物部门公开发布的数据。

六、本志纪年一律采用年号纪年后注公元纪年，如西夏天授礼法延祚元年，即宋宝元元年（1038）。

七、本志对西夏国主（皇帝）的姓氏采用学界通用的李姓。部族成员，则根据史料记载，或用拓跋氏，或用李氏，或用嵬名氏，不统一要求。

八、本志附国内外西夏文物收藏单位简表。

# 一、概论

西夏（1038—1227）是由党项拓跋部建立的政权，自称"大夏国""大白高国"。因在中国的西北，故被称为西夏。前期和北宋、辽对峙，后期和南宋、金鼎立。蒙古灭西夏时，将西夏都城兴庆府的文物典籍付之一炬，加之元修宋、辽、金三史，没有给西夏修一部纪传体专史，因此，幸存下来的西夏文物遗址资料弥足珍贵。

## （一）西夏文物发现

清嘉庆九年（1804），著名学者张澍在甘肃武威发现西夏重修护国寺感通塔碑，该碑被砌封于武威城北隅的大云寺碑亭中，不为世人所知，张澍启拆砖封后，才重见天日。碑文一面西夏文，一面汉文，记述西夏天祐民安四年（1093），夏崇宗李乾顺与皇太后发愿重修凉州护国寺感通塔及寺庙，第二年完工后立碑赞庆。张澍的这一重要发现使消亡已久的西夏文字重现于世。清嘉庆十年（1805），金石学家刘青园在凉州（今甘肃省武威市）发现了西夏钱币窖藏，经过比对，方知洪遵《泉志》中所收"梵字钱"是西夏钱币。

1908—1909 年，俄国人科兹洛夫（П.К.Козлов）探险队先后两次到内蒙古额济纳旗黑水城遗址，掘走大量西夏文物，仅西夏古籍文献就达近万卷（件），其他可移动文物数百件。文献藏俄罗斯科学院东方文献研究所，文物藏艾尔米塔什博物馆。英国人斯坦因（M. A. Stein）步科兹洛夫后尘，于 1914 年也到黑水城寻找发掘，所得西夏文物亦不在少数，除大量文献外，还有约 300 件可移动文物。法国人伯希和（P. Pelliot）于 1908 年在敦煌掘获大批文物，其中包括一批西夏文物。近代以来大量西夏文物流失海外，造成难以弥补的重大损失，是中国文物考古工作者和西夏研究者的切肤之痛。

1927—1935 年，瑞典人斯文·赫定（Sven Anders Hedin）和中国学者共同组成"西北科学考察团"。考察团在内蒙古黑水城以及甘肃等地也得到不少西夏文物，大部分藏于瑞典斯德哥尔摩民族学博物馆，少量藏于中国社会科学院考古研究所。

1959 年，内蒙古巴彦淖尔市临河县农民在高油房古城东北角发现一处窖藏，出土金托盏、金指剟、金耳坠、金佛像等各种金银器。同时还出土了西夏文铜印和大量西夏钱币。这次出土各类金银器约 27 千克，为研究西夏冶金铸造工艺提供了珍贵的实物资料。

1952—1960 年，因修建甘肃武威县（今凉州区）黄羊河水库，由敦煌文物研究所和甘肃省博物馆联合对武威天梯山石窟进行搬迁。清理发掘出许多北凉、北魏、西魏、北周、隋、唐、西夏、元及明代壁画和文物。

1965 年和 1966 年，宁夏博物馆曾对石嘴山市惠农区庙台乡的省嵬城进行过两次发掘，发现城门只有一个门道，宽约 4 米、长 13 米。门洞两侧铺长条石作为基础，石门道内发现大量的木炭和烧结块。出土 57 枚唐宋货币，还有秃发人头像、罐、瓶、碟、碗等西夏瓷器。

1964 年，敦煌文物研究所和中国社会科学院民族研究所合作，敦煌文物研究所常书鸿所长、西夏学学者王静如研究员、考古学家宿白教授以及青年学者史金波、白滨、陈炳应、李承仙、刘玉权、万庚育等参与，对莫高、榆林两窟中的西夏窟进行系统的调查，初步确定莫高窟 77 个、榆林窟 11 个是

"西夏时期开凿和妆銮过的洞窟"[①]。1963—1980年期间，经过窟前遗址发掘，又新发现491号窟为西夏洞窟。

1972年，甘肃武威张义镇小西沟修行洞当地群众上山挖药材时在山洞中发现了百余件西夏文物。甘肃省博物馆、武威地区文物管理委员会前往收集清理，这次清理总计发现文物近百件，有西夏文印本佛经、佛画、西夏文医方、社会文书、西夏文木简、汉文文书、日历、请假条、竹笔、木刮布刀、牛皮鞋、毡片、石纺轮、苦修佛像、钱币、善业泥等。这是新中国成立后，我国首次发现的大宗西夏文物。

20世纪70年代开始，宁夏文物部门对西夏陵进行科学的调查和考古发掘，经调查，陵园占地约50平方千米，有帝陵9座，陪葬墓70座。自1972年以来，已发掘1座帝陵（6号陵）、4座陪葬墓，以及北端建筑遗址、砖瓦窑址等，出土了大量的西夏文、汉文残碑，迦陵频伽，鸱吻，海狮，龙首套兽，人像力士等建筑构件和金银铜铁器。西夏陵考古发掘是我国20世纪100项重大考古发现之一。

1976年，宁夏灵武临河乡石坝银器窖藏出土银器15件，分别是曲角银股钗6件、银舍利盒2件、银洗3件、银钵3件、银碗1件（残）。其中一件银洗内底墨书西夏文"三两"，一件银钵内底墨书西夏文"三两半"，一件银钵残件内饰卧牛图案，一件银碗残件内楷书汉字"御前核重，方字号秤，官"9字。[②]为研究西夏金银器以及度量衡提供了重要的实物资料。

1977年以来，伴随甘肃武威旧城改造建设，在武威西郊附近先后发现西夏墓葬7座，出土木缘塔、木棺、彩绘木板画、木衣架、木桌、木椅、木瓶、木筷、冥契、瓷器、钱币等一批重要文物。[③]

1986年，宁夏银川市新华街百货大楼在扩建后楼的施工过程中，出土有

① 刘玉权：《瓜、沙西夏石窟概论》，见敦煌文物研究所编《中国石窟·敦煌莫高窟》（五），文物出版社1987年版，第175—185页。

② 董居安：《宁夏石坝发现墨书西夏文银器》，《文物》1978年第12期。

③ 黎大祥、张振华、黎树科：《武威地区西夏遗址调查研究》，社会科学文献出版社2014年版。

宋代和西夏时期的碎瓷片以及青铜文物 10 件，其中 2 件六棱双耳网纹长颈瓶、
1 件双龙钮八卦铜钟、7 尊鎏金佛造像。

1987 年，甘肃武威市新华乡缠山村群众在修复亥母洞寺院时，发现了一
批纸质文献，其中西夏文书、经卷占绝大部分。后经武威市博物馆工作人员
对石窟的清理，出土西夏、元、明、清时期的文物上百件，以西夏时期为最
多。有西夏文、藏文佛经，唐卡，泥石造像，大量佛教用品和生活用品，其
中有 49 件出土文物被认定为国家一、二、三级珍贵文物。

1987 年，甘肃武威市城内署东巷发现西夏窖藏，出土刻花牡丹纹金碗 1
件，刻花牡丹纹金钵 2 件，金臂钏 1 件，镶嵌绿松石金链 2 件，银锭 21 件。

1984 年、1985 年和 1986 年中国社会科学院考古研究所分三次对宁夏灵
武市东 35 千米的灵武窑址进行了发掘，又因在明代磁窑堡旧城附近，也称
磁窑堡窑。灵武窑遗址面积约 24 万平方米。发掘面积 700 平方米，发现西夏
窑炉三座，清代窑炉一座；西夏作坊 8 座，元代作坊 1 座。出土瓷器、工具、
窑具等 3000 余件及大量瓷片，对研究西夏瓷的种类、造型、纹饰和制造工艺
具有重要的价值和意义。根据地层叠压关系和出土文物分析，灵武窑创于西
夏中期，经元明直至清代，分为五期，其中第一、二期为西夏中晚期，第三
期以后属元明清时期。

20 世纪 80 年代末，宁夏文物部门对位于青铜峡的 108 塔进行维修时，
在塔基发现了砖雕佛像、陶制塔模、泥塑彩绘造像及西夏文残经，确定塔群
为西夏至元代的遗存。

20 世纪 80 年代，宁夏文物部门在对位于贺兰山拜寺口的双塔进行维修
时，出土了一批西夏至元代的造像、唐卡、钱币及墨书西夏文题记等。

1990 年，文物部门对宁夏贺兰县宏佛塔维修时，在塔的天宫内发现大量
西夏文残碎经版、精美的彩塑佛像，还有稀见的 14 幅绢质卷轴画，其中完全

藏传佛教风格的作品是上乐金刚双身像、释迦牟尼佛与八塔和千佛图等。①

1990年冬，位于宁夏银川贺兰山拜寺沟内深处的拜寺沟方塔被盗宝的不法分子炸毁，文物部门对废墟进行清理时，发现书写汉文和西夏文的塔心柱木、西夏文文书、汉文文书、汉文佛经、绘画、器物等，包括最早的西夏文木活字版佛经《吉祥皆至口合本续》。②

1993—1994年，甘肃武威市文物部门在古城乡塔儿湾发现了西夏瓷窑遗址，甘肃省文物考古研究所、原武威市文物管理委员会先后进行了正式考古发掘，出土大批西夏瓷器，有的瓷器上还墨书汉文和西夏文题记。这是迄今出土西夏瓷器中种类和数量最多、釉色繁杂的重大发现，塔儿湾也成为西夏西部的重要官窑。③

1997年，宁夏考古所配合天然气输气管道工程，对灵武窑东北约2千米附近的回民巷窑进行了抢救性清理发掘，这个窑址东西约200米、南北约400米，俗称"瓦碴梁"，清理窑炉2座，灰坑3座，出土文物2000余件。该瓷窑略早于灵武窑，废于西夏晚期。④

2000年和2001年，宁夏文物部门对永宁县闽宁村西夏早期党项大族野利氏家族墓地进行了清理发掘。发掘墓葬8座，出土了木俑武士、文臣俑、木鸡、木牛、木羊等；清理碑亭4座，出土碑文残片237块。⑤

2012年，宁夏灵武市文物管理所联合西夏陵管理处对灵武市区东北35千米的宁东镇回民巷村南2千米处白梁沟瓷窑遗址进行抢救性发掘。出土数以万计瓷器标本、窑具等。整体发掘4座瓷窑，除了窑顶部外，其他部分均保存完整，并整体搬迁至银川市西夏陵区管理处。

2017—2022年，经国家文物局批准，甘肃省文物考古研究所再次对武威

① 宁夏文物考古研究所：《西夏宏佛塔》，文物出版社2017年版。
② 宁夏文物考古研究所：《拜寺沟西夏方塔》，文物出版社2005年版。
③ 党寿山：《武威文物考述》，武威光明印刷物资有限公司2001年版，第83—90页。
④ 孙昌盛、杜玉冰：《宁夏灵武市回民巷西夏窑址的发掘》，《考古》2002年第8期。
⑤ 宁夏文物考古研究所：《闽宁村西夏墓地》，科学出版社2004年版。

市凉州区新华乡亥母洞石窟 4 个洞窟进行保护性发掘，出土大量西夏文、汉文、藏文文献及钱币、丝绸、唐卡、雕塑、瓷器、建筑构件、擦擦等文物。[①]

2021—2022 年，宁夏文物考古研究所对贺兰山苏峪口西夏瓷窑遗址进行考古发掘，清理炉窑 4 座和一处制瓷工艺的作坊遗迹，出土碗、盘、盏、碟等白等精细白瓷，与西夏陵、贺兰山东麓西夏离宫遗址出土的精细白瓷一致，当为一座西夏官窑。

## （二）西夏文物的种类

### 1. 不可移动文物

西夏文物分不可移动文物和可移动文物两大类，不可移动文物主要有州城堡寨、离宫苑囿、石窟庙塔、窑址窖藏、陵寝墓葬等。城堡遗址包括都城、州城、监军司驻地和堡寨。府州城大部分沿袭唐宋，小部分由堡镇号为州。出于控遏蕃部和军事战争的需要，西夏筑有大量的军事堡寨和关隘，仅元昊建国前夕"始于汉界缘边山险之地三百余处修筑堡寨"[②]。这些堡寨遗址往往分布在无定河、大理河、延河、洛河沿岸的山峁上，如葭芦故城、大西沟古城、城子梁寨、米脂寨、细浮屠寨、杨城湾城、背城、义和寨、吴堡寨、田百户城、白豹城、铁边城、金汤寨等。

宋夏沿边的堡寨，有的是宋朝堡寨被西夏攻占，有的是西夏堡寨被宋朝攻占。西夏中后期从金朝手中夺取河外的西宁（今青海西宁）、积石（今青海贵德）、乐（即湟州，今青海乐都）、廓（在今青海化隆境内）四州，故河湟地区留存有许多西夏时期的古城址，如民和回族土族自治县马场垣乡的下川口古城、海北藏族自治州门源县东川镇香卡村的克图古城等。

西夏立国后，历代统治者在贺兰山、天都山等名山大川修建离宫别苑，

①　赵雪野、蒋超年等:《甘肃武威亥母寺遗址 03 窟发掘简报》,《石窟寺研究》2020 年创刊号。
②　（宋）赵汝愚编:《宋朝诸臣奏议》,上海古籍出版社 1999 年版,第 1467 页。

贺兰山东麓滚钟口、苏峪口、拜寺口、青羊沟、小水沟、韭菜沟、大水沟口遗存许多大型高台建筑和寺院建筑遗址，今平罗县境内的大水沟一带的建筑遗址仍然被当地群众称为"昊王宫"。西夏南部天都山树木苍郁，峰峦叠嶂，清泉流注。天授礼法延祚五年（1042）八月，元昊纳没移氏为妃，于天都山营建七大殿居之，元丰年间被宋帅李宪焚毁。①

　　西夏的石窟寺庙遗存主要分布在河西地区，以敦煌莫高窟、瓜州榆林窟、东千佛洞、旱峡石窟、五个庙石窟、文殊山石窟、昌马石窟和武威亥母洞最具代表。西夏石窟寺上承唐宋、下启元代，大体包括了三类：一是西夏开凿并装绘；二是利用前人洞窟抹壁重新装绘；三是在前人洞窟壁画上重新描线。西夏石窟寺艺术早期继承中原汉传风格，以挺拔有力而圆润的线描塑造人物形象。中晚期则在吸收中原壁画艺术的基础上，又接受了来自藏传佛教绘画艺术的影响，呈现出汉藏并举、显密兼容、中外融合的多元艺术风格。

　　位于贺兰山下的西夏陵是目前保存最为完整、规模最大的西夏遗址，区域内 9 座帝陵，均坐北朝南，呈长方形，由角台、阙台、碑亭、月城、陵城、门阙、献殿、陵台等几部分组成，有的有外城。地宫为阶梯式墓道、穹隆顶、土洞墓，有主室和左右耳室。每座帝陵周围分布许多陪葬墓，呈现大分散、小集中的特点。这些陪葬墓大小不等，形制不一，有的仅存墓冢，有的有墓园，封土有圆墩、圆柱、圆锥等不同样式；墓室多为单室土洞墓，有的规模很大，也有碑亭、献殿等建筑，反映了西夏社会森严的等级制度。一般官员和普通民众墓葬多为小型火葬砖室墓和土洞墓。

### 2. 可移动文物

　　据全国可移动文物普查平台显示，国内登录收藏的西夏可移动文物就有32226 件，其中上级的珍贵文物合计 3346 件，可移动文物包括金属器、官印

---

① 《宋史》卷四八六《夏国传下》。

符牌、钱币、瓷器、碑石、雕塑造像、建材、竹木器、纺织品、绘画等。出土文献收在文献志中，这里不再赘述。

从目前公布的信息来看，西夏可移动文物分布地域较广，收藏单位较为分散。除了宁夏、甘肃、内蒙古、陕西、青海等西夏故地外，北京、天津、上海、新疆、辽宁、黑龙江、吉林、山西、河北、河南、安徽、山东、浙江、福建、重庆、云南、四川、广西以及我国台湾地区等省份也收藏有大量的党项西夏文物。此外，国外收藏西夏文物的国家主要有俄罗斯、英国、法国、德国、美国、瑞典、波兰、日本、印度等国家。

西夏金银器包括饮食器、装饰品、马具、日杂器、佛教造像、银锭等。加工制作多采用锤揲、铸、錾刻、铆合、焊接、模压、掐丝、抛光、镶嵌等工艺，往往同一件器物采用多种工艺。首饰多采用镶嵌宝石、拉丝、焊接等技术性极高的工艺。金银碗、钵、盏等器皿多采用锤揲、焊接工艺成型后，再錾刻装饰图案。装饰纹样有荔枝、团花牡丹、卷草、连珠、团凤、卧牛等。此外，还有佛像、迦陵频伽等特殊纹样。

西夏在政府机构中专门设置文思院，掌金银犀玉制造，以供舆辇册宝之用。《天盛改旧新定律令》规定"生金熔铸：生金末一两耗减一字。生金有碎石圆珠一两耗减二字"；"熟再熔一番为熟板金时：上等一两耗减二字，次等一两耗减三字"；"熟打为器：百两中耗减二钱"等。除了自己制造，外来金银器的量也很大，庆历议和后，宋朝每年赐赠中就有二万两的银制品。

出土的西夏铜器有铜牛、铜炮、铜壶、铜塔范、铜造像、铜刀、铜镜。西夏陵墓出土的鎏金大铜牛外表通体鎏金，长 120 厘米，宽 38 厘米，高 45 厘米，重达 188 千克。牛屈肢而卧，双眸远眺，体态健壮，整体造型生动而逼真，显示出高超的工艺水平。

西夏设置铁冶务、铁工院，专门负责铁器的锻铸。西夏冶铁有两个显著的特点：一为竖式双扇风箱的使用。榆林窟西夏壁画《锻铁图》，描绘三个铁匠正在锻铁，一人手握火钳夹一铁件置砧上，右手举锤，另一人双手抡锤准备锻打。还有一人为坐式，推拉竖式双扇风箱，风箱之后的锻炉正冒着火焰。这种竖式双扇风箱能够"推拉互用，将风连续吹入锻炉，使炉膛始终保持所需高温。这种方法比用韦囊鼓风更进了一步，是后世制作抽拉风箱的过渡阶段"①。另一为掌握了冷锻硬化工艺。1041 年，宋朝陕西安抚判官田况在上书言边事时指出：夏人"甲胄皆冷锻而成，坚滑光莹，非劲弩可入"②，其法与青唐吐蕃锻铁基本一致。西夏的铁器种类较多，主要有铁剑、铁刀、铁铠甲、铁蒺藜等兵器，铁犁铧、铁锄、铁铲、镰刀等生产工具，铁锅、铁釜、铁铛、铁勺等厨具。

西夏官印主要有司印和官印两类，司印是皇太子、中书、经略司、正统司等政府部门的印章；官印是三公、诸王、宰相等各级官员的印章。司印、官印的质地、轻重、大小根据官职高低确定，"上等中书、枢密之长宽各二寸半，经略司二寸三分，正统、有'及授'官等二寸二分，次等司二寸一分，中等司及有'及御印'官等二寸，下等司及有'威臣''帽主'官等一寸九分，末等司一寸八分，僧监副、判、权首领印一寸七分。"③这个尺寸与唐宋官印略同，所用字体也为唐宋九叠大篆。存世的西夏官印为铜质，方形，柱状橛钮，有二字印、四字印、六字印等，90% 以上为二字的"首领"印。印背多一边刻颁授年款，另一边刻持印者姓名。钮顶刻表示方位的西夏文"上"字，也有部分未刻。

现存的西夏符牌主要是铜制，西夏时的符牌种类较多，已发现的有敕燃马牌、防守待命牌、宿卫牌、宫门守御牌、宫门后寝待命牌等。

西夏钱币有铜、铁两种，铜钱居多。钱文有西夏文和汉文，西夏文钱币有福圣宝钱、大安宝钱、贞观宝钱、乾祐宝钱、天庆宝钱，这五种钱币正面为西夏文，背面为光背，形制均为小平铜钱。汉文钱币有元德重宝、元德通

---

① 王静如：《敦煌莫高窟和安西榆林窟中的西夏壁画》，《文物》1980 年第 9 期。

② 《续资治通鉴长编》卷一三二，仁宗庆历元年五月甲戌条。

③ 史金波、聂鸿音、白滨译注：《天盛改旧新定律令》卷一〇《官军敕门》，法律出版社 2000 年版，第 359 页。

宝、天盛元宝、乾祐元宝、天庆元宝、皇建元宝、光定元宝，其中汉文天盛元宝、皇建元宝、光定元宝数量较多。铁钱主要有天盛元宝和乾祐元宝。从窖藏情况来看，西夏主要流通宋朝货币，杂有秦汉、北朝、唐五代、辽金等钱。北宋钱多在80%以上，有些窖藏高达97%，而西夏铸造的钱币则不足2%，且以"天盛""乾祐""光定"钱居多。[①]

西夏瓷釉色以黑、褐、白釉为主，也有少量茶叶末及姜黄釉。常见器型有碗、杯、盘、盆、钵、釜、高足杯、执壶、扁壶、各式瓶、缸、瓮、罐、灯等。此外还有砚台、帐钩、纺轮、围棋、骆驼、狗、人物等。按用途分有生活器皿、娱乐用品、雕塑艺术品、建筑材料等，另有支钉、匣钵之类的窑具残件。其中剔刻釉扁壶、四系瓶、帐钩、纺轮、高足碗盘等器物独具特色。西夏瓷的装饰技法有刻釉、刻花、刻化妆土、剔釉、剔刻化妆土及少量印花及白釉黄褐彩等，具有强烈的浅浮雕感。纹饰以牡丹、莲花、菊瓣等植物纹为主。西夏瓷无论器型、釉色，还是剔刻花装饰技法，都与同时期的北方磁州窑、定窑和耀州窑有密切联系，但精细程度远不如宋瓷。

西夏碑石刻主要是西夏时期和其前身夏州拓跋政权的碑石刻。西夏时期规模最大、价值最高的碑刻为西夏陵碑，9座帝陵有碑亭16座，200多座陪葬墓约1/3有碑亭。遗憾的是这些碑亭中的碑石全部被毁，目前已清理的11座碑亭遗址，共出土夏、汉残碑4411块，其中仅存一二字或三五字者居多，十字、八字已属难得，一二十字者更属少见。不唯如此，宁夏银川闽宁村西夏墓的碑刻也全部残碎。只有河西地区的《凉州重修护国寺感通塔碑》《黑水建桥敕碑》比较完整。

夏州拓跋李氏及其幕僚的墓志有拓跋守寂、拓跋驮布墓志铭，李光睿、李光遂、李继筠、李仁福妻渎氏、李仁宝及其妻破丑氏、李彝谨及其妻里氏、祁氏墓志铭，定难军防御使白敬立、定难军摄节度判官毛汶、定难军管内都

---

① 牛达生：《西夏钱币研究》，宁夏人民出版社2013年版。

指挥使康成、定难军节度押衙白全周、定难军节度副使刘敬瑭墓志铭等。

西夏灭亡后，其遗民以"唐兀人"为族称，继续活动在历史舞台上，今河南洛阳、濮阳，河北保定、大名、正定，福建泉州，云南昆明以及北京等地皆有西夏遗民后裔迁来定居，留下了一大批墓志铭、塔铭、碑刻与摩崖石刻。

西夏雕塑包括石雕、木雕、泥塑、瓷塑、砖雕等。1909 年沙俄大佐科兹洛夫从黑水城盗掘走的 300 余件文物中，泥塑、木雕和铜质造像或法器等 270 余件，除双头佛等极少数雕塑品外，绝大部分尚未公布。20 世纪 70 年代以来，西夏陵出土了石雕力士志文支座、石像生残件、石马、石狗、石雕龙柱、莲花柱础。2000 年在闽宁村西夏墓发掘出土了一批人物、动物木雕。宁夏贺兰县宏佛塔出土了 10 余件罗汉、佛首雕塑和大量的残件。灵武窑、塔儿湾、回民巷等西夏瓷窑出土的人物、动物瓷塑独具特色。

出土的建筑装饰构件有砖、瓦、瓦当、滴水等砖瓦，鸱吻、摩羯、四足兽、立鸽、迦陵频伽等屋脊兽，雕龙栏柱、莲花座、石柱头、石螭首等石材。西夏陵出土的绿釉琉璃鸱吻，体形硕大，保存完整，高 152 厘米，宽 92 厘米，厚 32 厘米。呈龙首鱼身状，双目怒睁，张口吞脊，獠牙外露，形象威猛神异，尾出两鳍，翻卷上翘。背饰鱼鳍纹，尾部饰鳞纹，为正脊饰物，是目前国内出土最大的鸱吻。

西夏的瓦当和滴水有灰陶和琉璃两种，瓦当宽缘，边饰连珠纹，内饰兽面纹和花卉纹。兽纹大眼，宽鼻，阔嘴，上有犄角、卷毛，突出面部刻画，龇牙咧嘴、双目圆睁。出土的西夏砖主要有长方砖、梯形砖和方砖。长方砖和梯形砖主要用于包砌夯土墩台、建筑台基的砖壁，方砖用于建筑台基铺墁地面，有素面和花纹两种，花纹以莲花为多。

西夏木器类文物种类繁多，制作精巧，甘肃武威西郊林场 2 号西夏墓出土的木器有木长桌、木衣架、木塔、木笔架、木宝瓶、木碗、木唾盂、竹笔、木笔架、木缘塔、木棺等，武威南营窖藏出土了木筷，武威小西沟修行洞出土了木刮布刀，宁夏银川西夏陵出土了雕刻精致的人物花卉庭院竹雕装饰件，拜寺口方塔出土了彩绘描金木条桌、木宝座、木花瓶，贺兰县宏佛塔出土了木雕版，黑水城出土了木宝瓶、彩绘木塔、彩绘木插屏等。从功能上分类，有家具、生活用品、文化用品、宗教用品、葬具等。

西夏木质家具在造型与风格上与宋辽金的家具略同，甘肃武威西郊林场西夏墓出土的木长桌，打磨光滑，边缘处施凹形线一道，四足上方下圆，均施桌牙，前后为双撑，两侧为单撑，形制和工艺与河南白沙宋墓壁画中砖砌桌子、宋代绘画中出现的木桌相同。木衣架两立杆底端均有座，座为桥形，上有两斜杆支撑，与底座呈三角形，上面横杆两端雕成蕉叶形，也与河南白沙宋墓壁画中的木衣架相同。

以毡、褐、毯为代表的毛纺织是党项人的传统行业。毡是用牛羊及骆驼毛经弹化、浸湿、加热、挤压等工序制成的片状材料，具有良好的保温防潮性能。在制作过程中，还可一次性做成披毡、雨毡、毡帽、毡靴、毡袜或毡帐。毛褐是用牲畜毛捻线织成的毛布，有粗细之分，绵羊毛线织成的较细，称为绵毛褐，山羊毛线织成的为粗毛褐。毛毯即罽毯，藏族人称为氆氇。上述制品除满足西夏人生活外，还是对外贸易的重要商品，西夏制作的白驼毛毡被马可·波罗誉为"世界最丽之毡"，沿着丝绸之路贩运到世界各地。甘肃武威亥母洞遗址出土的毛绳和毛织品残片，虽已腐朽残破，但是不可多得的西夏毛织品实物资料。出土的西夏棉麻制品仅3件，分别是宏佛塔出土的蓝花布香袋和亥母洞遗址出土的绣花鸳鸯鞋、粗布鞋。

西夏的丝织品种类丰富，有绢、纱、罗、绮、绫、锦、缂丝和刺绣，出土的实物有婴戏莲花绢、印金双鱼团花蓝绸、茂花闪色锦、贴花绢包巾、织锦绣花荷包、绢画幡带及经书封面等，俄藏黑水城出土的西夏绿度母唐卡布，采用了复杂的缂丝技术，画面清丽淡雅，着色上透露出汉地的审美情趣，表现出汉藏融合的艺术风格。

西夏设置织绢院，专门负责官营丝织业生产。其生产程序大抵是先缫生丝，缫丝百斤，"九十八两实交中，优九十一两半，劣四两，混二两"。接下来为纺线，纺上等好绢线，"一两中耗减三钱，下等绢线十两中耗减六钱，不堪织绢用之混丝线渣为马鞍盖者，百两中耗减七两"。然后染色，生染一两无耗，当依法交。熟染时，白、银黄、肉红、粉碧、大红、石黄六色，一百两中交七十五两，"其余种种诸色皆本人交八十两熟"。

染好的绢线先由仓库保管，织绢工再向仓库领取。"女子领绣线时，一两中可耗减一钱半"。"纺织之应用纬线、格子线等，二月一日于事着手领取，自置经纬线起，纺织罗帛，至十月一日止，所领线数一百两耗减三两"。[①] 至此，富有民族特色的丝织品就生产出来了。当然，这一时期宋朝的丝织品通过赐赠和贸易的形式传入西夏，西夏遗址出土的部分丝织品有可能来自内地。

目前留存的西夏绘画有壁画、木板画、佛经卷首版画、卷轴画以及唐卡等，大部分为宗教题材，也有少量世俗人物画和花鸟画、动物画等。甘肃莫高窟、榆林窟、东千佛洞、旱峡石窟、五个庙石窟、文殊山石窟等敦煌石窟群和宁夏贺兰山山嘴沟石窟中保存大量西夏壁画。木板画主要是甘肃武威西夏墓出土的彩绘或墨绘的人物与动物画。唐卡画在黑水城、武威亥母洞石窟寺、宁夏拜寺沟双塔、贺兰县宏佛塔均有出土。西夏绘画前期以中原传统绘画为主，同时吸收了回鹘、辽和金等周边民族的绘画艺术，西夏晚期又汲取"藏密"艺术风格，形成多元汇聚。即使唐卡艺术，也是在吸收吐蕃唐卡绘制技艺的基础上，借鉴中原绘画技艺，吸收来自印度、尼泊尔等波罗风格艺术，呈现出多元并存、汉藏杂糅的艺术风格。

## （三）西夏文物的价值

西夏文物内容丰富，数量众多，极大地丰富了西夏历史文化的实物资料。这些文物不仅从不同的侧面形象地反映了党项西夏社会的政治、经济、军事、

---

① 《天盛改旧新定律令》卷一七《物离库门》，法律出版社 2000 年版，第 554 页。

文化、艺术、风俗、民族以及宗教信仰等方方面面，对西夏学研究具有重要意义，同时西夏文物也是中华文明与中华优秀传统文化的重要见证，为理解中华民族多元一体格局和中华文明形成发展脉络提供了重要的视角。

建筑是西夏社会文明程度的重要体现，由于史籍缺载，多少年来研究者只用仿唐宋而建带过。20 世纪 70 年代以来，随着西夏陵墓、城镇、寺院考古发掘，研究者通过墙基、城壕、建材，就能推断出西夏大型建筑的规模和格式。如通过高 152 厘米、宽 92 厘米、厚 32 厘米的琉璃鸱吻以及地面遗址，就能计算出该建筑高度和建筑面积。

史书记载西夏的姑表婚是单向的，如开国皇帝李元昊娶舅女卫慕氏为妻，第二代皇帝谅祚娶舅女没藏氏为妻，第三代皇帝秉常娶舅女梁氏为妻。拓跋家族墓志所记的姑舅表婚则是双向的，李彝谨（拓跋彝谨）的岳母为拓跋氏，显然是舅舅的儿子娶姑姑的女儿为妻[①]。从而印证了西夏文有关"为婚"与"舅甥"、"婆母"与"姑母"的含义 [②]。

拓跋家族的墓志铭使夏州拓跋李氏世袭关系更加清晰，史籍中的谬误也得到了纠正。《大晋故虢王李仁福妻渎氏墓志铭》记渎氏与虢王李仁福育有五子，年齿顺序为长彝殷，次彝谨，三彝氳，四彝超，五彝温。彝殷（又名彝兴）、彝超在新旧《五代史》《宋史》有记：长兴四年（933）李仁福卒，彝超继立定难军节度使，清泰二年（935）彝超卒，彝殷继立。可能彝超袭位在前，彝殷袭位在后，故《宋史》误记为"彝兴，彝超之弟也"，《渎氏墓志铭》可纠其谬。《大宋故定难军节度使李光睿墓志铭》记其"宠弟五人"，分别是光文、光宪、光美、光遂、光信。李光（克）文和李光（克）宪，就是后来迫使李继捧交出节度使权力的"从父"。亲叔父反对李继捧袭位，故史称夏州"难起家庭"。

《后唐定难军节度押衙白全周墓志》提及志主为朔方王"主回图重务，助

①　刘梦符：《大汉故沛国夫人里氏墓志铭》，参见康兰英主编《榆林碑石》，三秦出版社 2003 年版。
②　史金波：《西夏党项人的亲属称谓和婚姻》，《民族研究》1992 年第 1 期。

其府库，赡以军人"，志主次子白友琅"主持回易，亦赡军用"，说明唐末五代时期的定难军夏州政权和其他藩镇一样，将回图贸易作为财政收入的重要来源。

墓志铭称拓跋夏州节度使为"府主大王"，《李光睿墓志铭》更是称其"俨万乘之皇威，总八方之戎事"。"府主大王"有着国君般的权力，是夏州地区的主公和大王，它印证了《宋史·夏国传》关于"夏虽未称国，而王其土久矣"的结语。

《凉州重修护国寺感应塔碑》是目前最为完整的西夏碑刻之一，是碑记述了西夏太后与皇帝应瑞诏命重修凉州护国寺塔，塔成后刻碑纪其功。碑文在记载这件事的过程中，留下了十分重要的历史资料，如夏崇宗乾顺赐予护国寺"钱千缗，谷千斛，官作四户"。西夏文"官作"二字非常重要，第一字为"农、耕"意①，为依附于官府的农业生产者或农奴，这一重要资料，使我们对西夏经济社会关系有了进一步的认识。碑铭中记载的"大夏""大白高国"，是研究西夏国名的重要资料；关于凉州地震的记载，是重要的地震史料；夏汉两种文字对照，则是研究西夏语言文字的重要资料，前述西夏文字消亡数百年后，通过凉州"西夏碑"才重新认识。《黑水河建桥敕碑》是另一方保存较为完整的西夏文碑刻。在传世西夏文献中，西夏国主因战争之外的原因而离开兴庆府的记载，仅有李元昊登基后赴西凉祭祀神明一例；而这方碑刻表明，至少夏仁宗在位时期曾不止一次地巡行到黑水河畔，可弥补传世史料的不足。同时，碑文以汉文和藏文描写，揭示了西夏时期甘州当地的民族关系，表明西夏官方试图笼络定居于河西走廊的吐蕃民众。

闽宁村出土的汉文西夏残碑中，多运用汉籍中的典故修辞碑文，如残碑以"熊貔"指代战士，又如残碑中的"松桂足"，系借唐人袁氏少年所作《赋南岳庙》诗之"峰峦多秀色，松桂足清声"之典故，再如残碑中"虬心"的

---

① 陈炳应：《西夏文物研究》，宁夏人民出版社 1985 年版。

说法，则很有可能来自于孟郊所作《哀峡十首》中"谗人峡虬心，渴罪呀然浔"的诗句。西夏在碑文中运用传统诗词典故修辞，反映出党项人在唐初内迁定居后，经过几百年民族交往交流交融，逐渐接受和喜爱中华传统文化。

敦煌莫高窟和瓜州榆林窟西夏文题记记录了贵族、官吏、高僧及僧俗平民的姓名、官职和在莫高窟、榆林窟的宗教活动，提供了西夏国名、纪年、官制、封号以及语言文字方面的资料，如题记中所见比较完整的西夏人名有60多个，其中可定为党项姓氏的有息玉、嵬名、杂谋、麻尼则、嵬立、酪布、骨匹、那征、味奴、讹三、千玉等数十个。①

武威西郊林场西夏墓木板题记，提到西路经略司、都案、西经略司都案等职官与大夏天庆元年（1194）、大夏天庆八年（1201）等年号。经略司一职最迟在天盛年间（1149—1169）就设已设置，《番汉合时掌中珠》与《天盛改旧新定律令》均记有这一机构，按照法律，地方重大军政事务都要上报经略司。《金史》卷六一《交聘表》记载，乾祐八年（1177）十二月，"遣东经略使苏执礼横进"，显然，这个东经略司与上述西经略司是相对应的。

宁夏石坝发现的西夏文银碗，分别在碗底用西夏文写明其重量是"三两"和"三两半"，经实测，其重量是 114 克和 137.5 克，由此可知西夏"两"的单位值约 38—39.1 克，与宋朝"两"的单位值 39—40 克相近。② 这是两件非常重要的资料，它填补了西夏衡制的空白，同时也说明西夏在衡制方面"略与宋同"。

宁夏灵武窑西夏瓷残片上墨书"三十吊五十串"六字。如按千文一吊计算，"三十吊"分成"五十串"，则每串也即一吊为六百文。宋朝以七百七十文为一贯，金代以八百文为一贯，则西夏有可能以六百文为一吊（贯）。③

贺兰山拜寺沟方塔塔心柱汉文题记涉及白高大国、大安二[年]寅卯岁、

① 史金波、白滨：《莫高窟、榆林窟西夏文题记研究》，《考古学报》1982 年第 3 期。
② 董居安：《宁夏石坝发现墨书西夏文银器》，《文物》1979 年第 12 期。
③ 张连喜、马文宽：《宁夏灵武磁窑堡出土钱币及墨书"吊"字瓷片》，《考古》1991 年第 12 期。

僧判、赐绯、都大勾当、仪鸾司等西夏国名、年号和职官制度等，其中"仪鸾司"《番汉合时掌中珠》与《天盛改旧新定律令》不载，可能设在西夏前期，其职掌与元昊建国前设置的翊卫司同，或干脆是翊卫司的另一称呼，负责卤簿仪仗，西夏后期被其他机构所取代。

保定明代西夏文石经幢刻于弘治年间（1488—1505），幢后记立幢人近百名，其中有平尚、嗦讹、命屈、昔毕、依罗、嵬名等党项族姓，说明时至明代，党项人仍然存在，西夏文也尚在一定范围内使用。

# 二、遗址篇

## （一）州城堡寨离宫

西夏古城遗址包括都城、州城、监军司驻地和堡寨。都城是在灵州怀远镇的基础上发展起来的，李德明以怀远镇为兴州，将西平王府由灵州迁往兴州。明道二年（1033）五月，元昊升兴州为兴庆府，扩建经营，1038年正式定都兴庆府，西夏后期更名中兴府。西夏州城大多为唐宋旧城，并加固扩建。同时，在一些军事重地还修建了监军司屯兵驻守的城池。西夏故地和宋夏沿边一带还有大量的堡寨和关隘，仅元昊建国前夕就"于汉界缘边山险之地三百余处修筑堡寨"[①]。这些堡寨遗址往往分布在无定河、大理河、延河、洛河等重要河流沿岸的山峁上，如葭芦古城、大西沟古城、城子梁寨、米脂寨、细浮屠寨、杨城湾城、背城、义和寨、吴堡寨、田百户城、白豹城、铁边城、金汤寨等。

西夏中后期从金朝手中夺取河外的西宁（今青海西宁）、积石（今青海贵德）、乐（即湟州，今青海乐都）、廓（在今青海化隆境内）四州，故河湟地区留存有许多西夏时期的城堡寨遗址，如青海民和回族土族自治县马场垣乡的下川口古城、海北藏族自治州门源县东川镇香卡村的克图古城等。

西夏立国后，历代统治者在贺兰山、天都山等名山大川地修建离宫别苑，

---

① （宋）赵汝愚编：《宋朝诸臣奏议》，上海古籍出版社1999年版，第1467页。

贺兰山东麓滚钟口、苏峪口、拜寺口、青羊沟、小水沟、韭菜沟、大水沟口遗存许多大型高台建筑和寺院遗址，今宁夏平罗县境内的大水沟一带的建筑遗址仍然被当地群众称为"昊王宫"。宁夏海原县天都山行宫群山环抱，树木苍郁，峰峦叠嶂，清泉流注。西夏天授礼法延祚五年（1042）八月，元昊纳妃没移氏，于天都山营建七大殿居之。北宋元丰四年（1081），宋帅李宪攻入天都山，焚元昊离宫。①

## 1. 古城遗址

### 兴庆府城

西夏都城，位于今宁夏银川市兴庆区。五代后周时为灵州所属的怀远县，北宋初年因袭，后被废为怀远镇。天禧四年（1020），李德明改怀远镇为兴州，将统治中心迁往兴州。李元昊即位后，又升兴州为兴庆府，扩建宫城。天授礼法延祚元年（1038），景宗李元昊建国时正式定为国都。崇宗李乾顺改兴庆府为中兴府②，并对之进行增筑。1227年被蒙古攻占，西夏灭亡。元世祖至元二十五年（1288）置宁夏府路。

兴庆府的营建兼采唐宋之制，城平面呈长方形，周18里余，护城河阔10丈。③城门南北各二，东西各一，门上建有城楼。城市道路系统为方格形，街道较宽，设崇义等20余街坊，市集与民居杂处。城内有多条从黄河引入的水渠，作灌汲水源和充盈宫苑水面用。④西夏皇城早已毁没，今只保存承天寺

---

① 《宋史》卷四八六《夏国传下》。
② 关于兴庆府改称中兴府的时间，以往皆据吴广成《西夏书事》记载认为在"西夏天庆十二年六月"，但出土文献证实，在此之前，已有"中兴府"之名，故该说不可取。此据史金波：《西夏首都兴庆府（中兴府）》，《西夏学》第十九辑，甘肃文化出版社，2019年第2期。
③ 《嘉靖宁夏新志》卷一记载："（兴庆府）周回一十八里，东西倍于南北，相传以为人形。元兵灭夏，攻废之，已而修设省治。"此说影响甚广，学者多据此认为兴庆府为人字形布局。但牛达生先生早已指出所谓"人形"原意不明，当指城内建筑布局而非城市形制。参见牛达生《西夏都城兴庆府故址考略》，《固原师专学报》1984年第1期。
④ 汪一鸣、钟侃：《西夏都城兴庆府初探》，《西北史地》1984年第2期。

（塔）、海宝寺（塔）、高台寺遗址等建筑遗迹。

### 韦州古城

位于宁夏同心县韦州镇南1千米处的韦一村。平面呈凸字形，西城俗称老城，是西夏立国后所设置的韦州治所，也是元昊所设立的十二监军司之一的静塞军司驻地，西夏奲都六年（1062）谅祚改"韦州监军司为祥祐军"[①]。1963年被公布为自治区级文物保护单位。

韦州古城

### 西安州古城

位于宁夏海原县城西安镇古城村。古城外形保存基本完整，呈方形，边长近千米。城内有隔墙一道，将古城分为南北二城，南城保存较好，城墙夯筑，残高4.8米，每边有19个马面，开东西二门，有半圆形瓮城，四周有宽约10米的护城壕痕迹。北城荒废较早，大部分城墙倾圮后，仅存23米左右的土垄，城门痕迹已无法分辨。今城内居住民户，大部分土地垦为农田。2005年被公布为自治区级文物保护单位。

---

① 《宋史》卷四八五《夏国传上》。

**西安州古城东墙与南墙远景**

定州古城

位于宁夏平罗县姚伏镇东南 1.5 千米处，为唐代至西夏时期的一座古城遗址。现城墙已不存，面积约 2 万平方米。遗址区现辟为农田，地表已无文化遗迹。

**定州古城**

瓜州锁阳城

位于甘肃省瓜州县锁阳城镇南坝村南 8 千米处，俗称"瓜州古城"，是西

晋晋昌县、隋常乐县、
唐瓜州郡治所，西夏瓜
州西平监军司驻地，西
夏之后被废弃[①]。遗址
分内外两城，有3道城
墙，城墙夯土版筑，总
面积80多万平方米。
内城平面呈长方形，面

瓜州锁阳城航拍

积约21.5万平方米。东城墙长493.6米，南城墙长457.3米，西城墙长516米，
北城墙长536米，墙体残高12.5米，夯层厚10—14厘米，城垣周长2102.9米。
内城中有一西夏增修城墙，将内城分为东、西两部分。城垣四角有圆形角墩，
西北角角墩上有土坯砌筑的瞭望台，通高20.6米。土坯分层压胡杨、红柳，
以增强拉力，开东西向拱券门。东、南、西、北有5座城门，其中北墙两门。
门外筑瓮城，瓮城宽12.6—32.4米，进深22.4—30.2米。城墙上、下堆积大
量礌石。内城东、西、南、北各存马面5个，城中部隔墙外侧存马面4个。

### 红沙堡城

位于甘肃省民勤县苏武乡泉水村红墙沟东北500米处。该堡地处沙漠边
缘，四周大部分为耕地。城址分内外两城，内城平面呈长方形，长250米，
宽160米，城墙夯土版筑，基宽6米、顶宽2米、残高15米。南面开门，门
宽10米，门外有瓮城，瓮城边长63米，残存墙基宽4米、残高7米。大城
北墙正中外侧有一马面，四角有角楼。堡墙因自然坍塌，已成残垣断壁。此
城应始建于汉代，西夏时重修，明代进行了增筑。[②] 该古城形制与黑水城形制

---

① 李宏伟：《锁阳城遗址近百年重大考古发现综述》，《丝绸之路》2015年第15期。
② 张振华、黎树科：《甘肃民勤境内西夏时期古城遗址》，《西夏学》第十辑，上海古籍出版社，
2013年第2期，第333—337页。

基本一致，规模略小。

红沙堡城址远景

松山旧城

位于甘肃省天祝县松山镇松山村（松山新城）北 1 千米处耕地中。城略呈方形，东西长 120 米，南北宽 100 米，南开一门。城墙残高 0.5—1 米，墙基宽 4—5 米，顶宽 3 米，夯土版筑，夯层厚 12 厘米。城墙外侧有一圈护城壕沟，口宽 20 米，深 1.2—1.5 米。该城始建于西夏，有可能是西夏卓啰监军司驻地，是西凉府东南方向的重要驻防之地。元代沿用，至明万历年间松山战役后，修筑松山新城后便废弃不用。[①]

松山旧城航拍

① 黎大祥、张振华、黎树科：《武威地区西夏遗址调查研究》，社会科学文献出版社 2014 年版，第 278 页。

黑水城

位于今内蒙古额济纳旗达赖呼布镇东南 25 千米处黑河东岸的沙漠中，是西夏黑水镇燕军司驻地和元代亦集乃路治所旧址。古城由西夏的内城与元代的外城（大城）组合而成。外城平面布局略呈方形，东西长 421 米，南北宽 374 米。四周城垣保存较好，基宽 12.5 米，顶宽 4 米左右，平均高达 10 米以上，城垣外有马面 20 个，南北各 6 个，东西各 4 个。城墙夯土版筑，内有横木、绳索和荆棘相勾连。内城为西夏旧城，在大城东北隅，边长约 238 米，周长 952 米。南墙正中只开一门，筑有坚固高大的瓮城。西夏城的东墙和北墙为元代大城城垣的一部分，西、南两面墙体，则被元代居民改造利用，但南墙城门及瓮城被保留下来。黑水城内主要有东西向大街四条，南北向大街六条。大街两侧多为店铺和民居，佛教寺塔散见于城内，城内官署、民居、店铺、驿站、佛教寺院布满。城外西南角有清真寺和墓地。① 另外，在城垣西墙北端和西北角台上，巍峨屹立着 5 座土坯垒成的覆钵式喇嘛塔。1908 年、1909 年，俄国人科兹洛夫先后两次在这座古城内外发掘，盗走了数以万计的

西夏文献文物。20 世纪 70、80 年代，甘肃省文物考古部门和内蒙古文物考古部门先后对黑水城进行了科学的考古发掘，也出土了大量的西夏和元代文献文物。2001 年被公布为全国重点文物保护单位。

黑水城

① 郭治中、李逸友：《内蒙古黑城考古发掘纪要》，《文物》1987 年第 7 期。

### 高油房古城（黑山威福军司驻地）

位于内蒙古巴彦淖尔市临河区五星乡政府所在地，为西夏黑山威福军司驻地。遗址呈正方形，正南北方向，城垣边长约 990 米，总面积约 98 万平方米。残墙最高 5 米，基宽 7—8 米不等，文化层深处可达 3 米。城垣四面均居中开门，且外筑瓮城。城墙外侧筑马面，东墙残存 4 个，北墙残存 7 个，南

**高油房古城遗址**

墙残存 4 个，马面间距约 60 米。城墙四角存角台遗址。城内以南北门为中轴线分为东、西两面，土质明显不同，西面以灰黄色土为主，土质较好，多有村民居住，有耕地；东面以灰黑土为主，土地碱化，草木不生。东南部有房屋遗址，尚存宽约 2 米的巷道，巷道两侧探挖出排水沟和用石磨盘覆盖的水井。东北部疑为西夏铸币场所。①

### 阿拉善左旗察干克日木古城（白马强镇监军司驻地）

位于内蒙古巴彦诺日公苏木豪斯布尔都村沙日布拉格嘎查西北 14 千米处，东北距阿拉善左旗约 120 千米，为西夏白马强镇监军司驻地。②古城平面略呈方形，东西长 260 米，南北长 250 米，周长 1000 多米。城墙黄土夯筑而

---

① 陆思贤、郑隆：《内蒙古临河县高油房出土的西夏金器》，《文物》1987 年第 11 期；国家文物局主编：《中国文物地图集·内蒙古分册（下）》，西安地图出版社 2003 年版，第 615 页。

② 张多勇：《西夏白马强镇监军司地望考察》，《西夏学》第十一辑，上海古籍出版社，2015 年。

成，古城内外均为盐碱滩，城墙倒塌变成土垄，南墙尤为严重，墙体高出地面 1—1.5 米，东墙保存较好，高 2 米，墙体基宽约 10 米。南墙中部开一门，宽约 30 米。门外设瓮城，呈长方形，东西长 30 米、南北宽 25

察干克日木古城航拍

米，瓮城门东开。城中有西夏瓷残片。

### 城川古城（宥州嘉宁监军司驻地）

位于内蒙古鄂托克前旗城川镇东 3 千米城川村北 1 千米处。该古城是唐元和十五年（820）以前的长泽县城及唐元和十五年移治的宥州城。[1] 西夏时期沿用，设宥州嘉宁监军司[2]。古城平面呈长方形，南北长

城川古城

---

[1] 侯仁之：《历史地理学的理论与实践》，上海人民出版社 1979 年版，第 54—59 页；朱士光：《内蒙城川地区湖泊的古今变迁及其与农垦之关系》，《农业考古》1982 年第 1 期。

[2] 李昌宪：《西夏疆域与政区考述》，《历史地理》第十九辑，上海人民出版社 2003 年版，第 89—111 页；鲁人勇：《西夏监军司考》，《宁夏社会科学》2001 年第 1 期；杨蕤：《西夏地理研究》，人民出版社 2008 年版，第 75 页；张多勇：《西夏宥州东院监军司考察研究》，《西夏学》第十三辑，甘肃文化出版社，2016 年第 2 期。

750米，东西长600米，夯土版筑城墙，墙体系灰白色沙土夯筑，残高2—5米不等，墙基宽10米，夯层厚5—8厘米。东、南、西城墙均有城门和瓮城，南门瓮城尚存，长43米，宽20米。城墙上有角楼、马面等防御设施，遗址保存较为完整。城外四周修有护城河，护城河痕迹仍然明显可辨，城内大半辟为耕地，地表建筑堆积较多，到处散布瓷、瓦碎片。1996年被公布为自治区级重点文物保护单位，2006年被公布为全国重点文物保护单位。

### 丰州故城

**丰州故城**

位于内蒙古准格尔旗纳日松镇五子湾村二长渠社500米处山梁上，是西夏时期一座古城遗址。城垣东、北、南三面临沟，西墙连接山坡。古城依山势而建，城墙沿边而建，由东、中、西三城组成，呈多边形，东西长850米，南北宽约250米。中、西城相接，东城西墙距中城东墙50米，中城南墙中部辟门，外筑瓮城；东城东墙中部辟门，外筑瓮城。三城城垣保存清晰，夯土层明显，仅有几小段遭雨水冲毁。

### 新忽热古城

位于内蒙古巴彦淖尔市乌拉特中旗新忽热苏木苏木城圐圙村北约600米处。古城遗址平面近似方形，墙体夯土版筑，夯层厚10—17厘米，边长约960—1100米。城墙现残存最高可达9米，底部残宽约8米，保存较好的墙体顶部宽约 4 米。东、南、西三面中部开有城门，城门外均有长方形瓮城。古城四角有角台，东南角、西南角角台较为完整。东、南、西三面墙体各有 4 座马面，北墙有 5 座马面，马面高约 6 米，宽约

新忽热古城航拍图

7 米，马面之间间距约 130 米。城外围有一圈养马墙，距城墙七八十米。[①] 2006 年被公布为自治区级重点文物保护单位。

夏州故城

即今陕西省靖边县的红墩界乡白城子村的统万城，因其城墙为白色，俗称白城子。最早是东晋十六国时期匈奴族首领赫连勃勃所建大夏国都城，北魏、隋唐时夏州，唐末五代宋初夏州定难军节度使驻所。

现存城址分为外郭城、东城和西城。外郭城平面呈曲尺形，南垣长 4853.5 米，西垣 2000 米，东垣 891 米，周长 13865.4 米，面积约 7.7 平方千米，西北部凸出，东南部被红柳河冲毁，残存部分东北城角台。

夏州故城

---

① 尚铭荃、孙满利等：《新忽热古城建筑形制初探》，《西部考古》2013 年第 1 期。

东西城并立于外郭城内东南部。东城周长 2566 米，西城周长 2470 米。西城保存最好，墙基厚约 16 米，东城保存略差，墙基宽 10 米。东、西城四隅都有高大方形角台，西城西南角台是现存遗址的制高点，现存高度为 26.62 米，底部长约 35 米、宽约 26 米。东西城城垣外均有护城壕，东西城外均有马面，除防御外，还兼作储存粮秣、柴草及武器的仓库使用。西城南垣发现元朝时期居址窑洞式建筑，这些建筑是直接在城垣内挖成，利用统万城废弃的建筑材料砌就，有土炕、居室等。东城发掘出土遗物多为唐五代以及宋代遗物，很少有宋以后的遗物。[①]1996 年被公布为全国重点文物保护单位。

### 银州古城

位于陕西省榆林市横山县党岔乡北庄村内。地处无定河中游和毛乌素沙漠与黄土高原的分界线上，地势平坦。该城始建于北周，原名骢马城，唐代改为银州城，为西夏前身定难军节度使政权最初领有的五州

**银州古城遗址**

之一。古城分上下两部分，上古城是小山岗，下古城是平地，城垣夯土版筑，夯层清晰，周长 1583.3 米。其东墙长 326.5 米，北墙长 426 米，外加筑马面 4 座，长宽各 4 米。西墙和南墙结合部为弧形，转角不明显，边长 830.8 米。西面和北面各残留瓮城基址一处，东墙和南墙局部地段被破坏。2013 年被公布为全国重点文物保护单位。

① 陕西省考古研究院、榆林市文物保护研究所、榆林市文物考古勘探工作队等：《统万城遗址近几年考古工作收获》，《考古与文物》2011 年第 5 期。

绥州古城

位于陕西省榆林市绥德县县城东南，坐西面东，略呈扇形，东西最宽处约230米，南北长约430米。西倚嵯峨山，东临无定河，西北有大理河环绕，城内现已辟为民居。城墙夯筑，破坏严

绥州古城遗址

重，北、西、南三方向各存有数段墙体，残高约2—5米不等。西北墙与西南墙交会处有一烽燧，为古城遗址最高处。绥州为西夏前身定难军节度使政权最初所据有的五州之一，西夏拱化五年（1067）入宋。

盐州古城

位于陕西省榆林市定边县红柳沟镇沙场子村内的沙城古城，为西夏时期的盐州城遗址。城址平面呈长方形，南北约700米、东西约500米。城垣系夯土结构。20世纪50年代

沙城古城遗址

城垣尚有存留，现城内已完全被开垦为农田，城墙四面皆不存。城内庄稼地田垄间偶散布有唐宋陶瓷砖瓦。①

① 钟子军、黄龙城主编：《定边古城堡》，陕西人民出版社2019年版，第13页。

### 乐州城

位于青海省海东市民和回族土族自治县马场垣乡下川口村，又名下川口古城遗址。下川口古城始建于青唐吐蕃政权统治时期，初名邈川城，元符二

下川口古城遗址南墙外侧

年（1099）为北宋攻占，宣和元年（1119）改为乐州，金天会十四年（1136）给赐西夏。地处湟水南岸台地上，西与南两面依山，北临湟水，地势西南高东北低，城内大部分被辟为果树林。遗址现损毁严重，形制已难以辨认，现仅存一段长约 40 米的南墙，城墙夯筑，基宽 4 米，顶宽 2.5 米，夯土层厚 0.1 米，城内地表散布有残碎城砖与板瓦。

### 西宁州城

位于青海省西宁市青唐城遗址公园，是一座始建于青唐吐蕃政权统治时期的古城遗址，后为宋、西夏、金、元相继沿用。明洪武十九年（1386）从城中割出西北角修建了西宁卫城，故城遂废。现仅存一段长约 400 米的南墙

西宁州城遗址

遗址，夯土版筑，基宽 8 米，高 7 米。城内现为公园绿地。1988 年被公布为省级文物保护单位。

## 2. 堡寨遗址

### 省嵬城古城

位于宁夏石嘴山市惠农区庙台乡省悟村。现存城址略呈方形，城墙为夯土砌筑，墙基宽 13 米，东西长 600 米，南北宽 590 米，面积约 36 万平方米。1965 年和 1966 年，宁夏博物馆曾进行过两次发掘，发现城门只有一个门道，宽约 4 米、长 13 米。门洞两侧铺

**省嵬城北墙**

长条石作为基础，石门道内发现大量木炭和烧结块，57 枚唐宋货币以及西夏瓷器。[①] 据嘉靖《宁夏新志》[②]、乾隆《宁夏府志》记载[③]，省嵬城在西夏灭亡后就已废弃。2013 年被公布为全国重点文物保护单位。

### 平夏城遗址

位于宁夏固原市原州区三营镇黄铎堡村西南 500 米处，是宋夏时期的一座古城遗址。城址平面呈长方形，有内、外城。外城东西宽 700 米，南北长 800 米，面积 56 万平方米。城墙以黄土夯筑，存高 4—8 米，基宽 9 米，现存西墙较完整。南、北、东、西对称各开一门。文化层厚 1 米。内城东西长

① 宁夏回族自治区展览馆：《宁夏石嘴山市西夏城址试掘》，《考古》1981 年第 1 期。
② 《［嘉靖］宁夏新志》卷二《古迹》。
③ 《［乾隆］宁夏府志》卷四《地理三·古迹》。

240 米，南北宽 80 米，面积 19200 平方米。城墙以黄土夯筑，存高 4—5 米，基宽 6 米。1988 年被公布为自治区级文物保护单位。

平夏城遗址

### 沙城子遗址

位于宁夏银川市西夏区贺兰山农牧场一队，是西夏时期的一座古城遗址。城址平面呈长方形，东西长约 1 千米，南北宽 800 米，面积约 80 万平方米。近南北城墙有两处红土夯筑的建

沙城子遗址

筑台基。遗址区已被民居覆盖，地表已无文化遗迹。①

① 牛达生：《西夏遗迹》，文物出版社 2007 年版，第 119 页。

### 萧关故城

位于宁夏海原县高崖乡草场村西 650 米处，是宋夏时期的一座古城遗址。城址有内外城。内城呈正方形，边长 200 余米，面积约 4 万平方米。城墙以黄土夯筑，存高 2—3 米，西、南开门。城内现辟为耕地，外城已毁。2005 年被公布为自治区级文物保护单位。

**萧关故城东北角内侧**

### 火家集古城址

位于宁夏西吉县将台乡火家集村东，是宋夏时期的羊牧隆城遗址。城依山而筑，平面呈长方形，南北长约 650 米，东西宽约 420 米，面积约 273000 平方米。城墙黄土夯筑，残高 5—16 米，基宽 12 米，夯土层厚 15—20 厘米，

**火家集古城文物保护碑**

开南、北门，门外均有瓮城围绕。城外东侧有一小城，平面呈正方形，边长约 240 米，面积约 57600 平方米。城墙黄土夯筑，残高 4—8 米，基宽 8 米。现城址内有火家集小学，有村民居住，其他为耕地。2005 年被公布为自治区级文物保护单位。

### 胜羌寨址

位于宁夏海原县李旺镇李旺行政村东侧，是西夏时期的一座军事城堡遗址。寨址原为西夏所辖，元丰四年（1081）陷于宋，筑胜羌寨。寨址平面呈长方形，东西长 260 米，南北宽 150 米，面积约 4 万平方米。寨墙存

胜羌寨址

高 5—15 米，基宽 8—10 米，南、北墙开门，东南角和西北角已毁。

### 天都寨址（柳州城）

位于宁夏海原县海城镇梨庄行政村黎明社区耙子洼自然村东南侧，是宋夏时期的一座堡寨遗址。寨址平面呈长方形，南北长 465 米，东西宽 278 米，面积约 13 万平方米。寨墙以黄土夯筑，墙有马面。开南、北二门，均有瓮城，四周护城壕沟围绕。民国九年（1920），海原发生 8.5 级地震，寨内外建筑物均被毁，寨墙崩塌。现存寨墙残高 3—5 米不等。2005 年被公布为自治区级文物保护单位。

天都寨址（柳州城）

马营城址

位于宁夏海原县贾埫乡上马营自然村西南1千米台地上，是宋夏时期的临羌寨遗址，北靠小山梁，南接马营河。城址呈长方形，南北长448米，东西宽252米，面积112896平方米。墙残高2—3米，基宽13米，顶宽1—2米，夯土层厚10厘米，四角有角台，墙有马面。四周有护城壕，壕宽12米，深1—3米，壕距城墙外基部8米。开南、北二门，有瓮城。城内地下文物被盗挖殆尽。2010年被公布为自治区级文物保护单位。

马营城址

盐池城址

位于宁夏海原县西安镇盐池行政村老城自然村，西夏定戎寨遗址。城址平面呈长方形，东西长680米，南北宽340米，面积约23万平方米。墙以黄土夯筑，开东、西二门。城墙残高4—6米，基宽12米，顶宽2—3米，夯土层厚10—12厘米。四面护城壕宽14米，残深2—3米，西、南两侧护城壕已夷为平地，城内尚存古代建筑构件瓦当等。2005年被公布为自治区级文物保护单位。

盐池城址

### 关桥古城遗址

位于宁夏海原县关桥乡关桥行政村北侧约 1 千米的高台地上，南距海原县城（海城）31 千米，是西夏时期的绥戎堡遗址。城址平面呈正方形，边长

关桥古城遗址航拍图

300 米，面积 9 万平方米。坐南向北，开南、北二门，有瓮城。城墙以黄土夯筑，基宽 10 米，顶残宽 2 米，残高 4 米。城四角有角台，外壁有马面。城四周有护城壕和围墙，围墙在护城壕外侧。地下文化层不详。2010 年被公布为自治区级文物保护单位。

### 高沟堡古城遗址

位于甘肃省武威市凉州区长城乡政府西北 2 千米沙漠之中，平面呈长方形，东西 109 米，南北 114 米，门向朝南，门宽 5 米;门外有瓮城，东西 70 米，

南北 83 米。城四角原有角楼，
现东北角楼保存较好，其余三
座角楼坍塌严重。在北墙正中
有一马面。城址东南城墙外有
房舍遗址，南北长 280 米，宽
20 米，大部分被沙丘掩埋。城
址周围数十里范围内分布着许
多汉代墓葬群。此城始筑于汉

高沟堡古城

代，西夏时沿用，明代进行了重修，明清时大规模移民屯垦，周围土地沙漠
化后逐渐废弃。

### 团庄营古城

又称阴阳城，位于甘肃省武威市凉州区西北的红水河西岸。平面呈方形，
为内外两重城墙。内城东西长 120 米，南北宽约 90 米，城墙为夯土版筑，残
高约 9 米，基宽 4 米，顶宽 1.5 米，在东南隅开辟有一门，门外有一方形瓮城。
外城距内城 10 米，边长约 150
米，高约 5 米，墙基宽约 2 米，
夯层厚约 12 厘米，城门南开，
外城亦有方形瓮城，门东开。
内外城东墙紧靠石羊河支流
红水河。从地表遗留物来看，
此城始建于汉代，西夏重新
修筑。[①]

团庄营古城

① 黎大祥、张振华、黎树科：《武威地区西夏遗址调查研究》，社会科学文献出版社 2014 年版，
第 271 页。

### 干城古城

**干城古城**

位于甘肃省古浪县干城乡干城村四组居民区北 400 米的古城滩。平面呈长方形，夯土版筑，坐西向东，东侧开门，南北长 139 米，东西宽 125 米。城址由门墩、城墙、瞭望墩组成。城内及周围现被当地居民开辟为耕地，地面散见大量汉代灰陶片及西夏瓷片等。[①]1990 年出土汉唐五代、北宋、南宋、辽金、西夏钱币。[②] 根据残留遗物来看，此城始筑于汉代，西夏时沿用。

### 民乐铁城子古城

位于甘肃省民乐县南丰镇铁城村西，残存西、北部城垣，护城河和城内的建筑物底基。门向东开，城垣东西长 166 米，南北宽 150 米；护城河宽 6 米，南北长 194 米，东西长 178 米。城内有建

**铁城子古城**

筑物底基 4 处，地表散落大量的残砖破瓦。古城西边有一平地，当地人称营盘台，南北长 300 米，东西宽 200 米。出土西夏瓷器和大量西夏及宋代钱币。[③]

---

①　黎大祥、张振华、黎树科：《武威地区西夏遗址调查研究》，社会科学文献出版社 2014 年版，第 273 页。

②　刘志华：《古浪县发现西夏时期钱币窖藏》，《甘肃金融》1997 年第 4 期。

③　陈之伟、张秀莲：《民乐铁城子遗址》，《民主协商报》2010 年 2 月 12 日第 3 版。

十营庄古城

位于甘肃省嘉峪关市新城镇野麻湾村西北 1.5 千米处。坐北向南，平面呈长方形，东西长 75 米，南北宽 67 米。堡墙夯筑，残高 6.3 米，基宽 3.7 米，夯层厚 14—16 厘米。南墙开有一门，门宽 5.8 米，外有瓮城，瓮城开东门，门宽 2.2 米。古城外 3.2 米处一周护城壕，宽 4.2 米、深 2.2 米。城内西墙处有一窖藏，埋藏小麦近 10 万千克。该城在明清地方志文献不见记载，当地俗称钵河寺或十营庄，当是西夏时期古城。

十营庄古城

额济纳旗绿城遗址

位于内蒙古额济纳旗黑水城东南 20 千米的沙漠戈壁之中。遗址平面近椭圆形，周长约 1205 米，总面积约 12 万平方米。设有内城和外城，北城垣东部置门，有瓮城。城垣夯筑，东墙残长 113 米，残高 1.4 米；南墙残长 119 米，残高 1.5 米；西墙残长 120 米，残高 2.3 米。城内有西夏高台建筑 60 余座、庙址 5 座、塔址 5 座。整个遗址规模较大，周围分布城池、

额济纳旗绿城遗址

民居、庙宇、佛塔、土堡、瓷窑、墓葬群、屯田区和军事防御设施等，城址附近就是著名的绿庙遗址。先后发现了西夏时期泥塑佛像、彩绘唐卡和西夏文佛经。[①] 是迄今在额济纳旗境内发现的西夏至元代建筑群落最为集中的一处古城遗址。1988 年被公布为全国重点文物保护单位。

### 希勃图城址

希勃图城址

位于内蒙古阿拉善左旗吉兰泰镇希勃图嘎查东约 500 米处的山丘顶部，是西夏时期一座军事设施遗址。呈长方形，南北长 60 米，东西宽 40 米。墙体两侧由石块砌筑，中间填充红土和碎石，残高 12 米。东墙正中辟门，城四角有长方形石砌角台，向外各设望孔 2 处。城中设望台 1 座，残高约 2 米。

### 兀剌海城址

兀剌海城址

位于内蒙古阿拉善右旗阿拉腾朝克苏木查干德日斯嘎查东南 12 千米处，是西夏时期一座古城遗址。

① 史金波、翁善珍：《额济纳旗绿城新见西夏文物考》，《文物》1996 年第 10 期。

遗址东西长 77 米，南北宽 65 米。墙体夯筑，残高约 1.5—3 米不等。遗址因长期受到自然因素影响，损毁严重，墙垣呈土垄状。

### 三岔河古城

位于内蒙古乌审旗河南乡政府西约 20 千米处，亦称"大石砭古城"。北临萨拉乌苏河（无定河），平面呈长梯形，南、北城垣长 643 米，东城垣长 304 米，西城垣长 518 米。城墙夯筑，基宽约 18 米，墙残高 5—10 米。西墙城门已毁，其余三面墙的中部设有瓮城。城墙外有宽约 20 米的护城河。城内及城外的东、南侧有多燧筑基址。该古城建于西夏，入元后为安西王阿难达的察汗淖尔故城。[①]1996 年被公布为自治区级重点文物保护单位。

三岔河古城

### 呼和淖尔古城

位于内蒙古乌审旗原嘎鲁图苏木政府所在地北偏西约 40 千米处，地处平坦的草原地带，平面呈长

呼和淖尔古城远景

---

① 乌审旗文物局：《乌审旗文物志》，鄂尔多斯桥头堡印刷有限公司 2012 年版，第 76—77 页。

方形，东西 530 米，南北 640 米。墙体由灰白土和碎石子夯筑而成，墙基宽 4—5 米。该城四边各设有一个城门，其中东、西两门还带有瓮城。四角设有城楼。城墙外部设有马面。在城址西北角、西南角、南门等处，发现有冶铸或窑址痕迹。该城为西夏时期古城，①2007 年被公布为市（县）级重点文物保护单位。

### 啰兀城遗址

啰兀城遗址航拍图

位于陕西省榆林市榆阳区镇川镇石崖底村南悬空寺山顶部，东、南、北三面临崖，东崖下为无定河。西夏天赐礼盛国庆三年（1071）因国相梁乙埋在此建城，后改称为嗣武城。遗址坐西朝东，呈不规则形，平面为三角弧状，周长约 2000 米，设东、北两门，门宽 2.3—3.5 米。1990 年被公布为省级文物保护单位。

### 波罗堡古城遗址

位于陕西省横山县波罗镇波罗村，地处无定河东岸二级台地上，西面与明代波罗城相连，地势南高北低，是一座西夏时期

波罗堡古城遗址

---

① 乌审旗文物局：《乌审旗文物志》，鄂尔多斯桥头堡印刷有限公司 2012 年版，第 75 页。

的古城遗址。该遗址形制现已难考,东墙残高 1—3 米,总长 211 米,有东门遗迹,门洞宽 17 米。东南角墩尚存,高 3 米,顶部 1 米见方,向东伸出墙外。墙外有城壕,深 1.5 米,宽 30 米;南墙残存 200 米,残高 4 米;北墙残长 83 米,中间被一条冲沟隔断,沟壑西边有土垄状墙体与明代东城墙相连;西墙被明代东城墙打破重建。1992 年被公布为省级重点文物保护单位。

### 义和古城遗址

位于陕西省绥德县义和镇北侧之山峁上。本西夏城堡,元丰四年(1081)被北宋占领,金代沿用。城址略呈扇形,依山而建,坐西北朝东南,整体形制已难以窥见,唯西墙与北墙尚残存部分夯筑城墙,其中西墙存 53 米,

义和古城遗址

东墙存 35 米,皆依山脊而建,高 7—12 米。1989 年被公布为县级重点文物保护单位。

### 石城子遗址

位于陕西省定边县樊学乡石城子村东北侧,宋夏时期的古城遗址。坐东北朝西南,平面略呈扇形,南北约 480 米、东西约 300 米。城墙夯筑,局

石城子遗址

部甃砖，残高 1—8.5 米，基宽 10 米，顶宽 1—4 米。尚存西城墙、北城门及瓮城。1992 年被公布为省级文物保护单位。

荞麦城遗址

位于陕西省吴起县庙沟乡荞麦城村内。北依山，南侧临二道川台地，东西两侧为冲沟。地势北高南低，城内南部已被辟为农田，是一座宋夏金时期的古城遗址。遗址坐西北朝东南，平面略呈长方形，北侧略窄，南侧稍阔，东西长约 150 米，南北宽约 100 米。四周皆有寨墙，底宽 4—5 米，残高 4—6 米，顶宽 1.5—3 米，周长约 900 米，为黄土夯筑而成，夯土层厚 10—12 厘米。

荞麦城遗址

南寨墙中部有寨门一处。该城疑为宋威边寨，后被金朝占据，为夏金边界要塞。

龙安寨遗址

位于陕西省安塞县建华镇龙安村内，夏与宋时期古城寨遗址。坐西朝东，平面呈长方形，南北长约 500 米，东西宽约 300 米。分南城与北城，南城俗称双阳城，北城仍称龙安城。

龙安寨遗址

城墙夯筑，残高 5—10 米，基宽 8 米，夯层厚 7—11 厘米，现存马面数座，宽 13 米，高 6 米。按《宋史·庞籍传》，庆历元年（1041）宋将王信筑城于此，后一度为西夏所占领，据《宋会要辑稿·兵二八》，绍圣四年（1097）西夏曾将精锐骑兵驻扎于龙安寨。2007 年被公布为县级文物保护单位。

### 坪桥村古城遗址

位于陕西省安塞县坪桥乡政府所在地东北 200 米。其城东北依脑畔山，西南临坪桥川，西北与东南两面均为水冲沟，是夏宋时期的一座古城遗址。坐东北朝西南，平面呈梯形，南北长约 400 米，东西宽约 300 米，

**坪桥村古城遗址西墙与南墙**

西北、东北、西南三面寨墙较为完整。城墙夯筑，残高 0.5—5 米，夯层厚 14—15 厘米，南北墙各辟一门，并有马面 4 座，马面宽 5 米，高 5 米。《宋史·地理志》载该寨原名克胡山寨，绍圣四年（1097）赐名平羌寨。

### 塞门寨遗址

位于陕西省安塞县镰刀湾乡塞木城村西北 200 米处。其城西依山，东扼延河河谷，北墙外有壕沟及壕墙，南临山谷，是夏宋时期的一座古城遗址。坐西朝东，平面呈梯形，南北长约 400 米，东

**塞门寨遗址南墙马面**

西宽约 300 米。北墙与南墙保存较为完整，城墙夯筑，残高 0.8—6 米，夯层厚 8—12 厘米，南、北墙各存马面 3 座。1984 年城内出土元符三年（1100）碑刻，记载塞门寨收埋宋夏战争中阵亡的番汉士兵遗骸一事。淳化五年（994）北宋筑寨，后被西夏所据，元丰四年（1081）宋朝复取。

顺宁寨北墙与马面遗址
（由东向西拍摄）

### 顺宁寨遗址

位于陕西省志丹县顺宁乡顺宁村东北 1 千米处。东依山，西临周河，南北两面均为水冲沟，是一座北宋时期的古城遗址。坐东朝西，平面略呈长方形，东西长约 600 米，南北宽约 400 米。北面与东面城墙保存较为完整，城墙夯筑，残高约 5 米。北墙上有 3 座马面遗迹，西北角存一角楼台基。庆历六年（1046），北宋将宋夏榷场由保安军移至顺宁寨。

### 葭芦寨遗址

位于陕西省佳县县城。筑于山巅之上，西、南、东三面为佳芦河、黄河环绕，唯北面临山，与黄河东岸之克虎寨隔河相望，金代佳县治所，房屋较多，人口稠密。始建于北宋元丰五年（1082），元祐四年

葭芦寨北寨墙与北门（由北向南拍摄）

（1089）给赐西夏，绍圣四年（1097）再度为宋朝收复，沿用至清代。遗址分内城、北郭、南郭；城墙周长 4.8 千米；墙基厚薄宽窄因地势地质而定；墙内用胶土、白灰混合夯实，外用大砖或石块包砌。2008 年被公布为省级重点文物保护单位。

### 城子梁寨址

位于陕西省横山县石湾镇白狼城村东侧的山峁上。坐南朝北，西临大理河，北临石寺沟，城内植被茂密。本属西夏龙州之白洛嘴（后音讹为"白狼"），宋元符元年（1098）进筑为威羌寨。城址平面略呈梯形，南垣约 146 米，

城子梁寨址

西垣约 95 米，东垣约 148 米，北垣长度不详。其中南墙与东墙保存较为完整，残高 2—8 米，城墙夯筑。西南与东南两处角墩保存较为完整。南墙上有

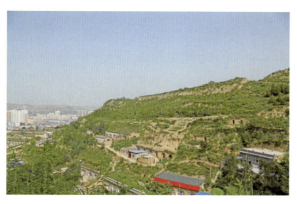

米脂寨遗址

马面一座，马面外侧的坡地上挖掘有若干防御工事遗迹。

### 米脂寨遗址

位于陕西省米脂县县城东侧，依翔凤山上的凤凰岭而建，盘龙山在其西北，文屏山在其东南，

城前为陡壁，西面的饮马河和南面的银河夹城流过。初在西夏境内，元丰四年（1081）被北宋夺取；元祐四年（1089）再度给赐西夏，元符元年（1098）再度被宋朝夺回，沿用至清代。城址坐东北面西南，略呈一不规则三角形，城墙夯筑，破坏严重，仅北墙与东墙尚有遗存。2008年被公布为省级重点文物保护单位。

### 细浮图寨遗址

位于陕西省子洲县双湖峪街道办事处张家寨村西大理河与岔巴沟交汇处西南岸的二级台地上，倚克戎山而建，地势西高东低，为西夏与北宋时期的

**细浮图寨遗址**

古城遗址。原为西夏所筑，元丰四年（1081）被北宋占领；元祐四年（1089）复赐西夏，绍圣四年（1097）又再度被北宋占有，改名为克戎寨。平面分布呈不规则形。南北长约230米，东西宽约200米。寨墙黄土夯筑，夯土内夹杂有石片、陶片、兽骨、木炭、瓷片、瓦片等。整个寨址仅有东门，残墙高5.9—6米，石砌券门高2.74米，宽3.1米，进深4.7—5米。2014年被公布为县级文物保护单位。

### 吴堡古城遗址

位于陕西省吴堡县宋家川镇城里村。城址位于山巅台地之上，南、西、北三面环山，东临黄河。古城始建于北汉，宋开宝九年（976）为定难军节度使李光睿攻克，遂为西夏所占据。城址平面略呈不规则椭圆形，南北长约

400 米，东西宽约 270 米。北面城墙黄土夯筑，墙外原有护城壕和吊桥，其余三面堑崖为障，里面用黄土夯实，外面用大石块砌筑，条石拉筋。城垣断面呈梯形，底宽 5—10 米，顶宽 3—4 米，残高 1.6 米。2006 年被公布为全国重点文物保护单位。

吴堡古城遗址

### 田百户城址

位于陕西省吴起县铁边城镇田百户村东南 300 米，处于张涧河和张户岔河交汇处的二级台地上，南依山，北临河，西连冲沟。地势西高东低。遗址坐西北朝东南，平面略呈长方形，南北长约 300 米，东西宽约 250 米，城内面积约 75000 平方米。城墙残高 4—6 米，为黄土夯筑，夯土层厚 10—15 厘米，南墙上有寨门残址，外有校场一处。该城疑为西夏骆驼巷，后为北宋收复，元符二年（1099）五月进筑为绥远寨，夏金划界后复归西夏。

田百户城址

### 铁边城遗址

位于陕西省吴起县铁边城镇内。东北依乾龙山，西南襟洛河主流头道川水，西北临王洼子川水，东南为冲沟。地势险要。遗址坐西北朝东南，遗址

铁边城遗址

平面略呈梯形，面积约20万平方米。现城四面均残存有城墙，墙基底部宽约7—10米，顶部宽约1.5—4米。夯土层厚10—15厘米不等。东南与西北原各有城门一座。古城始建于秦汉，后代沿用。西夏奲都二年（1058）筑铁边城，元祐四年（1089）为北宋攻占，元符二年（1099）进筑铁边城为定边军，金代复给赐西夏。北宋曾设宋夏榷场于此。遗址内文化层厚约1米。2013年被公布为全国重点文物保护单位。

白豹城遗址

位于陕西省吴起县白豹镇白豹村西北500米处。其城西北依山，东南临白豹川，东北临吴河，西南为水冲沟，平面上窄下宽呈梯形。遗址坐西北朝东南，平面略呈不规则长方形，南北长约550米，东西宽约500米。西南、西北与东北三面现存寨墙，东南面城墙损坏严重。城墙残高3—5米，墙基底宽4—5米，顶部残宽1.5—2米，总长约1100米。城墙上开有东西两个门。白豹城遗址中文化堆积层厚1.6米。2011年被公布为县级文物保护单位。

白豹城北墙上俯瞰城内

### 金汤寨遗址

位于陕西省志丹县金鼎乡金汤村北 200 米处。其城东北依山，西北、西南两面临洛河，东北为水冲沟，建于上下三级台地上，城内西南部已被辟为农田，是一座西夏时期的

金汤寨遗址

古城遗址，在该寨址东侧约 200 米的山地上还建有北宋金汤城遗址。遗址坐东北朝西南，城址平面呈梯形，南北长约 500 米，东西宽约 150 米。东南、西北与东北三面现残存寨墙若干段，城墙夯筑，残高 1—2 米，基宽 2.5—4.5 米，城墙东北角上有一座烽火台遗迹。1988 年被公布为县级文物保护单位。

### 完卓口古城遗址

位于青海省门源县珠固乡初麻院村完卓口的东台上。地处初麻沟完卓口东台上，西距初麻河 50 米，东侧靠山，在两川交汇的完卓口东北坡地上。疑为西夏仁多泉城。城东北高西南低，系斜坡形，依地势而建。城址略呈长方形，东西 75 米，南北 45 米，占地 3375 平方米。现仅存西、南、北三段城墙，残高 3—7 米，下宽 10 米，上宽 1 米，夯土层约 6—8

完卓口古城遗址

厘米。只一南门，宽6米，城内发现灰土层50厘米。古城所处的台地下方至初麻河口有一座关口，东西方向开门，关口以南的墙体保存较为完整。

克图古城遗址

### 克图古城遗址

位于青海省门源县东川镇香卡村S302岗青公路东南侧。地处浩门河河谷西北侧台地上，地势平坦。疑为西夏骨古龙城（即宋震武军城），北宋政和元年（1111）筑，后相继为金朝和西夏所据有。遗址平面略呈梯形，东西460米，南北200米，面积10.58万平方米。城墙为夯土版筑，底宽12米，残高11米，顶宽3米，夯土层厚6—10厘米，西墙上多有可插入圆木的孔槽。北墙上开有城门，有瓮城。古城遗址内西北角现为民居，城东与城南大片土地均已被辟为耕地。1985年被公布为省级文物保护单位。

### 浩门古城遗址

位于青海省门源县政府东南约800米处的东关街南侧。地处浩门河河谷北侧约500米的台地上，高出河床约80

浩门古城遗址

米，东为山坡，南为泉湾后陡坡，西为沟槽。古城始建于北宋，夏、金、元、明沿用。遗址平面呈长方形，东西 260 米，南北 240 米，面积 6.24 万平方米。东墙有马面 4 个，南、北墙马面各 3 个，马面均长 10 米，底宽 4.5 米，顶宽 4 米。城墙为夯土版筑，基宽 20 米，残高 11.7 米，顶宽 2.5 米，夯土层厚 10—12 厘米。城门开于南墙东段，门宽 13 米，有瓮城。1986 年被公布为省级文物保护单位。

### 俄博古城遗址

位于青海省祁连县俄博镇政府东 100 米处的峨堡古城遗址公园内。北面为缓坡高山，东侧为草场，西为一条山谷和俄博河，南为开阔草场。古城始建于宋夏时期，沿用至明清。遗址平面呈长方形，东西 200 米，南北 300 米。墙四角有马面，东、西、南各开一门，门宽 11 米，均有瓮城，瓮城长 30 米，宽 25 米，瓮城门宽 5 米，内为弧形。城墙为夯土版筑，基宽 6 米，残高 6 米，顶宽 3—5 米，夯土层厚 11 厘米。北墙上有城楼遗址。1986 年被公布为省级文物保护单位。

俄博古城遗址

## 3. 离宫与祭祀遗址

### 大水沟遗址

西夏离宫遗址，位于宁夏平罗县贺兰山大水沟沟口北侧 200 米处。长约

大水沟遗址文物保护界碑

4千米，有基台10余座。其中最大台长100米，前后宽80米，高出地面12米左右，其余基台高低不一。沟北有3组，残存青砖、板瓦、瓷器碎片等遗物。沟南台面破坏较多，与沟北相似，唯基台前约200米处，有一高约1米、宽9米的基址。地表遗物与北面相似。2005年被公布为自治区级文物保护单位。

### 韭菜沟高台建筑遗址

位于宁夏贺兰县洪广镇拜寺口与苏峪口中间的韭菜沟沟口向里1千米的高台平地上。从沟口北山坡石砌护壁逐级抬高形成多个平台，绵延约1千米，依山就势高低错落分布多处建筑基址。平台上散落有筒瓦、板瓦、青砖等建筑物残片。

韭菜沟高台建筑遗址

### 插旗口建筑遗址

位于宁夏贺兰县洪广镇插旗口头道沟瓷窑遗址东50米处。遗址面积约3万平方米，依山势而建，高低错落，西高东低，依次分布在12个台地上，每级落差 0.18—0.25 米。石砌护壁，宽窄长短不等。遗址四周有石围墙，墙高约 1.5 米。

### 鹿盘沟高台建筑遗址

位于宁夏贺兰县鹿盘沟沟口北侧 200 米处的台地上。遗址保存较好的是西端建筑，依山而建，北靠山，南面沟。台前护壁清晰，共分 4 级，逐级抬升。第一级护壁高 1.6 米，东西 20 米，南北 15 米。第二级护壁及石墙为一体，面积 200 平方米，高 2 米，东西长 20 米，南北宽 10 米，形成一个石圈基；分为两间，西侧开门，通道口都向西。第三级护壁

插旗口建筑遗址

鹿盘沟高台建筑遗址

高 1 米，台地东西长 6 米，南北宽 5 米。第四级护壁高 0.5 米，东西长 2.2 米，南北宽 1.8 米，高 2 米。西北侧有扇形护壁，中部与沟口有一条 2 米宽的山道连接，山道护壁明显。地表散落西夏建筑构件。

### 拜寺口高台祭坛遗址

位于宁夏贺兰县拜寺口双塔西 580 米处沟北的台地上，为西夏时期的祭祀遗址。遗址位于拜寺口双塔旅游景区附近，坐西北向东南，依山而建，背

拜寺口高台祭坛遗址

山面沟。台面东西长约 300 米，南北宽 100 米，西北端是一个高出地表 20 米的石砌护壁高台。台前底部呈凸形，自下而上向内倾斜；石砌护壁长 30 米，宽 28 米；台前正中有踏步台阶 20 米长。西侧台前石砌护壁基本完整。遗址地表散落西夏手印纹砖。

## 拜寺口西高台建筑遗址

位于宁夏银川贺兰山东麓拜寺口。坐落在沟南侧半山坡较平的台地上，西、南两面环山，建筑坐西向东，平面分别呈"凸"和"凹"字形。凸形台南北长 24 米，东西宽 16 米。凹形台南北长 14 米，东西宽 10 米。南侧沟边有东西长 15 米的石墙基，宽

拜寺口西高台建筑地表遗存

1.2 米，残高 0.3 米。台地上可见砖、筒瓦、板瓦及琉璃残片。

## 大口子西夏遗址

位于宁夏银川贺兰山东麓大口子沟内，在距沟口约 1 千米处的北面半山坡扇形地上。遗址依山势分成五级阶地。一级、二级阶地落差 2 米，东西长 45—50 米。南北两端各有土、石墙两段，长约 20 米，宽 3.2 米，残高 2.4 米。

三级阶地东西长 100 米。石墙基宽 0.7 米，残高 0.4 米。院内有 3 座房址，地表散落大量砖瓦及陶瓷残片。四级阶地东西长 12 米。地表散落少量砖瓦及陶瓷残片。五级阶地东西长 33 米。中间有石砌台基，东西宽 8 米，南北长 12 米，残高 1.2 米。台基东壁有 15 层石砌台阶，南北宽 1.5 米。地面散落大量砖瓦及陶瓷残片。

大口子西夏遗址远景

### 大寺沟建筑遗址

位于宁夏银川贺兰山东麓滚钟口大寺沟内，距沟口 1.8 千米处。遗址南北向分布在沟西侧山前台地上。主建筑位于北端较高的台地上，坐北面南，台基东西宽 15 米，南北长 18 米。台沿用卵石垒砌护壁，高 0.4—0.6 米。台面上倒塌堆积大量筒瓦、板瓦残片，少量手印纹残砖。

大寺沟建筑遗址残存基址（由北向南）

### 大寺沟东北建筑遗址

位于宁夏银川贺兰山东麓滚钟口大寺沟内，距沟口 1870 米处。坐落在沟北向南侧的山前台

大寺沟东北建筑遗址

地上。4个长方形石砌台基相连，东西宽17米，南北长50米。边缘用卵石垒砌，高0.4—2米。台面较平，生长有杂草。地表可见少量手印残砖、筒瓦、板瓦碎片。

### 大寺沟西南建筑遗址

位于宁夏银川贺兰山东麓滚钟口大寺沟内，距沟口1890米处。坐落在沟西侧山前台地上。地表可见用卵石垒砌的护壁台阶，东西宽14米，南北长24米，高0.5—1.2米。台面上倒塌堆积大量筒瓦、板瓦残片，少量手印纹残砖。在中轴线南端设有山门踏步台阶。

大寺沟西南建筑遗址残基

### 大寺沟东南建筑遗址

位于宁夏银川贺兰山东麓滚钟口大寺沟内，距沟口1780米处。坐落在沟东侧山前台地上。南北向分布两个长方形石砌台基，东西宽8米，南北长45米，高1.4—1.8米。台面较平，地表可见少量手印纹残砖、筒瓦碎片。台基局部坍塌。

大寺沟东南建筑遗址残存台基

### 青羊溜山建筑遗址

位于宁夏银川贺兰山东麓滚钟口内，距沟口 2 千米的青羊溜山顶部。遗址呈东西向分布在不同位置的台地上。主建筑坐落在西端顶部，面向东，地表可见用石块砌筑的"凸"字形台基，中轴线上分布有踏步道。倒塌堆积大量筒瓦、板瓦残片及少量手印纹砖与琉璃残件。主台基东西宽

青羊溜山建筑遗址

19 米，南北长 23 米。其余台基地表均可见残瓦片。2005 年被公布为市级文物保护单位。

### 青羊沟口东建筑遗址

位于宁夏银川贺兰山东麓青羊沟口东南侧，距沟口约 400 米。坐落在沟东南侧台地上，整体布局呈院落形式，外设石砌围墙，坐西面东，呈长方形，东西长 44 米，南北宽 30 米，墙基宽 1 米，略高出地面。东侧开中门，宽 3 米。院内有二级平台，在中轴线上每台有石砌护壁及

青羊沟口东建筑遗址

墁道，道宽 3 米。建筑设在中轴线两侧，早已损毁倒塌，地表可见砖、筒瓦、板瓦及琉璃残片。

### 青羊沟口西高台建筑遗址

位于宁夏银川贺兰山东麓青羊沟口东南约 150 米处的高地上。分南北两区，南区建筑位于较低的台地上，外设石砌围墙，呈长方形院落，东西长 77

青羊沟口西高台建筑遗址

米，南北宽 27.5 米，墙基厚 1 米，略高出地面。院落东开中门，宽 3 米。院内有 4 级，在中轴线上每级有石砌护壁及墁道，道宽 3 米。建筑设在中轴线两侧，从该院内可达北区建筑。北区建筑设在较高的台地上，台基用石块垒砌，呈东西向，长方形，东西长 20 米，南北宽 10 米，高 1 米。台上现存烽火台及营帐遗迹。该建筑早期损毁，地表散布砖、筒瓦、板瓦及琉璃残片。

### 大水渠沟西石圈遗址

大水渠沟西石圈遗址

位于宁夏银川贺兰山东麓大水渠沟内，在距沟口约 2.3 千米处的山前扇形台地上。遗址三面环山，西侧为冲沟。遗址呈不规则形，东西长约 100 米，南北宽 40 米。圈墙用石块垒砌，宽窄不等，基宽约 0.5—0.8 米，高 0.3—0.6 米。圈内地表较平，为沙土含小砾石。在遗址范围内分布有 5 个大小不等的石堆，形状呈长方形，长 2.5—3 米，宽 1.5—2 米，高 0.7—1.4 米。地表散落褐釉瓷器残片。

### 小水渠沟北高台建筑遗址

位于宁夏银川贺兰山东麓小水渠沟内北侧 3 级高台地上，距沟底约 10 米。坐西面东，平面呈长方形，东西宽 31.5 米，南北长 34.5 米，倒塌堆积高 0.5 米。东侧有 2 级台地，台沿用卵石砌筑，高约 0.3—0.5 米。地面散落砖、筒瓦、板瓦及琉璃残片。遗址尚存牧民用石块垒砌的牲畜圈。

小水渠沟北高台建筑遗址

### 小水渠沟南建筑遗址

位于宁夏银川贺兰山东麓小水渠沟沟口内约 600 米处沟南侧山前台地上，距沟底约 3 米。坐南朝北。平面呈正方形，边长 8 米，倒塌堆积高 0.6 米。台面上散落砖瓦碎片。方台东侧有 3 级台地，台地边沿用卵石砌筑，高约 0.3—0.5 米。向北 8 米，有 4 个用卵石相隔的小圈形建筑基址，呈不规则形。

小水渠沟南建筑遗址

### 小水渠沟西石圈遗址

**小水渠沟西石圈遗址**

位于宁夏银川贺兰山东麓小水渠沟内，距沟口约 1.2 千米。坐落在小水渠沟北侧山前台地上，坐北朝南，距沟底约 3 米。石圈最大限度地利用自然地形建成不规则长方形，东西长 60 米，南北宽 16 米。圈内用卵石隔成数个不规则形小石圈，石圈高出地面约 0.3 米，圈内地面较平，生有杂草。

### 小水渠沟西高台建筑遗址

**小水渠沟西高台建筑遗址**

位于宁夏银川贺兰山东麓小水渠沟内约 800 米处。遗址坐落在小水渠沟内北侧三级高台地上，距沟底约 6 米。遗址坐北向南，东西宽 8 米，南北长 6 米，高 0.8 米。东侧有二级台地，台沿用卵石砌筑，高约 0.3—0.5 米。地面散落砖、筒瓦、板瓦残片。

### 天都山离宫遗址

位于宁夏海原县西安州古城西 10 千米处西华山下。遗址东临园河，南、西、北三面有西华山及其余脉包围，地势开阔平坦。在周围百余亩耕地上散布着大建筑构件、瓷片。西夏占据天都山后，由天都大王野利遇乞据守，为西夏点集举兵之要地，不远处即南牟会城址、天都山石窟寺群。西夏天授礼法延祚五年（1042），元昊于天都山营建宫殿，宋元丰四年（1081），李宪率军焚毁天都山行宫[1]。

天都山离宫遗址

---

① 《宋史》卷四八六《夏国传下》。

## （二）石窟庙塔

　　西夏佛教兴盛，境内寺院林立，见于文献记载的有高台寺、承天寺、佛祖院、北五台山寺、大度民寺、慈恩寺、大延寿寺、田州塔寺、安庆寺、护国寺、圣容寺、崇圣寺、卧佛寺、崇庆寺、诱生寺、禅定寺、普渡寺等。时至今日，西夏故地还留存大量寺院佛塔遗址，正所谓"云锁空山夏寺多"。这些佛塔建筑或处于繁华闹市，或分布在山林秘境，或掩埋于大漠戈壁。西夏佛塔风格融汇汉传佛教楼阁式塔和藏传佛教覆钵式塔于一体，是历史上民族交往交流交融的珍贵资料。

　　西夏的石窟遗存主要分布在河西地区，以敦煌莫高窟、瓜州榆林窟、东千佛洞、旱峡石窟、五个庙石窟、文殊山石窟、昌马石窟和武威亥母洞为代表。此外，宁夏贺兰山山嘴沟石窟也是一处重要的西夏石窟。西夏石窟上承唐宋、下启元代，大体包括了三类：一是西夏开凿并装绘；二是利用前人洞窟抹壁重新装绘；三是在前人洞窟壁画上重新描线。西夏石窟前期继承中原线画风格，以挺拔有力而圆润的线描塑造人物形象，最具代表性的就是榆林窟第3窟的文殊变、普贤变、西方净土变等；后期则在中原佛教艺术的基础上，又接受了来自藏传佛教艺术的影响，出现了较多水月观音图、唐僧取经图、密宗炽盛光佛、曼荼罗壁画。先前装饰性的边角山水发展为全景水墨山水；建筑界画成熟完善，并逐步发展成为经变表现的主体；经变画内容化繁为简，供养人缺失。艺术风格呈现出汉藏并举、显密兼容。

## 1. 寺院佛塔

### 承天寺塔

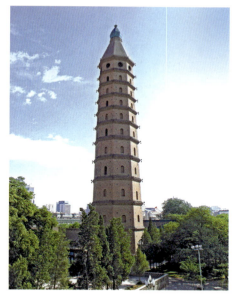

承天寺塔

位于宁夏银川市宁夏考古研究所院内，俗称西塔，是一座密檐式八角形砖塔，佛塔通高 64.5 米，塔身 11 层。塔建于方形台基之上。整座塔造型挺拔，呈角锥形风格，古朴简洁。塔室采用"厚壁空心式"木板楼层结构，塔内有木梯可盘旋而上。该塔是西夏天祐垂圣元年（1050），没藏太后征调民夫数万，历时 6 年建成，赐额"承天寺"。2006 年被公布为全国重点文物保护单位。

### 高台寺遗址

位于宁夏银川市东郊 8 千米的掌政镇洼路村，是元昊于西夏天授礼法延祚十年（1047）在兴庆府东 15 里建的一所皇家寺院。寺院规模宏大，建筑辉煌，高僧云集，是西夏翻译大藏经的重要译场。但具体形制不详。遗址内曾出土大量建筑材料残件以及瓷质生活器皿残件。

高台寺遗址地表残留物

### 拜寺口双塔

位于宁夏银川市西北约 50 千米处的贺兰山东麓台地上。两塔东西相距百米，均为正八边形、高 13 级的密檐式砖塔。直起平地、不设基座，厚壁空心，二层以上各层都有精致的影塑及彩绘装饰图案。东塔塔身残高约 35 米，

拜寺口双塔

呈直线锥体，显得挺拔有力。第二层以上，每层每面都有影塑兽面和彩绘图案。影塑兽面怒目圆睁，口含彩绘红色流苏串珠，两兽面之间是彩绘云托日月图案。这种影塑和彩绘相结合的构图方法，在古塔装饰上甚属少见。西塔残高约 36 米，塔体比东塔高大。西塔影塑彩绘远比东塔丰富，第二层以上每层每面皆有佛龛，龛内为影塑彩绘佛像 60 尊，分别为立僧、罗汉、金刚、童子、菩萨等。双塔内层出土过一批西夏至元朝时期的造像、唐卡、钱币、墨书西夏文题记等。双塔北侧山坡上还有西夏时期塔群遗址，遗址面积约 3000 平方米，大致呈三角形排列。[①]1988 年被公布为全国重点文物保护单位。

### 拜寺沟方塔

位于宁夏银川贺兰山拜寺沟内，距沟口约 10 千米，是一座正方形 13 级密檐式实心砖塔，也是国内唯一保留了塔心柱贯通塔身的佛塔。塔中心的圆木中心柱书写有汉文、西夏文，塔心室内出土佛经文书共 36 件（种）、佛画

---

① 朱存世、孙昌盛、王惠民：《宁夏贺兰县拜寺口北寺塔群遗址的清理》，《考古》2002 年第 8 期。

残件 5 种、塔柱铭文、西夏文木牌、
丝织品、器物等。其中有汉文诗集残
卷、墨书草书长卷、西夏乾祐十一年
（1180）刻本施经发愿文残页、西夏
文木活字版佛经《吉祥皆至口合本续》
等。[①]1990 年冬，方塔被不法分子炸
毁。2010 年被公布为自治区级文物保
护单位。

拜寺沟方塔

### 青铜峡一百零八塔

位于宁夏青铜峡西岸陡峭的山崖上。塔群坐西朝东，背山面河，呈三角
形构成一个金字塔阵，皆为实心藏传佛教塔。依山势凿石分阶而建，自高而
低有阶梯式护坡平台 12 级，逐级加宽，按 1、3、3、5、5、7、9、11、13、
15、17、19 的奇数排列，精整有序，总共 108 座，俗称一百零八塔。塔群中
最顶端一座形体较大，高 5 米，塔基呈方形，为过洞式喇嘛塔。塔座平面有

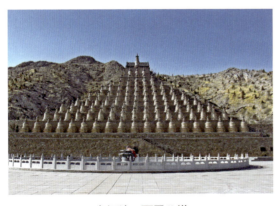

青铜峡一百零八塔

八角或"亚"字形的须弥座，
上建塔身，刹顶施相轮伞盖
宝珠。塔体分为 4 种类型：第
1 层塔身覆钵式，2—4 层为
八角鼓腹锥顶状，5—6 层呈
葫芦状，7—12 层呈宝瓶状。
该塔初建时塔心正中立一竖
木，土坯砌筑，外施粉彩。
后代重修时，在塔体外用砖

---

① 牛达生、孙昌盛：《宁夏贺兰县拜寺沟方塔废墟清理纪要》，《文物》1994 年第 9 期。

包砌，并抹泥粉妆。一百零八塔是我国佛塔建筑中唯一总体布局为三角形的大型塔群。<sup>①</sup>1988 年被公布为全国重点文物保护单位。

### 宏佛塔

**宏佛塔**

位于宁夏贺兰县金贵镇红星村，是楼阁塔与覆钵塔的复合型佛塔。塔高 26.17 米，呈正八边形，边长 4.7 米。底层有券门，券门高 2.25 米，宽 1 米，进深 2.8 米，券顶 0.53 米。塔身为空心，下部三层为八角形楼阁塔，上部是巨大的覆钵塔。楼阁塔各层塔身上部砌出阑额、斗拱和叠涩砖塔檐，檐上有平座和栏杆。覆钵塔由塔基、塔身和塔刹组成。塔基平面呈十字对称向内折两角形式，塔身呈覆钵式，塔刹由"亚"字形刹座承托"十三天"，顶部塌毁。塔身通体涂石灰，施以彩绘。1990 年修缮时，在覆钵式塔的刹座中，发现原建的梯形槽室（天宫）并出土大批西夏文物，其中彩绘绢花 14 件，彩绘泥塑佛像 10 尊以及大量佛像残件，彩绘木雕菩萨，西夏文木雕经版 2000 余块，另外还有木塔、木牍、西夏文残绢、瓷器、建筑构件等。<sup>②</sup>1985 年被公布为县级文物保护单位；1988 年被公布为自治区级文物保护单位；2001 年被公布为全国重点文物保护单位。

---

① 　雷润泽、于存海：《宁夏青铜峡市一百零八塔清理维修简报》，《文物》1991 年第 8 期。
② 　宁夏文物考古研究所：《西夏宏佛塔》，文物出版社 2017 年版，序言。

### 康济寺塔

位于宁夏同心县韦州镇古城东南。
塔为八角空心密檐式砖塔，现存 13 级。
塔前石碑记载，此塔原为 9 级，因地震
塌毁，明嘉靖、万历年间重修时增筑为
13 级。塔身原高 39.66 米，1984 年维修
后高 42.76 米。塔底边为正八边形，边
长 3.65 米。塔身无基座，平地筑起，厚
壁空心，上下贯通。塔身外观呈直线锥
体，底层正南辟券门。塔内第四层有木
制楼板，原有的旋顶木楼梯仍存。塔身
外壁无装饰，密檐由叠涩棱角牙子外挑
而成，檐角梁上挂铎铃 104 个。塔刹由

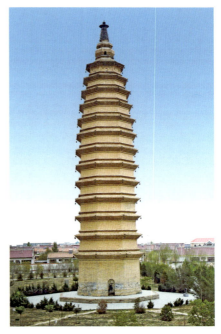

康济寺塔

须弥座、九层相轮、宝盖、宝瓶组成。塔的底层较高，第二层以上被层层密
檐平座紧箍，往上收分与刹座宝顶有机结合，形成抛物线外廓。1985 年维修
该塔时，在塔顶刹座下的 5 个佛龛内发现了一批明代佛经、铜佛、西夏文和
汉文题记方砖。① 1963 年被公布为自治区级文物保护单位；2013 年被公布为
全国重点文物保护单位。

### 永寿塔

位于宁夏中宁县鸣沙镇鸣沙村北 500 米黄河古道南岸的安庆寺内，因
当地名鸣沙，俗称"鸣沙塔"，始建于西夏第二代统治者谅祚时期。明代嘉
靖四十年（1561）大地震将古塔摧毁，隆庆三年（1569）起又重建，至万历

---

① 雷润泽、于存海、马振福：《宁夏同心康济寺塔及出土文物》，《文物》1992 年第 8 期。

永寿塔

八年（1580）完工，改名永寿塔。清初康熙四十八年（1709）地震，塔"复崩其半"，仅保存六级半高残塔体。1985年自治区文物管理委员会对其重新维修。现存塔为楼阁式空心砖塔，高42米，平面呈八角形，底层每边长3.15米。塔身原为11层，底层较高，向上逐缩，每级塔身都以叠涩砖挑檐，檐面挂风铃。此塔既保留了西夏塔的特点，又融入明代建塔风格。[①]1963年被公布为自治区级文物保护单位；2013年被公布为全国重点文物保护单位。

### 凉州护国寺

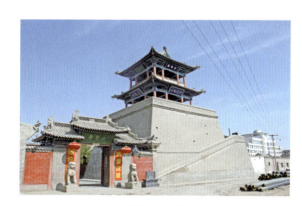

凉州护国寺

位于甘肃省武威市凉州区钟楼巷内。该寺是前凉国王张天锡修建的宏藏寺。唐时改为大云寺，西夏建国后改为了护国寺。寺内原有一座7层佛塔感通塔，相传是阿育王所建八万四千佛舍利塔之一，凉州护国寺佛塔被西夏人称作"护国宝塔"和"凉州金塔"。乾祐七年（1176）正月夏仁宗率领文武百官西巡河西时曾到护

---

① 于存海、郑平：《宁夏中宁鸣沙永寿塔》，《文物》1992年第8期。

国寺礼佛。1993 年被公布为
省级文物保护单位。

### 圣容寺

　　位于甘肃省永昌县城北
10 千米龙首山峡谷中，始建
于北魏，西夏时期更名为圣
容寺，成为皇家寺院之一。

圣容寺全景

在北山塔中有"番僧一千五百人"题记，足见其规模之宏大。寺前山东南方
山崖石壁有一处元代六体文字石刻六字真言"唵嘛呢叭咪吽"。圣容寺西 1 千
米的千佛阁是一座高约 21 米的方形木构楼阁式建筑，为西夏千佛阁遗址，阁
内绘制有藏传佛教色彩的千佛，并诸多西夏时期的礼题记[1]。

### 白塔寺

　　又称百塔寺，位于甘肃
省武威市凉州区武南镇百塔
村。寺院规模较大，有"佛
城"之誉。后经屡次破坏，
现仅存萨班灵骨塔等遗址。
明宣德四年（1429）《重修
凉州白塔志》记载该寺建于
西夏。夏亡后镇守西凉的阔
端太子修缮扩建该寺，于 1247 年邀请萨迦派宗教首领萨迦班智达在此举行了
"凉州会谈"，萨迦班智达圆寂后，阔端在该寺建白塔供奉舍利。

白塔寺遗址

---

① 党寿山：《被埋没的西夏千佛阁遗址》，《西夏学》第七辑，上海古籍出版社，2011 年第 1 期。

### 凉州海藏寺

位于甘肃省武威市城北，原为始建于前凉张茂所建灵钧台，西夏时建为寺院。有寺田 50 顷又 71 亩，树园 8 顷又 62 亩半，足见规模之大。

**武威海藏寺**

### 张掖大佛寺

位于甘肃省张掖市甘州区城区西南隅，原为西夏永安元年（1098）夏崇宗李乾顺为其母梁太后祈福而敕建的卧佛寺，为迄今唯一保存下来的西夏大型寺院建筑。大佛殿坐东面西，高达 24 米，青筒瓦覆顶，吻兽高峙，飞檐斗拱。殿内两层楼阁，重檐歇山顶，安放的释迦牟尼的涅槃像是国内最大的室内卧佛，身长 34.5 米，肩宽 7.5 米，耳朵约 4 米，脚长 5.2 米。卧佛背后立有

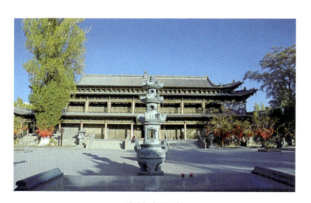

**张掖大佛寺**

十大举哀弟子。1996 年被公布为全国重点文物保护单位。

### 瓜州锁阳城塔尔寺遗址

位于甘肃省瓜州县锁阳城东 1 千米处，现存遗址由外部围墙和内部寺院两部分构成。遗址平面呈长方形，东西长 136.4 米，南北宽 127 米。围墙夯

塔尔寺遗址全景图

土版筑，夯层厚 12—16 厘米，残高 3.5 米左右。寺院布局对称中轴线，坐南向北，依次由南山门、大殿、大塔、小塔群、西侧伙房、东西钟鼓楼台基、东配殿等组成建筑群。大殿为一坐南向北的长方形高台建筑，现存高台长 17 米、宽 12 米、高 2 米，土台内有条砖、方砖、筒瓦以及滴水、雕龙鸱吻构件、兽面纹瓦当等。大殿北 9 米处是一座建于方形夯土台基上的覆钵式大土塔，靠北墙处自东向西有 10 座覆钵式小圆塔，呈两排排列，小塔用小土坯叠砌而成，中空。遗址地面散布大量瓷片，曾采集到夏、元钱币。

### 瓜州坛城遗址

位于甘肃省瓜州县城东北面疏勒河北岸，距县城约 6 千米，为一处西夏至元代时期的藏传密宗佛教的大型坛城遗址。坛城坐北向南，外部为正方形。四面开门，南面为正门。东、西、北三

瓜州坛城塔、坛遗址

门均有瓮城状墙体。坛城墙分内外两圈，外墙圈四面边长各 142 米，墙体为就地取材的沙土，墙体残高 0.5—0.8 米；内墙也呈正方形，边长各 109 米。方形内城墙内有一圆形大圆坛，当为坛城金刚圈，直径 49.3 米。在金刚圈中央，有一方形台基。台基东西长 9 米、南北宽 7.2 米、残高 0.18 米。在方形台基北侧 3 米处，建一圆形坛基，直径 4.5 米、残高 0.22 米。遗址内曾发现西夏瓷片、人工砍削过的木橛等。[①]

### 小庙遗址

位于内蒙古额济纳旗吉日嘎郎图苏木敖瑙图音赛日嘎查东南 15 千米处。遗址坐西向东，由廊和内室组成，内室宽 5.62 米，进深 4.65 米。仅北墙基本直竖，残高 2.87 米。庙壁四角壁柱尚存，墙壁彩绘有云纹、莲瓣纹

**小庙遗址**

等。1963 年内蒙古文物工作队发掘出佛像 1 尊，弟子像 2 尊，菩萨像 2 尊，金刚力士像 4 尊，供养人像 6 尊等佛教造像，此外还有枋、梁、飞檐椽、飞椽、墙角柱、斗、华拱等建筑材料。1988 年被公布为全国重点文物保护单位。[②]

### 红庙遗址

位于内蒙古额济纳旗达来呼布镇吉日嘎郎图嘎查东南 13.3 千米处。遗址由庙宇、佛塔、僧房和院落组成，总面积 956 平方米。庙宇为回廊式建

---

① 李宏伟：《瓜州坛城遗址概说》，《丝绸之路》2015 年第 14 期。
② 塔拉等主编：《西夏文物·内蒙古编》（二），中华书局、天津古籍出版社 2014 年版，第 521 页。

筑风格，庙门东开，庙内地
面铺方砖，门内有 1 座残高
1.1 米佛座，座中有洞，边
饰莲花，部分表皮脱落。东
墙内置木柱，北墙东侧存部
分墙体，南墙、西墙仅存基
址。门前南北两侧各有 1 座
佛龛遗存。庙西残存两座佛
塔，残高 1.1 米。庙北土台
上建有 5 间僧房，仅存南、
西两墙部分墙体。遗址区散
存部分建筑构件。1988 年
被公布为全国重点文物保护
单位。①

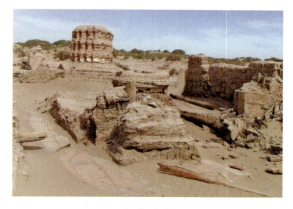

红庙遗址

### 绿城双塔遗址

位于内蒙古额济纳旗达
来呼布镇吉日嘎郎图嘎查东

绿城双塔遗址

南 26.8 千米处。遗址由 2 座单体塔组成，西塔塔基呈正方形，边长 2 米，残
高 2 米，平顶，西侧坍塌。东塔塔基呈正方形，边长 2 米，残高 1.7 米，塔
体向东侧坍塌。1988 年被公布为全国重点文物保护单位。②

### 绿城塔庙遗址

位于内蒙古额济纳旗达来呼布镇吉日嘎郎图嘎查东南 26.3 千米处。遗址

①　塔拉等主编：《西夏文物·内蒙古编》(二)，中华书局、天津古籍出版社 2014 年版，第 527 页。
②　塔拉等主编：《西夏文物·内蒙古编》(二)，中华书局、天津古籍出版社 2014 年版，第 533 页。

绿城塔庙遗址

由主殿、佛塔和僧房组成。主殿面积 50.44 平方米，开南门。殿内中部有一塔，塔基长方形，残高 1 米左右，塔呈多棱状，塔体饰白灰，塔内残塌。殿墙系土坯砌筑，东墙套有 2 间房址痕迹。殿东有 3 间土坯砌筑僧房，面南开门，房屋坍塌，东、南、西三面部分墙体残高约 1 米。1988 年被公布为全国重点文物保护单位。①

## 2. 石窟遗址

### 山嘴沟石窟

位于宁夏银川贺兰山东麓山嘴沟内，为西夏时期的一座石窟。包括两处洞窟：一处位于沟内中部葫芦峪的小岔沟内，距沟口约 10 千米，石窟分为上

山嘴沟石窟

下两排共 6 个窟，上排 4 个窟，下排 2 个窟，大多为利用天然洞窟修整而成。窟内壁画主要分布在上层的 1 号、2 号、3 号窟内，尤以 2 号、3 号窟为多，在石窟底层堆积中发现大量西夏文佛经及其他文献、资料。另一处位

① 塔拉等主编：《西夏文物·内蒙古编》（二），中华书局、天津古籍出版社 2014 年版，第541 页。

于山嘴沟内名叫葫芦峪的小岔沟末端石崖断壁，距前石窟约 3 千米，俗称千佛洞，也是对自然石洞稍经修凿而成，顶略平，口宽 3.6 米，内宽 5 米，深 4 米，高 2.2 米。洞内东北角有一壁龛，宽 2 米，深 1.5 米，高 1.2 米，距洞底 1 米。洞壁墙皮已脱落，现仅留有 2 平方米，可见 6 层修复面，每层均有壁画。在被沙子掩盖的堆积层中清理出大量刊本和手书西夏文佛经、手印纹残砖、筒瓦、砖雕、木雕、琉璃残件等。千佛洞下有一寺庙台址，东南约 100 米处东坡有一寺院遗址。[①]1993 年被公布为市级文物保护单位。

### 天都山石窟

位于宁夏海原县西安镇园河村西 7 千米处的西华山东麓，是一座自宋夏一直沿用到明清的石窟遗址。石窟共三院八窟，窟外地面三院建有三官殿、三皇殿、灵官殿、三清殿、王母殿等多处殿宇，为佛、道、儒三教合

天都山石窟

一的寺庙。石窟大小不一，最大者为祖师洞窟，高 4.8 米，宽 4.8 米，进深 7 米，门洞高 2.2 米，宽 1.2 米。最小石窟为太上老君窟，高 2.4 米，宽 2 米，进深 3 米，窟门高 1.8 米。现窟内塑像壁画全无，台院和山坡前散布大量残砖碎瓦以及绿釉琉璃屋脊兽。2005 年被公布为自治区级文物保护单位。

### 敦煌莫高窟

俗称千佛洞，位于甘肃省敦煌市东南 25 千米鸣沙山东麓的崖壁上，是现

---

① 宁夏文物考古研究所:《山嘴沟西夏石窟》(上、下)，文物出版社 2007 年版。

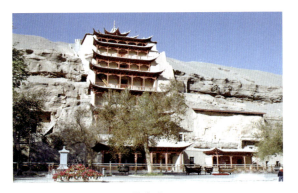

**莫高窟**

今世界规模最宏大、历史最久长、内容最丰富、保存最良好的佛教历史文化遗址。其前临大泉河，东向三危山。西夏在敦煌的统治有近200年，在此期间以皇室为代表的西夏人对莫高窟展开了不遗余力的营建与重修重绘活动[①]，绝大部分是重修重绘，包括第 3、6、34、61、140、164、169、206、252、281、285、351、355、356、368、408、432、460、464、465、491 窟，北 77 窟及第 464、465 窟周围的卫星式小窟群等，数量多达 40 余窟。西夏窟壁画题材有尊像画、经变画、行道药师像、文殊像、普贤像、观音像、千佛、供养菩萨、装饰图案（如各式团花纹、垂帐纹等）、龙凤藻井等，基本遵循敦煌五代宋曹氏归义军时期艺术特色。1961 年被公布为全国重点文物保护单位。

### 瓜州榆林窟

位于甘肃省瓜州县西南方向 75 千米处的榆林河峡谷东西两岸崖壁上，现存洞窟42 个，其中东岸 31 个窟室，分上下两层分布，下层自北向南编号 111 窟，上层自南而北编号 1231 窟；西岸存 12个窟室，自南到北依次编号

**瓜州榆林窟**

---

①　史金波：《西夏佛教史略》，宁夏人民出版社 1988 年版。

3243 窟。[①] 据学界最近研究，榆林窟第 2、3、10、13、14、15、17、21、22、26、29 窟为西夏洞窟。[②] 榆林窟在西夏时期有"世界圣宫"的美誉，是西夏人心中的佛教圣地，在此兴修营建了一批"原创性"洞窟，以此为代表的即是榆林窟第 2、3、4、10、29 窟。1963 年被公布为全国重点文物保护单位。

### 瓜州东千佛洞

位于甘肃省瓜州县桥子乡东南 35 千米峡谷河床的两岸，距瓜州县城约 90 千米处，属于敦煌周边石窟群之一，因地处敦煌莫高窟千佛洞之东，故名东千佛洞。现存洞窟 23 个，其中已编号洞窟 9 个，1—5 窟在西岸，6—9

瓜州东千佛洞西侧崖壁

窟在东岸，其余未编号洞窟均为现今不存绘塑作品的窟室。在现存的 9 个已编号洞窟中，第 2、4、5、6、7 窟目前被学界公认为西夏时期的代表性洞窟。形制均为甬道式中心柱窟，单室窟，平面长方形。窟内西夏造像现已无存，目前所见造像皆为后世重塑。各窟壁画布局大体相同。1993 年被公布为全国重点文物保护单位。

### 肃北五个庙石窟

位于甘肃省肃北县城西北 20 千米的党河西岸沙崖峭壁上，距地面约 12—15 米。始凿于北魏晚期，经五代、宋代、西夏续修，南区现存的四个石窟为西夏时期的作品，石窟内共有 36 处壁画，其中，第 1 窟窟型为中心柱窟，

---

① 敦煌研究院编：《中国石窟·安西榆林窟》，文物出版社 1985 年版，第 161—162 页。
② 沙武田：《敦煌西夏石窟分期研究之思考》，《西夏研究》2011 年第 2 期。

肃北五个庙石窟

窟内现存释迦牟尼八塔变相、文殊变、普贤变、水月观音变、金刚界曼荼罗、千手千眼观音经变、炽盛光佛曼荼罗、涅槃经变等壁画。大多保存完好，颜色鲜艳。第3、4窟均为佛殿窟，第3窟内存有维摩诘经变和劳度叉斗圣经变，第4窟内存有释迦牟尼说法图、文殊变和普贤变。2013年被公布为全国重点文物保护单位。

### 肃南文殊山万佛洞

位于甘肃省肃南裕固族自治县南祁连山下的文殊山山谷中。现存主要有前山千佛洞、万佛洞，后山古佛洞、千佛洞。万佛洞杂糅藏传佛教、汉传佛教、显教、密教、敦煌、中原等多种内容题材

肃南文殊山万佛洞

和艺术特色的图像，其中前山万佛洞、后山古佛洞为西夏时期所重修。2001年被公布为全国重点文物保护单位。①

### 天梯山石窟

位于甘肃省武威市城南50千米的天梯山，始凿于北凉时期，历经北魏、

---

① 姚桂兰主编：《文殊山石窟》，甘肃人民美术出版社2019年版。

北周、隋、唐、西夏、元、明、清各代相继开凿与修缮。现存洞窟 19 个，西夏时几乎对现存所有洞窟进行重修过。1959 年，因窟前修建水库而对现存窟内造像、壁画等珍贵文物进行了整体搬迁，搬迁过程中发现有西夏重修塑像、壁画和西夏文题记。

天梯山石窟

2001 年被公布为全国重点文物保护单位。

**亥母洞**

位于甘肃省武威市城南 15 千米处的新华乡缠山村。创建于西夏正德四年（1130），共 4 个洞窟，经多次地震，洞窟震塌。历经元、明、清各代续建，清末荒废。1987 年出土西夏、元、明、清时期的文物上百件，以西夏时期为

亥母洞

最多。2016—2019 年，甘肃省文物考古所再次对亥母洞遗址进行加固维修和发掘，出土数百件西夏文、汉文、藏文文献，另有各类社会文书和世俗文献残片，还有佛画、唐卡、瓷器、残碑等文物，是 1949 年以来国内发现西夏文物数量最多的遗址，因此被学界称为"凉州藏经洞"。[①]2003 年被公布为省级文物保护单位。

### 张义小西沟修行洞

位于甘肃省武威市市区东南 75 千米的凉州区张义镇小西沟岘。山体有 3 个山洞，其中 1 号洞在自然形成的山隙中间，2 号洞是在 1 号洞上面的一

个封闭小洞，洞内存佛座、泥塔、佛像等，为人工开凿。3 号洞在 1 号洞北约 20 米处，为一个石洞，洞顶有烟熏痕迹，当地群众叫作"修行洞"或"鸽子堂"。1972 年出土了西夏文佛经、佛画、西夏文写本医方、会款单、占卜词；西夏文木简、汉文文书、报告、日历、欠

张义小西沟修行洞

款单、请假条、便条、藏文印本和写本、竹笔、木刮布刀、生牛皮鞋、皮条、毡片、石纺轮、石球、铜质和泥质苦修像、钱币、善业泥等近百件，是新中国成立后首次发现的大宗西夏文物。[②]

---

① 黎大祥、张振华、黎树科：《武威地区西夏遗址调查与研究》，社会科学文献出版社 2014 年版，第 179—206 页。

② 甘肃省博物馆：《甘肃武威发现一批西夏遗物》，《考古》1974 年第 3 期。

### 马蹄寺石窟

位于甘肃省肃南裕固族自治县县城东南 80 余千米的临松山中，由北寺、南寺、千佛洞、金塔寺和上、中、下观音洞等组成，现有窟龛 70 余处，彩塑 500 余身，壁画 1200 多平方米。始凿于北凉时期，唐、西夏、元、明、清历代皆有重修，其中金塔寺窟内千佛旁遗存有西夏文墨书佛经题记数则。石窟群周边数千米范围内有 500 多座西夏、元、明、清时期开凿的摩崖佛塔窟龛。①

马蹄寺石窟

### 阿尔寨石窟

俗称"百眼窑石窟"，位于内蒙古鄂托克旗乌兰镇阿尔巴斯苏木 80 千米处阿尔寨山红砂岩山体四壁。石窟始创于北魏，西夏、元、明时期继续开凿，

---

① 敦煌研究院等编著：《肃南马蹄寺石窟群》，科学出版社 2020 年版。

阿尔寨石窟近景

分上、中、下三层，共计 65 窟。其中保存较完整者 43 窟，塌陷、沙埋及未成形者 22 窟。石窟尚存西夏中晚期浮雕覆钵式塔 24 座；初断为西夏时期浮雕楼阁式塔 1 座，高约 1.6 米。洞窟存有近千幅壁画，时代为西夏早中期、元代及明代。石窟分大、中、小三种形式，西夏时期均为中型洞窟。窟内壁画丰富，按内容可分前后两期，前期为西夏早中期，显宗题材，近似敦煌壁画，以石绿色打底；后期为西夏晚期，密宗题材，出现大量藏传佛教双身明王像、胜乐金刚像、十一面观音像及密宗大师说法图、礼佛图等。1996 年被公布为自治区级重点文物保护单位；2003 年被公布为全国重点文物保护单位。

### 苏木图石窟

位于内蒙古阿拉善左旗木仁高勒苏木苏木图嘎查。石窟凿于一条长 138 米、高约 12 米、坐西朝东、南北走向的红砂岩立崖上，错落排列洞口 16 眼，共 14 窟。其始建年代不详，历经西夏、元、明、清，为喇嘛教石窟寺。洞窟大小不等，大者 23 平方米，小者 5 平方米，平面多为方形或长方形，四壁凿刻平整，多抹白灰面，部分洞窟尚未完工。现部分洞窟残存主尊莲

苏木图石窟

花座、藻井、供台和约40平方米的彩绘壁画。壁画内容为说法图和三世佛图，色彩以绿、黑、红为主调，绘制精细。崖顶及面阔地带现存有地面遗址多处。采集标本有西夏、元、明、清瓷片和大量的泥制擦擦。2006年被公布为自治区级重点文物保护单位。[①]

### 岗隆沟石窟寺遗址

位于青海省门源县东川镇巴哈村南岗隆沟的一处断崖上，为西夏始建的一座石窟寺遗址。现存若干修行窟，一尊释迦牟尼佛像和一座石塔，以及若干石雕、石刻。释迦牟尼佛像高1.2米，宽1.8米。石塔底莲花座，覆钵式塔身，通高6米，宽2米，附近刻有藏文经文和六字真言以及小石塔、小佛像等。1988年被公布为省级文物保护单位。

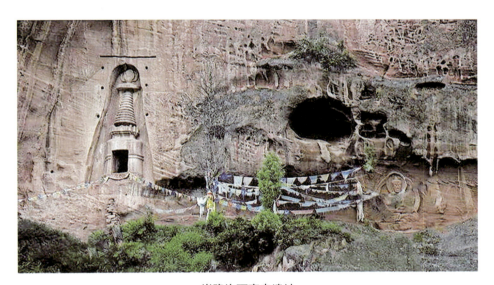

岗隆沟石窟寺遗址

---

①　包金主编：《草原文明的见证阿拉善左旗》，阳光出版社2012年版，第136页。

## （三）窑址窖藏

### 1. 瓷窑遗址

20 世纪 80 年代，中国社会科学院文物考古研究所和宁夏文物考古研究所对宁夏灵武磁窑堡窑的发掘，开掘探方 12 个，清理窑炉 4 个、作坊遗址 9 处。发掘面积 700 平方米，出土瓷器、窑具和建筑材料等 3000 多件。与此同时，文物考古部门对甘肃武威塔儿湾、灵武回民巷、银川缸瓷井、白梁沟、中卫下河沿、银川贺兰山苏峪口等地窑址发现与发掘，大大丰富了西夏遗址资料。

窖藏是战乱之际人们将钱币、金银器、瓷器、铜器等贵重物品埋藏于地下，期待社会安定后再取回，但由于各种因素未能取出而留存后世的遗址。自清代晚期以来，西夏故地的甘肃、宁夏、内蒙古、陕西、青海等省区陆续发现了大批西夏窖藏，有的是货币窖藏，有的是金银铜器窖藏，有的是铁农具窖藏，有的是佛教造像窖藏。贺兰山麓与鄂尔多斯台地的货币窖藏主要是宋钱，大多占窖藏的 80% 以上，有的高达 97%，而西夏铸造的钱币则不足 2%，且以"天盛""乾祐""光定"钱居多，说明西夏在其境内主要流通北宋钱。鄂尔多斯达拉特旗、杭锦旗、乌审旗、伊金霍洛旗等发现的铁质生产工具、生活器具窖藏，是研究西夏冶炼技术、农业生产的实物资料。灵武石坝银器窖藏中墨书西夏文字自铭重量银碗，经文物部门实测，可知西夏 1 两约值 38—39.1 克强，与宋朝两的单位值约 39—40 克相当，解决了西夏度量衡制度问题。内蒙古高油坊古城、武威署东巷金银器窖藏等，为认识西夏金银器文化源流提供了难得的实物。内蒙古额济纳旗绿城寺庙遗址佛教造像窖藏、宁夏新华街铜造像窖藏对于研究西夏雕塑艺术和宗教信仰也具有重要价值。

### 灵武磁窑堡窑址

位于宁夏灵武市宁东镇永利村大河子沟畔，南距磁窑堡镇 4 千米。灵武窑址是西夏至清时期的一处瓷器窑场遗址。窑址东侧有一条季节河，沟东有明代城址磁窑堡古城。在东西宽约 500 米、南北长约 1000 米的地表，散布大量瓷器残片和烧窑窑具，有的地方瓷片堆积厚度达 4 米。从南侧断崖处也可看到瓷片堆积层，有 8 座窑炉残迹暴露，窑址的中心区在烽火台附近。地层堆积有 5 层，第一层地表土外，第二层为西夏—元代地层；3—5 层为下层，属西夏地层。西夏瓷窑均为南北向，平面呈马蹄形，由窑室、火膛、烟囱组成，窑门已不存在。

灵武磁窑堡窑址

作坊有房屋、存料池、淘洗池、淘洗大缸（无底，下垫厚石板）、轮基、烘坯火炕等。出土的西夏瓷器按用途分有生活器皿、娱乐用品、雕塑艺术品、建筑材料、兵器以及支钉、匣钵等窑具。[1]2006 年被公布为全国重点文物保护单位。

---

①　中国社会科学院考古研究所内蒙古队：《宁夏灵武县磁窑堡瓷窑址发掘简报》，《考古》1987年第 10 期。

回民巷瓷窑遗址

位于宁夏灵武市宁东镇回民巷村西南 1 千米处的白梁沟西岸。窑址南北长约 250 米，东西宽 150 米左右，地表有大量瓷片堆积，文化层厚度达 45 米。地表采集标本多为瓷器和窑具，还有少量工具。1998 年局部发掘，发现窑炉 2 座，平面呈马蹄形，长约 8 米、宽 2.2 米，方向 130 度。由窑门外八字分墙、窑门、火膛、窑室、烟囱五部分组成。发现灰坑 3 座。窑址内出土的 2000 余件遗物，瓷器有生活用具、工具、窑具、建筑材料等。该窑址延续时代较长，自西夏中期延续到明清时期。[①] 2005 年被公布为自治区级文物保护单位。

回民巷瓷窑遗址

缸瓷井窑址

位于宁夏银川市西夏区平吉堡农场四队西 500 米处。窑址南北长 8 千米，东西宽 500 米，共发现有灰窑、砖瓦窑遗址 10 多处。砖瓦窑由窑门、窑室、火膛、烟囱等部分组成，长 6.3 米。窑门单砖平砌两壁，以纵向立砖起券。

---

　① 宁夏回族自治区文物考古研究所、灵武市文物管理所：《宁夏灵武市回民巷西夏窑址的发掘》，《考古》2002 年第 8 期。

窑室用横向单砖平砌圈筑而成，平面呈阔马蹄形，直径东西 2.45 米、南北 2.15 米、壁残高 2.35 米。火膛在窑门道底部向下，底部有烧灰土、硫渣及塌落的门券顶砖块堆积层。烟囱紧贴窑室后壁外，砖筑，方形。烟道口

缸瓷井窑址

在后壁下，砖砌成三个孔道，高均为 38 厘米。烟道为一方漏斗形，平置于窑床与烟室之间。石灰窑由火门、火膛、窑室等部分组成。窑室体积较小，平面呈马蹄形，窑壁已烧烤成红烧土，厚 25 厘米。火膛石块砌筑，呈一长口袋状，在窑底前部与火门间，东西长 1.6 米、南北宽 0.25—0.5 米。火门在窑室东壁下部，圆拱顶土洞，高 40 厘米、宽 38 厘米。火门外有深 30 厘米，直径 50 厘米的坑窝。出土遗物多为以砖块瓦片为主的各类建筑构件。[①]

### 插旗口窑址

位于宁夏银川贺兰县洪广镇金山村插旗口头道沟营林区西侧。遗址共有窑炉 4 处。窑炉平面呈圆形袋状，下大上内收。用石头砌成外壁，并有螺旋登顶的通道。窑顶逐渐收小，留有直径约 0.15 米的烟道。北角窑炉最

插旗口窑址

---

① 宁夏回族自治区博物馆：《银川缸瓷井西夏窑址》，《文物》1978 年第 8 期。

大，直径 13 米，残高 2 米；南部一窑炉直径 7.2 米，残高 1.4 米；另两窑炉直径均为 4 米，高 3 米。遗址四周地表堆积大量砖瓦、瓷罐残片，西夏时期遗物堆积层厚约 5 米。风吹、日晒、雨淋等自然因素对遗址破坏严重。1985 年被公布为县级文物保护单位。

### 白梁沟瓷窑遗址

**白梁沟瓷窑遗址**

位于宁夏灵武市市区东北 35 千米的宁东镇回民巷村南 2 千米处。2012 年因新建煤场被发现，出土数以万计瓷器标本、窑具等，整体发掘 4 座瓷窑，除了窑顶部外，其他部分均保存完整。遗址东西宽 260 米，南北长 264 米。遗址内地势较平坦，中间有一条东西走向季节河将遗址一分为二。该处窑址整体搬迁至银川市西夏陵区管理处展示。

**石灰窑遗址**

### 石灰窑遗址

位于宁夏银川市西夏区贺兰山东麓大十字沟内，距沟口约 300 米处。窑址分布在大十字沟与小十字沟中部山前坡地上，利用自然山体，经人工掏挖成口大底小的圆坑。圆坑周围用卵石垒砌，底部设有风道。窑膛宽

2.5—5 米，深 2.5—4 米。利用附近出产石料，采用煤炭填烧。据推测该石灰窑群主要是为修建西夏陵烧制石灰所用。

### 中卫下河沿老窑沟瓷窑遗址

位于宁夏中卫市西南 15 千米的长乐镇下河沿村老窑沟，地处宁蒙甘三省区交界之地，古称"炭山"。遗址西边有一条季节性河流，距离下河沿黄河码头 2 千米，直通黄河，是窑厂运输瓷器的水路通道。窑址范围约 17 万多平方米，暴露窑

下河沿窑址地表现状

址约 20 处，地表遍布瓷片、煤渣、废弃窑具，瓷片堆积层最厚处约有 3 米。调查采集器型主要有各式生活器皿。釉色以黑、褐、茶叶末、白、青黄色为主；支烧方法有涩圈叠烧、沙圈叠烧、涩口底对烧、套烧等，窑具有工字形支钉、筒式匣钵等。该窑烧造工艺明显受到灵武窑的影响，是一处由西夏一直延续到了近代的大型民间瓷窑遗址。

### 凉州区塔儿湾瓷窑遗址

位于甘肃省武威市凉州区古城镇上河村的杂木河南岸山坡和台地上。遗址东西长约 500 米，南北宽 260 米。1984 年、1987 年的两次文物普查中被发现。遗址出土瓷器种类繁多，釉色复杂。2003 年被公布为省

凉州区塔儿湾瓷窑遗址

级文物保护单位。①

凉州区上古城瓷窑遗址

位于甘肃省武威市南 30 千米处的天梯山主峰南麓古城镇古城村东北 500 米处。窑址面积约 1 万平方米。1984 年、1987 年文物普查时发现大量西夏瓷

凉州区上古城瓷窑遗址

片。此处的瓷片与西南方向的塔儿湾遗址瓷片完全相同。由此断定此地应为西夏时期瓷窑遗址。②

宁夏贺兰山苏峪口瓷窑遗址

位于宁夏银川市贺兰山东麓苏峪口内。2017 年宁夏文物考古研究所调查发现。现已发现炉窑 4 座，发掘面积 500 平方米。窑炉由条石垒砌，马蹄形，由风道、

宁夏贺兰山苏峪口瓷窑遗址

① 黎大祥：《武威文物研究文集》，甘肃文化出版社 2002 年版，第 41 页。
② 黎大祥、张振华、黎树科：《武威地区西夏遗址调查与研究》，社会科学文献出版社 2014 年版，第 96—99 页。

火膛、窑室、烟囱及两侧挡墙组成，残高约 2.9 米。出土窑具主要是直筒型匣钵，碗盘等瓷器内底有涩圈，为匣钵内多件叠烧。遗址出土瓷器釉色主要是素面不施化妆土的精细白瓷。器型主要有碗、盘、盏、碟等生活器皿，与灵武窑西夏瓷有明显差别，但与西夏陵、贺兰山东麓西夏离宫遗址出土的精细白瓷基本一致，应为一处西夏官窑。

平川区小川磁窑遗址

位于甘肃省白银市平川区宝积乡小川村磁窑沟。窑址沿磁窑沟北岸自东向西分布，主要由黑石岘遗存、大水沟遗存、老瓷窑遗存和靖远陶瓷厂旧址等部分组成，规模达 60 万平方米，部分窑址保存完整，多为依山而建的馒头窑，文化堆积层厚度达 6—10 米。地表和文化层中堆积大量黑、褐、白、酱色釉生活器皿瓷器，也有部分剔刻花、绘花装饰技法瓷片以及支钉、匣钵等窑具。该窑融

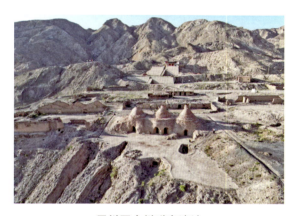

平川区小川磁窑遗址

汇磁州窑、耀州窑等北方窑口的特点。始创于宋代，经西夏、元、明、清，直至 20 世纪 80 年代依然在生产，文化堆积层深厚、完整、连续，是研究西北民窑体系最完整的窑址。2019 年被公布为全国重点文物保护单位。

## 2. 金银器窖藏

灵武石坝银器窖藏

位于宁夏灵武市临河镇横山村石坝南 200 余米的黄河河滩上，约在地表

自然沙土 1.5 米深处。1976 年被发现，窖藏形制不详。出土碗、小盒、发钗饰等共 19 件，银碗 6 件，3 件碗底分别有墨书西夏文"三两半""三两""二两半"。舍利盒 2 件。①

### 银川市海宝塔金器窖藏

位于宁夏银川市兴庆区海宝塔南侧。窖藏形制不详，1997 年被发现。出土文物现仅存一件迦陵频伽莲瓣连珠纹镶宝石金头饰。②

### 银川市兴庆区北京东路窖藏

位于宁夏银川市兴庆区北京东路某建筑工地。窖藏形制不详，1987 年被发现。出土穿镶绿松石金耳坠 2 件，金双股发钗 3 件，银双股发钗 3 件，银笄 3 件，现藏甘肃宁县博物馆。

### 武威城区署东巷金器银锭窖藏

位于甘肃省武威市城区署东巷行政公署家属区内，约在距地表 3 米多深处。窖藏形制不详，1987 年被发现。出土金器连枝菊花金杯 2 件、团花金钵 1 件、金钏 1 件、穿绿松石金链 2 件、绿松石珠 16 粒、珍珠 181 粒、银锭 21 件半。③ 随金银器出土有宋代皇宋通宝 1 枚、至道元宝 2 枚、天圣元宝 1 枚、绍圣元宝 1 枚、建炎通宝 1 枚。一起出土的还有西夏瓷片等。④

### 内蒙古临河县高油房西夏金器窖藏

位于内蒙古巴彦淖尔市临河区高油房古城内东北角，窖藏形制不详。

---

① 董居安：《宁夏石坝发现墨书西夏文银器》，《文物》1978 年第 12 期。
② 详见李芳《西夏迦陵频伽莲瓣联珠纹金头饰相关问题考述》，《西夏研究》2018 年第 1 期。
③ 党寿山：《武威出土的西夏金器和银锭》，载《武威文物考述》，武威市光明印刷物资有限公司，2001 年，第 115—123 页。
④ 黎大祥：《甘肃武威发现一批西夏通用银锭》，《中国钱币》1991 年第 4 期。

1959 年与 1966 年先后两次出土金器约 28 千克。主要有金佛像 1 件、莲花形金盏托 1 件、鸾鸟纹金碗 2 件、金指剔 1 件、镂空人物纹金耳坠 1 对、镶嵌绿松石金耳坠环 1 对、镶嵌绿松石桃形饰 10 余件、弧形饰片等，该窖藏是目前数量最大的西夏金器窖藏。①

## 3. 钱币窖藏

### 盐池八岔梁窖藏

位于宁夏盐池县八岔梁。土坑窖藏，1975 年被发现。出土钱币约 7.5 千克，有西汉到北宋钱 64 种，其中北宋钱为 50 种，约占 50%。西夏钱有"天盛""光定"两种。②

### 盐池萌城钱币窖藏

位于宁夏盐池县惠安堡镇萌城村。窖穴形制不详，1985 年被发现。共出土古铜钱重约 100 千克，共计 62 种，并有西夏文"元德九年"款"首领"铜印一方。这批铜钱年代包括汉、新莽、唐、后周、北宋、辽、南宋、金、西夏等时期。此外，还有在西夏窖藏中从未见过的高丽三韩通宝。③

### 灵武红柳湾钱币窖藏

位于宁夏灵武市临河镇红柳湾村西南。窖穴形制不详，1985—1986 年被发现。共出土钱币重约 1000 千克，共计 49 种，总数达 15263 枚。包括汉、隋、唐、五代后唐、五代后周、十国前蜀、北宋、南宋、西夏、金等时代的

---

① 陆思贤、郑隆：《内蒙古临河县高油房出土的西夏金器》，《文物》1987 年第 11 期。
② 盐池县地方志办公室：《1975 年盐池出土一批西夏货币》，载《盐池县志资料汇编》（第三集），1982 年，内部资料。
③ 牛达生：《西夏钱币研究》，宁夏人民出版社 2013 年版，第 191 页。

钱币，其中以北宋钱币最多，达 30 种。西夏时期钱币有天盛元宝、天庆元宝、皇建元宝、光定元宝。[①]

### 灵武永利村钱币窖藏

位于宁夏灵武市宁东镇永利村西北。窖穴形制不详，出土宋代和西夏钱币。地表发现盛钱残罐、铁犁、铁锅等残片。[②]

### 平罗大风沟钱币窖藏

位于宁夏平罗县崇岗镇常胜村西约 5 千米处。窖穴已被破坏，竖穴土坑，口径 0.8 米，深 1 米，1979 年发现。窖内有绳索串联的钱币 30 多千克，约 8000 余枚。大部分为北宋钱币，包括两汉、新莽、隋唐、五代、两宋、辽金等朝钱币 110 种。西夏钱币有汉文天盛元宝、乾祐元宝、天庆元宝、皇建元宝、光定元宝，西夏文钱有大安宝钱、乾祐宝钱、天庆宝钱。其中北宋钱最多，占 84.8%，西夏钱仅占 1.42%。[③]

### 中宁黄羊湾钱币窖藏

位于宁夏中宁县余丁乡黄羊村北。窖穴形制不详，1987 年被发现。出土钱币 100 多千克，包括唐代、北宋、南宋、西夏等时期，另有 3 枚西夏文钱币。[④]

### 中宁石空窖藏

位于宁夏中宁县石空镇。窖穴形制不详，1988 年被发现。出土钱币重约 100 千克，计有两汉到西夏钱币 50 余种，其中北宋钱最多，有 20 多种。西

---

① 国家文物局主编：《中国文物地图集·宁夏分册》，文物出版社 2010 年版，第 275 页；《灵武市志》，宁夏人民出版社 1999 年版。

② 国家文物局主编：《中国文物地图集·宁夏分册》，文物出版社 2010 年版，第 275 页。

③ 牛达生、许成：《贺兰山文物古迹考察与研究》，宁夏人民出版社 1988 年版，第 54 页。

④ 国家文物局主编：《中国文物地图集·宁夏分册》，文物出版社 2010 年版，第 357 页。

夏钱有天盛元宝、皇建元宝、光定元宝及西夏文天庆宝钱诸品。[①]

### 海原周套湾钱币窖藏

位于宁夏海原县蒿川乡周套村东北。窖穴形制不详，1995 年被发现。约在距地表深 1.4 米处，出土钱币 500 多千克，有唐代开元通宝，北宋时期政和通宝，另有少量西夏时期的汉文钱币。

### 原州区硝口钱币窖藏

位于宁夏固原市原州区中河乡硝口村南。窖穴形制不详，2002 年被发现。窖内藏钱币约 500 千克，有汉代半两钱、五铢钱，唐代开元通宝，五代时期乾德重宝、周元通宝，金代正隆元宝、大定通宝，西夏时期天盛元宝、皇建元宝。[②]

### 西吉县红耀钱币窖藏

位于宁夏西吉县红耀乡红耀村。窖穴形制不详，1985 年被发现。出土两个灰陶罐，罐内有包括西汉等 11 个朝代的钱币 19934 枚，558 品，其中西夏时期货币有西夏文大安宝钱 2 枚。[③]

### 西吉县红庄钱币窖藏

位于宁夏西吉县苏堡乡红庄村内。窖穴形制不详，1999 年被发现，距地表约 0.7 米。出土钱币 6000 余枚，共计 132 品，其中有南宋时期建炎通宝，也有西夏时期汉文钱币元德通宝、光定元宝。[④]

---

① 《中宁出土西夏窖藏钱币》，《宁夏日报》1988 年 10 月 22 日。
② 国家文物局主编：《中国文物地图集·宁夏分册》，文物出版社 2010 年版，第 408 页。
③ 国家文物局主编：《中国文物地图集·宁夏分册》，文物出版社 2010 年版，第 479 页。
④ 国家文物局主编：《中国文物地图集·宁夏分册》，文物出版社 2010 年版，第 479 页。

### 滚钟口窖藏

位于宁夏银川市贺兰山东麓滚钟口内。1984 年山洪冲出一大陶罐，内存钱币 125 千克，29506 枚。内有西夏汉文钱币天盛元宝、乾祐元宝、天庆元宝、皇建元宝、光定元宝 5 种，西夏文大安宝钱、乾祐宝钱、天庆宝钱 3 种。其中汉文行书乾祐元宝和篆书光定元宝是首次出土，而篆书光定元宝，史志旧谱不载，且与楷书钱成对钱，弥足珍贵。另有两汉、新莽、隋唐、五代十国、两宋、辽金等朝钱币 200 多种。北宋钱数量占 85.58%，西夏钱仅占 1.48%。[①]

### 武威大十字东文教局钱币窖藏

位于甘肃省武威市凉州区城内大十字东侧的原武威地区文教局院落内。窖穴形制不详，1979 年被发现。出土重 42 千克的铜钱 1 万余枚，散置于距地表深 50 厘米的煤灰坑中。年代包括西汉、新莽、唐、北宋、金、西夏等时期。其中北宋钱币占绝大多数。[②]

### 武威师范钱币窖藏

位于甘肃省武威师范学校院内。窖穴形制不详，1983 年被发现。距地表 2 米左右。有汉、唐、五代十国、北宋、南宋、西夏、金 7 个朝代 43 种类别钱币。当为西夏晚期神宗光定年间至西夏灭亡这一时期的通用货币窖藏。[③]

---

① 牛达生、许成:《贺兰山文物古迹考察与研究》，宁夏人民出版社 1988 年版，第 54 页。牛达生:《银川首次出土篆书"光定"平钱》，《中国钱币》1985 年第 2 期。

② 于笃学:《甘肃武威县发现窖藏铜钱》，《考古与文物》1981 年第 2 期。

③ 黎大祥、张振华、黎树科:《武威地区西夏遗址调查研究》，社会科学文献出版社 2014 年版，第 343—345 页。

### 古浪县干城乡货币窖藏

位于甘肃古浪县干城乡大东大滩。窖穴形制不详，1990 年被发现。共出土钱币 105 种，总数达 23139 枚，包括汉、新莽、唐、五代十国、北宋、南宋、辽、金、西夏等朝代钱币，品种数量都较丰富。[①]

### 武威行政公署家属楼货币窖藏

位于甘肃省武威市地区行政公署家属区范围内。窖穴形制不详，1991 年被发现。距地表约 1.2 米处。出土铜钱 2000 多枚，种类达 70 多种。有汉、隋、唐、五代、北宋、南宋、金、西夏等朝代。其中 90% 以上为北宋钱，其次为五铢钱和开元通宝钱。同时还出土 10 多千克已锈蚀的铁钱，锈蚀严重，已无法辨认。可能是西夏末期窖藏。[②]

### 武威文化广场钱币窖藏

位于甘肃省武威市文化广场北侧电信大楼处。窖穴形制不详，2003 年被发现。距地表 2.5 米处，由瓷缸盛装，共 12 千克，2500 多枚。有汉、新莽、唐、北宋、南宋、金、西夏等时期钱币，其中北宋钱币占 95% 以上。[③]

### 武威塔儿湾遗址货币窖藏

位于甘肃省武威塔儿湾西夏遗址范围内。窖穴距地表 1 米多，形制不详，2008 年被发现。涉及唐、北宋、南宋、西夏时期近 30 个种类共计 259 枚珍贵铜钱币，其中宋代钱币共计 227 枚，占 87.6%，应为西夏晚期钱币窖藏。[④]

---

① 刘志华：《古浪县发现西夏时期钱币窖藏》，《甘肃金融·钱币研究》1997 年第 1 期。
② 黎大祥、张振华、黎树科：《武威地区西夏遗址调查研究》，社会科学文献出版社 2014 年版，第 350 页。
③ 宁生银：《武威市发现一批窖藏古钱币》，《陇右文博》2012 年第 2 期。
④ 张吉林、黎大祥：《甘肃武威塔儿湾遗址再现西夏时期流通古钱币》，《西部金融》2018 年第 2 期。

### 武威中医院工地窖藏

位于甘肃武威城区东关中医院工地。窖穴形制不详，1997 年被发现。用瓷坛盛装，约 100 千克，其中北宋钱占 75%，南宋钱占 20%，此外还有秦半两钱、汉五铢钱、唐开元通宝、金代正隆元宝，西夏钱币有汉文天庆元宝、篆书光定元宝。①

### 永昌县河西堡钱币窖藏

位于甘肃省永昌县河西堡。窖穴形制不详，1955 年被发现。出土汉代至西夏的铜钱 4521 枚，其中西夏汉文天盛元宝 6 枚，皇建元宝 1 枚。②

### 永昌县河西堡侯家大庄窖藏

位于甘肃省永昌县河西堡侯家大庄。窖穴形制不详，1955 年被发现。出土汉代到西夏的铜钱 378 枚和一批铁钱，铁钱大部分锈蚀严重，结块，其中有西夏天盛元宝 28 枚，乾祐元宝 3 枚，皇建元宝 10 枚，光定元宝 15 枚，西夏文大安宝钱 1 枚，福圣宝钱 1 枚。③

### 武威打靶场钱币窖藏

位于甘肃省武威市打靶场。窖穴形制不详，1986 年被发现。出土古钱 100 多千克，其中西夏文天庆宝钱 2 枚，汉文天盛元宝 14 枚，皇建元宝 2 枚，光定元宝 13 枚。④

---

① 《武威发现西夏钱币窖藏》，《中国文物报》1997 年 11 月 2 日。
② 陈炳应：《西夏钱币述论》，《甘肃金融·钱币专辑》1987 年增刊 2。
③ 陈炳应：《关于西夏钱币的几个问题》，《中国钱币》1989 年第 3 期。
④ 陈炳应：《关于西夏钱币的几个问题》，《中国钱币》1989 年第 3 期。

### 民乐南丰乡窖藏

位于甘肃省民乐县南丰乡铁城子村西。窖穴形制不详，1970 年被发现。在距离地表 1 米左右的大铁锅中，盛装 100 多千克铁钱，大部分为西夏铁天盛元宝和铁乾祐元宝，还有几枚北宋宣和通宝背"陕"字铁钱。[①]

### 内蒙古乌审旗陶利窖藏

位于内蒙古乌审旗陶利苏木陶尔庙嘎查。窖穴形制不详，1987 年被发现。出土 605 千克古钱币，当地文物站收回 430 千克，共计 115707 枚。币种上至秦半两钱，下到西夏乾祐元宝，共 77 种、402 品。其中秦半两钱、永安五铢、常平五铢、布泉、五行大布、通正元宝、乾亨重宝等在西夏窖藏中是首次发现。北宋钱占 81%，西夏钱币仅占 1.8%。西夏钱有汉文天盛元宝、乾祐元宝、元德通宝和西夏文福圣宝钱、大安宝钱诸品，西夏文福圣宝钱 7 枚、西夏文大安宝钱 20 枚、汉文元德通宝 3 枚。[②]

### 内蒙古鄂托克前旗二道川窖藏

位于内蒙古鄂托克前旗和陕西省盐池县的交界处。窖穴形制不详，1979 年被发现。出土铜钱总计 33.5 千克，约 5000 枚，其中北宋钱占 97%，还有两汉、唐、五代、南宋、西夏、金等朝代钱币。西夏钱有"天盛""乾祐""天庆""光定""元德重宝"诸品。[③]

### 内蒙古临河县高油房窖藏

位于内蒙古临河县高油房古城村。窖穴形制不详，1958 年被发现。出土

---

① 《党项人与其铸造的铁质钱币》，《甘肃金融》2007 年增刊。
② 伊克昭盟文物站、乌审旗文物所：《内蒙古乌审旗陶利出土西夏窖藏古钱》，《内蒙古金融》1989 年第 3 期。
③ 陈永忠：《79 年盐池出土一批西夏货币》，《宁夏大学学报》1981 年第 2 期。

钱币全部为铁钱，已经锈蚀结成铁块，约 5000 千克。[①]

### 内蒙古包头市阿都赖窖藏

位于内蒙古包头市沙尔沁乡阿都赖村。窖穴形制不详，1981 年被发现。距地表约 1.5 米处。出土铁钱币 200 多千克，约 15000 枚，其中西夏汉文乾祐元宝铁钱 13500 枚，占 90%；天盛元宝铁钱 1500 枚，还有少许背"陕"字宣和通宝，天盛元宝背"西"铁钱 1 枚，为首次出土，现藏包头市文物保护中心。[②]

### 内蒙古东胜市板洞圪旦窖藏

位于内蒙古东胜市罕台庙乡板洞圪旦村南。窖穴形制不详，1995 年被发现，藏于黑釉瓷罐中。重约 15 千克，共 3936 枚，大部分锈蚀严重，文字可辨 2659 枚，有宋代宣和通宝背"陕"13 枚、西夏天盛元宝铁钱 224 枚、乾祐元宝铁钱 2422 枚，西夏钱币占 91%。此外还出土铁锅、铁圈等文物。[③]

### 内蒙古达拉特旗新民渠窖藏

位于内蒙古达拉特旗盐店乡新民渠村南约 1 千米处河边台地上。窖穴形制不详，1980 年被发现。出土钱币重约 1048 千克，尚可辨认 12 种，总数达 183204 枚。有东汉五铢钱，唐开元通宝，北宋祥符通宝、元祐通宝、宝和通宝，西夏天盛元宝、乾祐元宝，天盛元宝中有背俯月纹 1 枚，其中西夏铁钱占 99.45%。[④]

---

① 郑隆、陆思贤：《临河高油房西夏城址的调查》（未刊稿）。

② 师宝珍：《包头出土"天盛元宝"背"西"铁钱》，《中国钱币》1985 年第 2 期。

③ 史庆玲、尹春雷：《鄂尔多斯市罕台庙乡出土西夏窖藏钱币》，《内蒙古金融》（增刊）2006 年第 2 期。

④ 杨震：《内蒙古达拉特旗盐店乡出土西夏窖藏铁钱》，载内蒙古自治区钱币学会专题资料汇编：《内蒙古金融研究》（钱币文集）第二辑，第 476—479 页。

### 土默特右旗马鬐村窖藏

位于内蒙古土默特右旗水涧沟门乡马鬐村后的马留沟口西侧。窖穴形制不详，1988 年被发现，藏于一圆形铁器中。出土铁钱币 200 千克，有 100 多枚西夏铁钱。①

### 准格尔旗纳林镇窖藏

位于内蒙古准格尔旗纳林镇。窖穴形制不详，1949 年被发现。出土钱币约 6000 千克，其中大部为西夏时期乾祐元宝铁钱，少量宋朝天圣元宝铁钱。1953 年发现西夏乾祐元宝铁钱。②

### 内蒙古阿拉善左旗头道湖窖藏

位于内蒙古阿拉善盟左旗头道湖一沙窝中。窖穴形制不详，1964 年被发现。在一铁盆内，总计 1866 枚，除少量宋、金代货币外，西夏钱币有 1500 多枚，有汉文元德重宝、天盛元宝、乾祐元宝、皇建元宝、光定元宝，西夏文钱币大安宝钱、乾祐宝钱、天庆宝钱。还有少量天盛元宝和乾祐元宝铁钱。③

### 内蒙古巴彦浩特钱币窖藏

位于内蒙古阿拉善左旗巴彦浩特镇水泵厂院内。窖穴形制不详，2008 年被发现。出土钱币 15957 枚，共分 46 个大类，时间从秦朝到西夏和北宋，其中宋钱约占三分之二。这是阿拉善盟发现古币窖藏数量最大的一次。④

---

① 史银堂：《内蒙古土默特右旗马鬐村发现西夏铁钱》，《考古》1995 年第 10 期。
② 《文物工作报道》，《考古通讯》1954 年第 2 期。
③ 庞文秀：《阿拉善发现的西夏货币述评》，《内蒙古金融研究》（钱币专刊）2002 年第 2 期。
④ 张晓萍：《巴彦浩特发现大量古钱币》，《内蒙古金融研究》（钱币专刊）2008 年第 4 期。

陕西定边堆子梁窖藏

位于陕西定边县堆子梁。1985 年被发现，装陶罐内，重 42 千克，有汉代五铢钱、唐代开元通宝，宋代钱币最多，金代钱币、西夏钱币等 52 种，计 1 万余枚，其中西夏钱币有汉文天盛元宝和光定元宝、皇建元宝。[①]

陕西定边南郭窖藏

位于陕西定边县南郭。窖穴形制不详，1986 年被发现，盛一瓷坛内。北宋钱占 60%，还有唐、五代、辽、金钱币，其中西夏钱币有西夏文福圣宝钱、大安宝钱；汉文钱币多为天盛元宝，还有元德通宝、乾祐宝钱、皇建元宝、光定元宝。[②]

陕西定边砖井镇窖藏

位于陕西定边县砖井镇。窖穴形制不详，1993 年被发现。出土钱币达 5000 多千克，其中天盛元宝 5000 多枚，皇建元宝、光定元宝各数百枚。[③]

## 4. 其他窖藏类

银川新华东街窖藏

位于宁夏银川市新华街百货大楼处。窖穴形制不详，1986 年被发现。出土六棱双耳网纹长颈瓶 2 件、双龙钮八卦铜钟 1 件、鎏金文殊菩萨铜造像 1 件、鎏金普贤铜造像 1 件、鎏金大势至菩萨铜造像 1 件、鎏金拾得铜造像 1 件、鎏金寒山铜造像 1 件、鎏金韦驮铜造像 1 件、鎏金天王铜造像 1 件，此外还出土宋代和西夏时期碎瓷片。

---

① 陈敬文、黄龙程、王有斌：《陕西定边发现万枚铜钱》，《考古与文物》1986 年第 6 期。
② 《定边出土的钱币窖藏》，《考古与文物》1994 年第 5 期。
③ 《西夏钱币的六大特征》，载《陕西钱币研究文集》第 6 辑，内部资料，2006 年。

## 台子村瓷器窖藏

位于宁夏灵武市崇兴镇台子村西南 400 米处。1971 年被发现，坑口距地表 0.9 米。窖藏的碗、碟、高足杯分类叠放，口朝下，底朝上。器物釉色主要为白釉，分全挂釉和半挂釉两种。同时还出土 6 种宋代钱币。原址已建民居。

## 惠农区简泉村西夏铜器窖藏

位于宁夏石嘴山市惠农区燕子墩乡简泉村后贺兰山东麓山坡上。窖穴形制不详，1999 年被发现。共出土铜豆 10 件、铜洗 8 件、铜盘 6 件、铜鬲 1 件、铜敦 1 件，还有北宋钱币太平通宝、圣宋元宝各 1 枚。从铜器质地、形制与出土钱币、出土环境看，这批铜器当属西夏文物。①

## 宁夏中卫县四眼井窖藏

位于宁夏中卫市沙坡头区香山乡四眼井村庄西南。窖穴形制不详，1987 年被发现。出土完整文物 30 件，其中瓷器 16 件、铜器 6 件、铁器 8 件，古钱币 260 枚。从出土瓷器和钱币看，这批窖藏当属西夏文物。②

## 武威建国街窖藏

位于甘肃省武威市凉州区建国街。窖穴形制不详，1971 年被发现。出土盘口方流铜壶 1 件，铜观音像 1 件，白釉瓷碟 1 件，双耳黄釉瓷壶 1 件，酱釉双系瓷扁壶 1 件，另外还出土石磨 1 件及少量北宋货币。③

---

① 周兴华：《宁夏古迹新探》，宁夏人民出版社 2002 年版。
② 周兴华：《宁夏中卫县四眼井出土的西夏文物》，《考古》1994 年第 8 期。
③ 党菊红：《武威出土的西夏铜壶、铜观音像、石磨》，《西夏学》第七辑，上海古籍出版社，2011 年第 1 期。

### 武威南营窖藏

位于甘肃省武威市凉州区南营镇青咀村青咀河北面阳山坡上小洼地内。窖藏为土穴，1978年被发现。离地表约1米，口径1米左右，穴内整齐地堆放着一批西夏瓷器，按碗、碟、罐的大小分类重叠放置。有瓷碗29件，瓷碟12件，瓷扁壶1件，瓷罐2件。此外还有木筷6双，小石坠1件，瓷钩1件，铜笋1件，铜钱1枚。①

### 武威针织厂窖藏

位于甘肃省武威市北关什字北侧针织厂院内。窖穴形制不详，1980年被发现。在距地表1.5米以下的卵石层中。出土铜火炮1尊、扁壶2件、瓷瓮1件、绿釉瓷罐1件、瓷瓶1件、瓷瓮2件、剔刻花瓷罐1件。坑内还有不少瓷片，其中一片上刻有西夏文字，从出土瓷器推断，这批窖藏当为西夏晚期。②

### 武威邮电局心计大楼西夏铜铤窖藏

位于甘肃省武威市邮电局心计大楼处。窖穴形制不详，1989年被发现。在距现地表3米多深处。出土铜铤共21件，总重量约500千克。每件重22.5—23千克之间，薄厚均匀，正面为素面，背面呈蜂窝状，每件的一角处均有被压的痕迹。③

### 额济纳旗绿城寺庙窖藏

位于内蒙古额济纳旗达兰库布镇东南50千米处绿城遗址南面与东面寺庙

---

① 甘肃省武威地区文化馆文物队：《武威出土一批西夏瓷器》，《文物》1981年第9期。

② 党寿山：《武威出土铜火炮、黑火药、铁弹丸》，载《武威文物考述》，武威市光明印刷物资有限公司，2001年，第103—113页。

③ 黎大祥：《甘肃武威发现一批西夏铜铤》，载俄军主编《丝绸之路民族货币研究》，甘肃教育出版社2015年版，第281—289页。

中。1993 年被发现。南面寺庙中发现了两尊西夏泥菩萨像，东面寺庙中发现多种西夏文刻本与写本佛经、一幅彩色唐卡。①

### 准格尔旗西夏窖藏

位于内蒙古准格尔旗准格尔召乡敖包渠。窖穴形制不详，1982 年被发现。共出土瓷器 21 件，铁器 54 件。② 瓷器与宁夏灵武窑出土的西夏剔刻花瓷器相同。

### 白圪针窖藏

位于内蒙古伊金霍洛旗红庆河乡政府西北约 1 千米处的白圪针村东沙梁。窖穴形制不详，1985 年被发现。出土器物有瓷器、铁器、石磨等。③

### 瓦尔吐沟窖藏

位于内蒙古伊金霍洛旗布尔台格乡巴图塔村瓦尔吐沟河的第二级台地上。窖穴形制不详，1986 年被发现。出土瓷器、陶器、铁器共 13 件。其中两件装饰复杂的羊首铁灯是首次发现。④

### 牛其圪台窖藏

位于内蒙古伊金霍洛旗苏布尔嘎苏木尔力湖沟牛其圪台沙窝子内。1986 年被发现，窖藏裸露于地表。所出土铁器大部分锈蚀严重，已不能复原，采集到较为完整的文物 21 件，出土器物以铁器为主，共计 20 件，还有铜器 1 件。⑤

① 史金波、翁善珍：《额济纳旗绿城新见西夏文物考》，《文物》1996 年第 10 期。
② 伊克昭盟文物工作站：《准格尔旗发现西夏窖藏》，《文物》1987 年第 8 期。
③ 高毅、王志平：《内蒙古伊金霍洛旗发现西夏窖藏文物》，《考古》1987 年第 12 期。
④ 伊金霍洛旗文物保护管理所：《伊金霍洛旗文物志》，鄂尔多斯市桥头堡印刷有限责任公司，2012 年，第 88 页。
⑤ 高毅、王志平：《内蒙古伊金霍洛旗发现西夏窖藏文物》，《考古》1987 年第 12 期。

### 陶家圪楞窖藏

位于内蒙古伊金霍洛旗纳林陶亥乡呼雅克图村西陶家圪楞一自然冲沟断壁上。窖穴形制不详,1986年被山水冲刷发现。出土铁锅2件、铁犁铧4件。[①]

### 阿彦补鲁窖藏

位于内蒙古伊金霍洛旗苏布尔噶苏木阿彦补鲁。1986年被发现。窖藏文物基本暴露地表,采集文物有酱釉色小口壶、黑釉罐、铁釜、铁锅、铁刀、铁锄、铁犁以及乾祐元宝铁钱。[②]

### 根皮庙窖藏

位于内蒙古伊金霍洛旗桃林乡三社根皮庙东沙窝子。窖穴形制不详,1986年被发现。多数器物被毁或砸破,仅残存瓷碗1件、铁锅2件、铁链1件、残铁器1件、铁刀1件。[③]

---

① 伊金霍洛旗文物保护管理所:《伊金霍洛旗文物志》,鄂尔多斯市桥头堡印刷有限责任公司,2012年,第89页。

② 伊金霍洛旗文物保护管理所:《伊金霍洛旗文物志》,鄂尔多斯市桥头堡印刷有限责任公司,2012年,第89页。

③ 高毅、王志平:《内蒙古伊金霍洛旗发现西夏窖藏文物》,《考古》1987年第12期。

## （四）陵寝墓葬

陵寝墓葬主要有西夏陵及陪葬墓、闽宁镇野利家族墓、玉泉营西夏墓、新市区西夏墓、甘肃武威西郊西夏墓群。位于宁夏银川贺兰山东麓的西夏陵是目前保存最为完整、规模最大的西夏遗址，区域内9座帝陵，均坐北朝南，呈长方形，由角台、阙台、碑亭、月城、陵城、门阙、献殿、陵台等几部分组成，有的有外城。从考古发掘的6号陵来看，地宫为阶梯式墓道、穹隆顶、土洞墓，有主室和左右耳室。从形制、葬式和出土文物看，西夏陵是在继承唐宋帝陵基础上，融合了党项民族文化、宗教文化和丝路文化基础上所形成的多元一体的陵寝制度与文化。每座帝陵周围分布许多陪葬墓，呈现大分散、小集中的特点。每个陪葬墓大小不等，形制不一，有的仅存墓冢，有的有墓园，封土有圆墩、圆柱、圆锥等不同样式；墓室多为单室土洞墓，有的规模很大，也有碑亭、献殿等建筑，反映了西夏社会森严的等级制度。一般官员和普通民众墓葬多为小型火葬砖室墓和土洞墓。

### 1. 宁夏西夏墓葬

#### 西夏陵

位于宁夏银川市西南郊贺兰山东麓洪积扇之上。其分布范围南起榆树沟，北至泉齐沟，东到西干渠，西抵贺兰山，东西宽约 4.5 千米，南北长 10 千米有余，总面积近 50 平方千米。陵区内现存的 9 座帝陵和 271 座陪葬墓，以贺兰山山前形成的 4 条较大的自然泄洪沟为分界线，将陵区自南向北分为四个区域。一区位于最南端，有 1、2 号两座帝陵；二区有 3、4 号两座帝陵；三区有 5、6 号两座帝陵；四区有 7、8、9 号三座帝陵及 1 处北端建筑遗址以及砖瓦窑址若干，是西夏规模最大、等级最高的文化遗存。1988 年被公布为全国重点文物保护单位。

3 号陵航拍图

　　西夏陵"仿巩县宋陵而作"，9 座帝陵虽大小有别，但基本形制没有大的变化，都是坐北朝南，呈南北向长方形。地面建筑主要由角台、阙台、月城、碑亭、陵城、门阙、献殿、墓道封土、陵塔等部分组成。有的帝陵还有外城，有些帝陵有 2 座碑亭，有的是 3 个碑亭，有汉文碑和西夏文碑。陵台是西夏陵的主体建筑之一，建在中轴线偏西北方，是夯土实心砖木混合密檐式结构塔，目前木檐已荡然无存，只有夯土层上密密的残砖碎瓦。

　　经考古部门对 6 号陵发掘，陵墓地下由阶梯式墓道、甬道和地宫构成，墓室为开挖的土洞墓，有中室和东西两个耳室，墓室四壁都是用厚木板护墙。7 号陵碑亭出土西夏文"大白高国护城圣德至懿皇帝寿陵志铭"篆书碑额，从而确认为西夏第五代皇帝仁宗仁孝之寿陵。①

### 陪葬墓

西夏陵现有 271 座陪葬墓，其中一区有 66 座，二区有 67 座，三区有 118 座，四区有 20 座。陪葬墓大小不一，大致可以分为三类：第一类规模较大，形制与帝陵相当，这类陪葬墓有墓园、墓冢、墓道、墓室以及照

MIII-084 号陪葬墓

壁，有的还建有中心台或献殿，有的在墓园外建有阙台、月城、碑亭、外城。墓园一般呈纵向长方形，面积远小于帝陵陵园。第二类有墓园和墓冢，无月

MIII-107 号陪葬墓发掘时出土鎏金大铜牛与石马

① 李进增编：《西夏文物·宁夏编》（一），天津古籍出版社、中华书局 2016 年版，第 7 页。

城、碑亭，有的为一域二墓或一域三墓。第三类规模很小，仅存墓冢，无墓园、月城、献殿、阙台、角台等。

### 西夏陵北端建筑遗址

1986 年北端建筑遗址俯视图

位于西夏陵园区的北端，西南距离 7 号陵约 1.5 千米。遗址坐北朝南，东西宽约 200 米，南北长约 300 米，平面呈长方形，面积约 6 万平方米。地表遗存堆积残高约 1—2 米，可见一些残存墙体，根据这些墙体等痕迹可大致判断出围墙、院落、殿堂等布局。遗址最外围为土筑墙垣，高约 1 米，其中南墙正中有门，已被掩埋。北端建筑遗址出土大量砖瓦、琉璃滴水和瓦当、琉璃鸽、龙首鱼、四足兽等建筑构件以及白瓷瓶、钵、碗、盆等器皿。在过殿以及中心主体建筑遗迹中，还清理出泥塑头像数件。

### 闽宁村西夏墓

位于宁夏永宁县闽宁村贺兰山洪积扇荒漠地带，共有墓葬 14 座，碑亭 4 座。1995 年被发现，2000—2001 年发掘。墓葬由墓道、甬道

闽宁村西夏墓发掘现场

和墓室组成，皆为阶梯式墓道单室土洞墓。墓葬封土不居中位而位于墓园西北部，与西夏陵相似。其中两座墓中还有天井，这是西夏陵及已知的其他西夏墓所没有的，在同期的宋墓中也不多见，反映了唐墓结构及埋藏思想对西夏的影响。在8座墓葬中，有5座为火葬墓，3座为棺葬墓。8号墓中出土武士、文臣、木鸡、木牛、木羊等木俑。地表出土残碑中有"野利"姓氏。[①]

### 三关口西夏墓群

位于宁夏永宁县贺兰山东麓冲积扇上。共有墓葬30座，皆有墓园，个别有碑亭。其中一域一墓5组，共5座；一域二墓5组，共10座；一域三墓5组，共15座。结构类似西夏陵区内的Ⅱ型陪葬墓。除一座外，其余墓葬皆呈东西向排列。[②]

三关口西夏墓群

### 新市区墓群

位于宁夏银川市西夏区银西防护林（原十三中学农场）处。1984年被发现，共4座。墓室形制是先在地面挖一不规则的土坑，然后在坑内修砌长宽1米左右

新市区墓群现状

---

① 宁夏文物考古研究所编著：《闽宁村西夏墓地》，科学出版社2004年版。
② 李进增编：《西夏文物·宁夏编》（五），天津古籍出版社、中华书局2016年版，第2007页。

的小型砖墓，方砖铺地，条砖侧立砌壁，白灰或黄泥勾抹砖缝。砖墓室内垫土三分之二厚时，将盛放骨灰的坛（或碗）打破置于墓室中间，再用土填平，上面铺盖青条砖封顶，地面是否起冢尚不得而知。该墓葬是西夏平民墓。①

### 沙渠西夏墓

位于宁夏银川市西郊沙渠。1987 年被发现。为存放骨灰的砖室火葬墓。出土铜镜、小口黑釉罐和铁灯、钱币。② 此墓与新市区的 4 座西夏墓葬一样，为西夏平民墓。③

**沙渠西夏墓现状**

### 拜寺口紫圪垯墓

位于宁夏贺兰县金山乡拜寺口村紫圪垯。1999 年被发掘清理，墓仅存 1 座，早期被盗。墓葬用石块垒砌而成，顶已毁，存四壁。西壁刻 3 个西夏文字和一座小塔。出土文物多为脱模泥制的擦擦，擦擦造型有佛塔、佛像等，还有手印砖、盏、钱币和骨灰片。④

### 涝湾村西夏墓

位于宁夏平罗县涝湾村。1999 年被发掘清理，尚存灵台一座，墓道中发

① 许成：《银川市新市区西夏墓》，载《中国考古学年鉴》（1984），文物出版社 1985 年版。

② 国家文物局主编：《中国文物地图集·宁夏分册》，文物出版社 2010 年版。

③ 银川市文物管理处：《银川沙渠西夏墓》，《银川市文物》1987 年第 3 期。

④ 西考保：《西夏考古屡获新成果清理两处墓葬，发现一处塔群遗址，出土各类文物两千余件》，《中国文物报》1999 年 11 月 3 日。

现塑像一个。此墓多次被盗，最大盗坑直径 12 米，深 11 米，将墓室甬道全部破坏。此墓北距西夏陵 10 千米，规模相当于西夏陵中型陪葬墓。2010 年被公布为县级文物保护单位。

涝湾村西夏墓

### 大口子西夏墓

位于宁夏银川市西夏区贺兰山东麓大口子山沟内。地处扇形台地，坐南向北，现存 3 个方形石堆、圆形莲花座石塔和六边形石塔，两个石塔顶部分别刻有汉文"福"字和 3 个西夏字。周边散落少量手掌印残砖。①

大口子西夏墓

### 落石滩西夏墓

位于宁夏石嘴山市惠农区红果子镇落石滩。地表设施基本保存完好，外有墓园，呈正方形，墓葬封土由土石夯筑而成。同西夏陵区 II 型陪葬墓形制相似。②

落石滩西夏墓 2 号墓

① 李进增编：《西夏文物·宁夏编》（五），天津古籍出版社、中华书局 2016 年版，第 1983 页。
② 李进增编：《西夏文物·宁夏编》（五），天津古籍出版社、中华书局 2016 年版，第 2031—2040 页。

西和桥西夏墓

王泉沟西夏墓群 1 号墓

李坟坡西夏墓 1 号墓远景

### 西和桥西夏墓

位于宁夏石嘴山市惠农区红果子镇西和桥村。封土呈圆丘形。四周有围墙，已倾颓。依痕迹判断，平面呈方形，同西夏陵区 II 型陪葬墓形制相似。①

### 王泉沟西夏墓群

位于宁夏石嘴山市惠农区燕子墩乡汪家庄村。共 6 座，1 号西夏墓封土呈覆斗形，土石夯筑；2 号墓封土呈圆锥形，黄土夯筑，内填砂石；3 号墓形制与 2 号墓相似；4 号墓封土呈圆锥形，黄土夯筑；5 号墓封土呈馒头形，砂石堆积而成；6 号墓封土呈覆斗形，由砂石堆积而成。②2002 年被公布为市级文物保护单位。

### 李坟坡西夏墓

位于宁夏石嘴山市惠农区西北 5 千米处。墓葬共 2 座，南北

① 李进增编：《西夏文物·宁夏编》（五），天津古籍出版社、中华书局 2016 年版，第 2041 页。
② 李进增编：《西夏文物·宁夏编》（五），天津古籍出版社、中华书局 2016 年版，第 2047 — 2076 页。

相距约 1 千米，封土呈圆丘形。封土南部有隆起的墓道填土痕迹，墓墙隐约可辨。同西夏陵区 II 型陪葬墓形制相似。①

### 玉西墓群

玉西墓群

位于宁夏青铜峡市玉西村。是现存西夏时期规模较大的墓地，有墓葬 10 余座，现已发掘 6 座，大多早期被盗。墓葬由墓道、天井、墓室组成。曾出土汉文和西夏文碑残片、镀金带饰、铜制饰件、铜铃、铁器、陶器、木俑、石狮等各类文物 60 余件。②

### 惠安堡西夏墓

惠安堡西夏墓

位于宁夏盐池县惠安堡镇。是一座规模较大的墓葬遗址，墓园平面略呈圆形，西北方向辟门，门旁有房址。墓园中部有一土冢，黄土夯筑，南向有一碑座。地面有陶器残片和剔刻花瓷片，并有石狮一对。墓葬封土保存较好，有明显夯土层及成排柱洞，夯土围墙已坍塌呈土埂状。③1986 年被公布为县级文物保护单位。

① 李进增编：《西夏文物·宁夏编》（五），天津古籍出版社、中华书局 2016 年版，第 2077 页。
② 李进增编：《西夏文物·宁夏编》（五），天津古籍出版社、中华书局 2016 年版，第 2099 页。
③ 李进增编：《西夏文物·宁夏编》（五），天津古籍出版社、中华书局 2016 年版，第 2105 页。

关桥西夏墓群

位于宁夏海原县关桥乡关桥村。墓群面积约 2000 平方米，分布在山坡上。封土堆无存，墓葬形制不详，破坏严重。

关桥西夏墓群

## 2. 甘肃西夏墓葬

西郊林场西夏墓

位于甘肃武威市凉州区西郊公园内，2 座。单室砖墓，骨灰放在塔内。为西夏晚期西路经略司都案的刘仲达家族墓地，出土木条桌、木衣架、小木塔、木笔架、木宝瓶、木缘塔和 29 块木板画。①

武威西郊林场西夏墓发掘现场

西关什字南西夏墓

位于甘肃武威市凉州区科技巷社区村内。1981 年被发现，距西郊林场西夏墓 500 米。两墓葬应属同一时期。单室砖墓，四壁以单砖叠砌，条形砖铺底。出土高足瓷碗、白瓷碗、瓷瓶以及木板画等遗物。②

① 于笃学、钟长发：《甘肃武威西郊林场西夏墓清理简报》，《考古与文物》1980 年第 3 期。
② 于笃学：《武威西郊发现西夏墓》，《考古与文物》1984 年第 4 期。

### 西郊双人合葬西夏墓

位于甘肃武威市西郊响水河。1998 年被发现，双人合葬，长方形砖室，单层砖拱形券顶，平砖铺地，大卵石封门。出土 2 具灵骨匣、西夏文墨书、汉文朱书木牍、木桌、木椅、木供器、木酒壶、木盏托等。①

西郊双人合葬西夏墓墓室顶

### 武威西关西夏墓

位于甘肃武威市武警支队家属院内。1997 年被发现，该墓距西郊林场的两座西夏墓 1 千米左右，葬式也大体相同。② 出土钱币、木器、白瓷碗、瓷碟等。

### 北关西夏墓

位于甘肃武威市西大街镇雨亭巷社区内。墓葬区发现多座墓葬，形制有土洞墓、竖穴土坑墓、西夏砖室墓、瓮棺墓葬等，并出土西夏木板画等遗物。③

### 古浪青山寺墓群

位于甘肃武威市古浪县大靖镇北关村。墓群呈梯形，南北长 1300 米，东

① 姚永春：《武威西郊西夏墓清理简报》，《陇右文博》2000 年第 2 期。
② 武威博物馆：《武威西关西夏墓清理简报》，《陇右文博》2001 年第 2 期。
③ 俄军编：《西夏文物·甘肃编》（二），天津古籍出版社、中华书局 2014 年版，第 543 页。

西宽 500 米，面积 65 万平方米。有封土堆 361 座，残留土塔 5 处，地表散布大量白釉、酱釉瓷片，部分有剔刻花纹。据采集标本分析，该遗址为西夏墓葬群。[①]

### 永昌虎头崖墓群

永昌虎头崖墓群

位于甘肃金昌市永昌县城关镇金川西村西 1 千米处。东西长 500 米，南北宽 30 米，面积为 1.5 万平方米。内呈 "S" 形排列墓葬 9 座，为西夏藏传佛教僧侣墓葬。出土泥质舍利塔，内存佛经小卷包、佛金屑舍利骨殖等。[②]

## 3. 内蒙古西夏墓葬

### 十里梁李氏家族墓葬群遗址

位于内蒙古鄂尔多斯市乌审旗无定河镇十里梁上。该地植被茂密，地势高低起伏不平，地表有较多盗洞。墓葬形制不详，曾先后出土

十里梁李氏家族墓葬群遗址

① 俄军编：《西夏文物·甘肃编》（二），天津古籍出版社、中华书局 2014 年版，第 547 页。
② 俄军编：《西夏文物·甘肃编》（二），天津古籍出版社、中华书局 2014 年版，第 521 页。

夏州拓跋政权李彝谨、李光睿、李光遂、李继筠以及李仁福妻渎氏、李彝谨妻里氏等人墓志。

### 乌海西夏参知政事墓

位于内蒙古乌海市海南区黑龙贵煤矿东南三山环抱的平地上。20 世纪 60 年代被发现，墓葬地面无封土，仅存享堂之类建筑遗迹。遗址区散置葵花纹

**乌海西夏参知政事墓**

柱础 1 个，石柱 1 根，石羊、石马各 1 对，小石狮 2 对，文臣、武将石像各 3 尊，以及被近人炸为两半的巨大兽形碑座 1 个、残碑 1 通。此碑经考辨推定，墓主人为西夏仁宗时期某参知政事。①

### 大沙塔西夏墓群

位于内蒙古准格尔旗薛家湾镇城坡村。1987 年被发现，现存 5 座。墓葬均为圆形仿木结构，单室墓，斜坡墓道。墓葬出土葫芦形圆顶器、罐形圆顶器、

**大沙塔西夏墓群**

① 塔拉等编:《西夏文物·内蒙古编》(二)，天津古籍出版社、中华书局 2014 年版，第 667 页。

漏孔器等陶器多件，四耳黑釉瓷瓶 1 件，开元通宝铜币 2 枚，以及剪刀、熨斗等铁质生活用具。5 号墓绘有"夫妇对饮图"。① 现为市（县）级重点文物保护单位。

### 布宏图墓葬群

位于内蒙古阿拉善右旗阿拉腾朝克苏木那仁布拉格嘎查东北约 9 千米处，包括布宏图西墓葬和布宏图东墓葬。墓葬呈圆形堆状。②

布宏图墓葬群东墓葬

### 布雅图墓葬

位于内蒙古阿拉善右旗额肯呼都格镇额肯呼都格嘎查。是一处西夏时期墓葬遗址。墓葬呈圆形堆状，底部直径约 5 米，残高不足 1 米。③

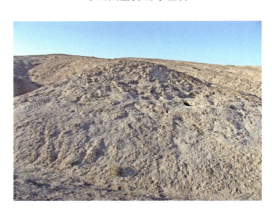

布雅图墓葬

### 酒坊台墓群

位于内蒙古乌审旗无定河镇

① 塔拉等编：《西夏文物·内蒙古编》（二），天津古籍出版社、中华书局 2014 年版，第 697 页。

② 塔拉等编：《西夏文物·内蒙古编》（二），天津古籍出版社、中华书局 2014 年版，第 653—660 页。

③ 塔拉等编：《西夏文物·内蒙古编》（二），天津古籍出版社、中华书局 2014 年版，第 661 页。

酒坊台墓群

大石砭村。遗址地表暴露有墓葬 70 余座，均为竖穴土坑墓，呈东西方向两列分布。东部被沙漠覆盖，西部台地墓葬有盗掘痕迹。遗址区采集有泥质灰陶罐、白瓷碗、酱釉瓶等遗物。①

### 赛不拉墓群

位于内蒙古准格尔旗大路镇尔圪气村赛不拉社，为多个时期墓葬群，其中包括西夏墓葬。墓葬形制不详。②

赛不拉墓群

### 焦家圪旦墓群

位于内蒙古准格尔旗薛家湾镇阳窑子村焦家圪旦社。1983年被发现，清理出砖室墓葬 1座，墓室平面呈八角形，有棺床，内设小龛 6 个，墓壁绘有壁画。出土铜带钩 3 件。③

焦家圪旦墓群

### 庙圪旦墓群

位于内蒙古准格尔旗薛家湾

① 塔拉等编:《西夏文物·内蒙古编》（二），天津古籍出版社、中华书局 2014年版，第 671 页。
② 塔拉等编:《西夏文物·内蒙古编》（二），天津古籍出版社、中华书局 2014年版，第 675 页。
③ 塔拉等编:《西夏文物·内蒙古编》（二），天津古籍出版社、中华书局 2014年版，第 679 页。

庙圪旦墓群

镇柳青梁村庙圪旦。遗址内有明显石块堆积体 7 处，墓葬形制不详。遗址区采集有泥质夹砂灰陶、红陶等遗物。[①]

### 马山圪嘴墓群

马山圪嘴墓群

位于内蒙古准格尔旗薛家湾镇阳窑子村马山圪嘴社。遗址内有明显石板墓葬 6 处，土坑墓 30 座；遗址西南侧有石槽碾遗迹 1 处，深土层暴露有大量墓砖，石板墓周围散见有部分陶片，并采集到灰陶罐、黑釉和白釉瓷片及方格纹砖等遗物。[②]

### 阳湾子墓群

阳湾子墓群

位于内蒙古准格尔旗薛家湾镇柳青梁村阳湾子社东南 1 千米处。墓葬形式独特，崖面开凿洞窟，置棺于内。遗址有窟 3 处。[③]

① 塔拉等编：《西夏文物·内蒙古编》（二），天津古籍出版社、中华书局 2014 年版，第 685 页。
② 塔拉等编：《西夏文物·内蒙古编》（二），天津古籍出版社、中华书局 2014 年版，第 691 页。
③ 塔拉等编：《西夏文物·内蒙古编》（二），天津古籍出版社、中华书局 2014 年版，第 703 页。

前塔遗址

位于内蒙古准格尔旗龙口镇杜家峁村约 3 千米处。遗址区西部为墓群，分布小型积石冢数十座，部分石板墓暴露，西侧部分墓葬已遭破坏，随葬器物散落于地表。采集有盆、罐、釜等泥质灰陶残片。①

前塔遗址

## 4. 陕西党项西夏墓葬

华家圪定难军僚属墓葬群遗址

位于陕西省靖边县红墩界镇华家圪村，北距定难军治所统万城约 11 千米，东距张巴公路约 600 米。地势高低起伏不平，地表多有盗洞。墓葬形制不详，为唐末五代宋初定难

华家圪定难军僚属墓葬群遗址

军节度使僚属下葬之地，曾先后出夏银绥宥等州观察支使何德璘、延州安塞军防御使白敬立墓志。

圪坨河村唐代定难军僚属墓葬群

位于陕西省靖边县红墩界镇圪坨河村圪坨河东岸山梁上，北距定难军治

① 塔拉等编：《西夏文物·内蒙古编》（二），天津古籍出版社、中华书局 2014 年版，第 709 页。

**圪坨河村唐代定难军僚属墓葬群**

所统万城约 6.8 千米。地势高低起伏不平，地表多有盗洞，部分盗洞已回填。墓葬形制不详，为唐末五代宋初定难军节度使僚属下葬之地，曾先后出土毛汶、康成此墓志。

### 戴家塥西夏墓

位于陕西省横山县雷龙湾乡酒泉沟行政村戴家塥村。1984 年被发现，墓葬形制不详。出土西夏文铜印 1 方，铜钱数枚。

### 李坑西夏墓

位于陕西省定边县郝滩乡李坑村。20 世纪 50 年代被发现，墓葬形制不详。出土白釉褐彩瓷罐 1 件。

### 刘兴庄西夏墓

位于陕西省榆林市安崖乡刘兴庄村。20 世纪 70 年代被发现，墓葬形制不详。出土黑釉瓷碗。

### 马家湾西夏墓

位于陕西省神木县花石崖乡马家湾村。20 世纪 80 年代暴露土坑墓数座，形制不详。出土黑釉褐花瓷碗、白釉莲花瓷碟等。

### 新安边西夏墓

位于陕西省定边县新安边乡新安边村。早年发现，形制不详。出土黑釉瓷碗 2 件。

### 郇家塌西夏墓

位于陕西省米脂县郭兴庄乡郇家塌村。1983 年被发现，墓葬形制不详。出土黑釉剔花瓷梅瓶 1 件，瓶身 3 个菱形框内各剔出折枝牡丹一朵。

### 张油房西夏墓

位于陕西省横山县雷龙湾乡张油房村。1965 年暴露砖室墓，墓葬形制不详。出土铜印 1 方，刻西夏文"首领"二字。①

## 5. 附：西夏遗民墓葬

### 唐兀杨氏家族墓地

位于河南省濮阳县柳屯镇杨什八郎村南的金堤河北岸。为一座元代的西夏遗民墓葬群，现存墓冢 6 座。立有元至正十六年（1356）《大元赠敦武校尉万户府百夫长唐兀公碑铭》，记载元末唐兀公（唐兀台）随蒙古皇嗣南下

唐兀杨氏家族墓地

征战，后落户濮阳之经过。在墓地西侧，还有《唐兀氏祖茔路牌》与《清赐赠武显将军盛朝杨老夫子大人教泽》两碑。其中《大元赠敦武校尉军民万户府百夫长唐兀公碑铭》于 2006 年被公布为全国重点文物保护单位。

---

① 上见国家文物局主编：《中国文物地图集·陕西分册》（下），西安地图出版社 1998 年版，第237、747、642、672 页。

### 余阙祠墓遗址

位于安徽省安庆市大观区大观亭街 60 号大观亭旧址内。是一座元末明初的西夏遗民墓葬遗址。元至正十八年（1358）初，红巾军攻占安庆后，觅守臣余阙遗体葬

余阙祠墓遗址

于城外。明洪武十六年（1383），朱元璋谕令"表其墓"，并在墓地东侧建忠臣庙，岁时飨祀。1995 年被公布为市级重点文物保护单位。

王翰王偁父子墓

### 王翰王偁父子墓

位于福建省永泰县塘前乡官烈村龙泉山麓。东临官烈村水库，西距大樟溪约500 米，南侧约 20 米为其子王偁之墓。墓碑刻有"元潮州路总管王友石公墓道"字样，为元末明初灵武唐兀人王翰之墓。

王偁墓坐西向东，面朝官烈村水库，墓碑刻有"大学士玉兔山人王公"字样，系明景泰七年（1456）营建。明嘉靖二十三年（1544）重修，1987 年重修。

# 三、文物篇

## （一）金银铜铁器

20 世纪 50 年代以来，西夏故地内蒙古临河高油坊古城、宁夏银川市西夏陵、灵武市石坝、甘肃武威市城区署东巷等发现了大批西夏金银器，包括饮食器、装饰品、马具、日杂器、佛教造像、银锭等。加工制作工艺多采用锤揲、铸、錾刻、铆合、焊接、模压、掐丝、抛光、镶嵌等技术，往往同一件器物采用不同的多种工艺。首饰多采用镶嵌宝石、拉丝、焊接等技术性极高的工艺。碗、钵、盏等饮食器皿多采用锤揲、焊接工艺成型后，再錾刻装饰图案。装饰纹样有荔枝、团花牡丹、卷草、联珠、团凤、卧牛等，此外，部分还有佛像、迦陵频伽等特殊纹样，器物造型精巧美观，做工精细。

西夏大部分金银器自己加工制作，政府机构设置文思院，负责金银犀玉制造，以供舆辇册宝之用，西夏法律规定"生金熔铸：生金末一两耗减一字。生金有碎石圆珠一两耗减二字"。"熟再熔一番为熟板金时：上等一两耗减二字。次等一两耗减三字"。"熟打为器：百两中耗减二钱"等，就是针对官方金银器制作的。此外，还有一部分通过宋朝"岁赐"和对外交换获取，庆历议和后，在每年赐赠中，就有二万两的银制品。

出土的西夏铜器有铜牛、铜炮、铜壶、铜塔范、铜造像、铜刀、铜镜，西夏陵墓出土的鎏金大铜牛外表通体鎏金，长 120 厘米，宽 38 厘米，高 45 厘米，重达 188 千克。牛屈肢而卧，双眸远眺，体态健壮，整体造型生动而逼真。如此大型的金属铸造，集美术、模型、浇铸、鎏金等技艺于一身，显示出高超的工艺水平。

西夏设置冶铁务、铁工院，专门负责铁器的锻铸。西夏冶铁有两个显著的特点：一为竖式双扇风箱的使用。榆林窟西夏壁画《锻铁图》，描绘三个铁匠正在锻铁，一人手握火钳夹一铁件置砧上，右手举锤，另一人双手抡锤准备锻打。还有一人为坐式，推拉竖式双扇风箱，风箱之后的锻炉正冒着火焰。这种竖式双扇风箱能够"推拉互用，将风连续吹入锻炉，使炉膛始终保持所需高温"。这种方法比用韦囊鼓风更进了一步，是后世制作抽拉风箱的过渡阶段①。另一为掌握了冷锻硬化工艺。1041年，宋朝陕西安抚判官田况在上书言边事时指出：夏人"甲胄皆冷锻而成，坚滑光莹，非劲弩可入"②，其法与青唐吐蕃锻铁基本一致。西夏的铁器种类较多，主要有铁剑、铁刀、铁铠甲、铁蒺藜等兵器，铁犁铧、铁锄、铁铲、镰刀等生产工具，铁锅、铁釜、铁铛、铁勺等厨具。

## 1. 金器

### 刻花折枝牡丹纹金碗

1987年甘肃省武威市署东巷窖藏遗址出土。侈口，直腹，平底，平沿；口径9.7厘米，底径5.5厘米，高3.3厘米，重152.7克。外口沿处饰2圈细弦纹，中间锤揲1圈缠枝卷草纹；碗内底部外

刻花折枝牡丹纹金碗

---

①　王静如：《敦煌莫高窟和安西榆林窟中的西夏壁画》，《文物》1980年第9期。

②　《续资治通鉴长编》卷一三二，仁宗庆历元年五月甲戌条。

圈饰 1 圈缠枝梅花，中间饰以 1 朵折枝牡丹为中心的团花，周围绕莲花、莲蓬及其他花叶纹饰。完整。1990 年入藏武威市博物馆。1996 年被定为一级文物。

### 双凤花草纹金碗

1959 年内蒙古巴彦淖尔盟高油房古城遗址出土。敞口，平底，浅腹，圈足外侈；口径 10.7 厘米，足径 3.2 厘米，高 3.8 厘米，重 95 克。碗内沿周饰缠枝牡丹纹，中心錾刻对飞鸾凤纹，内壁腹部分别刻芍药、西番莲、牡丹三种花卉图案；碗足边沿

双凤花草纹金碗

饰缠枝莲花纹。完整，碗体 1 处折痕。1973 年入藏内蒙古博物院。1993 年被定为一级文物。[①]

### 多曲型金碗

1959 年内蒙古巴彦淖尔盟高油房古城遗址出土。十曲花口，花瓣形弧腹，圈足；口径 11.2 厘米，足径 3厘米，高 3.6 厘米，重 50 克。碗内沿錾刻缠枝花纹，内底

多曲形金碗

---

① 陆思贤、郑隆：《内蒙古临河县高油房出土的西夏金器》，《文物》1987 年第 11 期。

刻牡丹纹，外壁素面。完整，有修补痕迹。1973 年入藏内蒙古博物院。2004
年被定为一级文物。①

### 莲花形金盏托

莲花形金盏托

1959 年内蒙古巴彦淖尔
盟高油房古城遗址出土。由
托盏和高圈足组成，均为 10
瓣莲花瓣形，通高 9 厘米，
总重 350 克。托盏口径 7 厘
米，底径 3.2 厘米，高 3.9 厘
米，重 128 克；直口平齐，
直腹。托盘直径 12.6 厘米，
托盘圈足底径为 7.1 厘米，

高 5.1 厘米，重 220 克；折边，浅弧腹。圈足呈倒置喇叭状。托盏外沿、托盘
内沿和盘内、圈足外沿皆錾刻缠枝卷草纹。托盘边缘 3 处残损。1973 年入藏
内蒙古博物院。1993 年被定为一级文物。②

### 刻花折枝牡丹纹金盏

1987 年甘肃省武威市
署东巷窖藏遗址出土。2 件。
第一件整体造型为侈口，唇
内卷，直腹，平底；高 4.5 厘
米，口径 9 厘米，底径 3 厘
米，重 192.3 克。金盏内口

刻花折枝牡丹纹金盏

①　孙建华：《内蒙古地区出土的西夏金器》，《故宫博物院院刊》2007 年第 6 期。
②　陆思贤、郑隆：《内蒙古临河县高油房出土的西夏金器》，《文物》1987 年第 11 期。

沿饰上下 2 道弦纹，中间搭配 1 圈缠枝菊花纹；内底部中心刻两枝团花牡丹纹，外饰 3 道弦纹。第二件与第一件形制大体相同，仅重量有所不同，重 151.2 克。1990 年入藏武威市博物馆。1996 年被定为一级文物。

**镶宝石金冠饰**

**镶宝石金冠饰**

1959 年内蒙古巴彦淖尔盟高油房古城遗址出土。由桃形饰和带状饰组成，共 10 件，总重 177.3 克。桃形饰件分立体和片状两种，有大、中、小之分，共 7 件，镶嵌的宝石均脱失。条形带状饰件 3 件，分条形和弧形两种形制，带状饰件上饰圆点纹、十字方格纹、钱纹、草叶纹等，饰片上镶嵌宝石处缺失。1973 年入藏内蒙古博物院。2004 年被定为一级文物。[①]

**迦陵频伽莲瓣连珠纹金冠饰**

1997 年宁夏银川市北塔湖边出土。圆弧形，内侧周长 43 厘米，重 234.5 克，分前后两部分。前半部为宽 2 厘米、两侧边沿饰连珠纹装饰带，中间竖立 9 个无宝石的桃形镶嵌座。装饰带一端靠镶嵌座处饰有一直立状迦陵频伽像，人首鸟身，看

**迦陵频伽莲瓣连珠纹金冠饰**

---

① 陆思贤、郑隆：《内蒙古临河县高油房出土的西夏金器》，《文物》1987 年第 11 期。

向莲座，卷发高髻，双手捧法物置于胸前，身后披绶带，羽翼后伸，翼尖向下，五叶尾上卷；颈部、手腕及耳部均戴圆环饰物。后半部延伸成窄长条状。完整。1997 年入藏银川市文物管理处。2013 年被定为二级文物。

### 镶宝石金冠饰残件

残长 21 厘米，重 91 克。带状，宽 3 厘米。边沿饰连珠纹，面上竖立 9 个镶嵌座，原镶嵌宝石脱失。镶嵌座平面呈桃形，筒状镶嵌座外部饰一周连珠纹和覆莲瓣纹，自上而下共饰 3 组。现藏宁夏银川市佑启堂。

镶宝石金冠饰残件

### 桃形镶嵌宝石金冠饰

2 件。均为桃形，层层阶梯式叠压，最上层桃形托面，面外沿饰一周连珠纹，平面上置大小不一的镶嵌座，嵌绿宝石，周围或饰连珠纹或饰花纹；底层桃形外沿饰一周圆形镶嵌座，口沿一周为花瓣。现藏宁夏银川市佑启堂。

桃形镶嵌宝石金冠饰

### 嵌宝石透雕人物金耳坠

1959 年内蒙古巴彦淖尔盟高油房古城遗址出土。2 件。形制相同。通高

3.86 厘米，宽 1.54 厘米，厚
1.69 厘米；分别重 15.3 克、
15.5 克。中间由三个人物组
成，正中呈一坐像；左右分
别站立两人，吹排箫。人物
上方有 3 朵花卉，呈"品"
字形组合；下方有 5 朵花
卉，花蕊内原镶嵌珠宝，不
存；背面两侧刻有一仙鹤和

嵌宝石透雕人物金耳坠

乌龟，中间有一耳挂钩。间配有一个通心的柱形挂钩，顶端偏细，便于佩戴。
1973 年入藏内蒙古博物院。1993 年被定为一级文物。①

### 穿镶绿松石金耳坠

　　8 对，16 件。形制基本
相似，长度、重量不同。甘
肃省武威市博物馆藏 2 对，
甘肃宁县博物馆藏 4 对，宁
夏银川市佑启堂藏 2 对。由
金丝串绿松石组成，一端金
丝较粗，中部弯折或为圆形
挂钩状，或为穿耳杆式；中
间串绿松石 1 颗，表面为天

穿镶绿松石金耳坠

然石纹，上下或有珍珠，或镶嵌桃形和两个圆形宝石托；末段均为缠绕金丝
作弹簧状，折回螺旋绕向坠体。

---

①　陆思贤、郑隆：《内蒙古临河县高油房出土的西夏金器》，《文物》1987 年第 11 期。

### 荔枝纹金牌饰

宁夏银川市西夏陵区 6 号陵出土。长条状，通长 5 厘米，宽 2.1 厘米，厚 0.4 厘米，重 11.7 克。正面是三组凸出的荔枝果实及枝叶纹，背景铺满连珠纹。纯金锤揲而成，四周模压凸棱边框。背面左右两端各有一处横穿，应为便于固定在其他物品上的装饰件。完整。1975 年入藏宁夏博物馆。1996 年被定为一级文物。[①]

荔枝纹金牌饰

### 野猪纹牌饰

1959 年内蒙古巴彦淖尔盟高油房古城遗址出土。椭圆形，最大径 4.4 厘米，重 7.1 克。牌饰正面凸状，正中錾刻野猪纹，边缘刻一圈麦穗纹。1973 年入藏内蒙古博物院。2010 年被定为二级文物。

野猪纹牌饰

### 双股金钗

3 件，2 件完整，1 件残，均无纹饰。第一件为双股，叉形，两端粗，中部细金丝对折

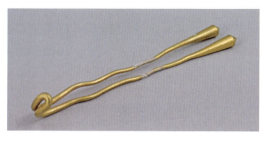

双股金钗

---

① 钟侃、李志清、李范文：《西夏八号陵发掘简报》，《文物》1978 年第 8 期。

回弯，弯折处上卷；钗端杵状；长 15 厘米，重 45.6 克。第二件与第一件形制大体相同，长 13.5 厘米，重 58.8 克。1990 年入藏甘肃宁县博物馆。2002 年被定为二级文物。

### 金鞍饰件

宁夏银川市西夏陵区 6 号陵出土，2 件。第一件为拱形，通长 47 厘米，重 95 克。鞍鞒包边内卷，缘上有多处钉孔，素面无纹。1975 年入藏宁夏博物馆，2003 年被定为二级文物。第二件与第一件形制大体相同，长 34 厘米，重 55 克。[①]

**金鞍饰件**

### 透雕双鱼纹金指剔

1959 年内蒙古巴彦淖尔盟高油房古城遗址出土。扁条状，长 5.6 厘米，宽 0.9 厘米，厚 0.3 厘米，重 11.9 克。手柄为双鱼柱形，中间镂空，两鳃相对，两鳍相连，尾部束带，双鱼中心对称。鱼尾下又饰有多层连珠、复

**透雕双鱼纹金指剔**

仰莲、复仰荷、瓜轮等，下面接双面斜刃指剔。完整。1973 年入藏内蒙古博物院。1993 年被定为一级文物。[②]

---

① 钟侃、李志清、李范文：《西夏八号陵发掘简报》，《文物》1978 年第 8 期。
② 陆思贤、郑隆：《内蒙古临河县高油房出土的西夏金器》，《文物》1987 年第 11 期。

**花瓣形镂空金饰件、圆帽金钉、金笄**

宁夏银川市西夏陵区 6 号陵出土。5 件，花瓣形镂空金饰件 1 件，圆帽金钉 3 件，金笄 1 件。花瓣形镂空金饰件整体呈五瓣花形，桃形中空，重 4.98 克。圆帽金钉应为插入钗孔以固定器物之用，通长约 1.1 厘米，重 1.31 克。

花瓣形镂空金饰件、圆帽金钉

金笄平直细长，首端圆卷成孔，末端尖状，素面无纹饰，通长 11 厘米，重 2.42 克。完整。1975 年入藏宁夏博物馆。2003 年被定为二级文物。[①]

**金臂钏饰品**

1987 年甘肃省武威市署东巷窖藏遗址出土。长条形，长 41.5 厘米，宽 1.2 厘米，重 88.5 克。饰品一端呈圆形匙状，系臂饰。完整。1990 年入藏武威市博物馆。1996 年被定为一级文物。

金臂钏饰品

## 2. 银器

**刻卧牛银钵**

1976 年宁夏灵武市石坝银器窖藏出土。残损。残存 3 块，此为其中一块，敞口，浅腹，平底；残高 4.7 厘米，口径 9.6 厘米，残底径 5.3 厘米。银钵内

---

① 　钟侃、李志清、李范文：《西夏八号陵发掘简报》，《文物》1978 年第 8 期。

底刻卧牛图案。1976 年入藏宁夏博物馆。①

### 银钵

1976 年宁夏灵武市石坝银器窖藏出土。2 件，均无纹饰。均为敞口，浅腹，平底。其中一件高 4 厘米，口径 10.3 厘米，底径 5.6 厘米，重 137.9 克，底墨书西夏文 3 字，译为"三两半"。②1976 年入藏宁夏博物馆。

刻卧牛银钵

银钵

### 银洗

1976 年宁夏灵武市石坝银器窖藏出土。3 件。均为敞口，薄胎，平底，唇沿外卷，曲腹斜收。长度、重量分别是通高 5.5 厘米，口径 10.6 厘米，重 114 克；通高 5.5 厘米，口径 10.6 厘米，重 117.9 克；通高 4.5 厘米，口径 10.5 厘米，重 113 克。其中一件内底墨书西夏文二字，译为"三两"。1976 年入藏宁夏博物馆。③

银洗

①　董居安：《宁夏石坝发现墨书西夏文银器》，《文物》1978 年第 12 期。
②　董居安：《宁夏石坝发现墨书西夏文银器》，《文物》1978 年第 12 期。
③　董居安：《宁夏石坝发现墨书西夏文银器》，《文物》1978 年第 12 期。

鎏金银洗

铭文银碗残片

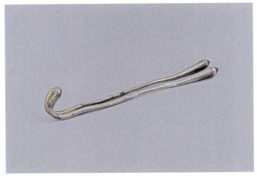

双股银钗

**鎏金银洗**

宁夏博物馆征集。敞口，薄胎，平底，直壁，唇沿外卷；通高 4.7 厘米，口径 9 厘米。外表鎏金。完整。2013 年入藏宁夏博物馆。

**铭文银碗残片**

1976 年宁夏灵武市石坝银器窖藏出土。残为 3 片，一片残长 5 厘米，残宽 5 厘米，外缘花边形；一片上刻有楷书汉字"御前、核重、方字、官"7 字；另一片仅存"号秤"2 字。残损。1976 年入藏宁夏博物馆。

**双股银钗**

1988 年甘肃省庆阳市宁县法院追缴。3 件，2 件完整，1 件残，均无纹饰。三件均为双股，叉形，两端粗，中部细银丝对折回弯。1990 年入藏甘肃宁县博物馆。2002 年被定为三级文物。

## 曲角银钗

1976年宁夏灵武市石坝银器窖藏出土。8件。均为双股钗，中间弯折；上部银丝对折回弯，弯折处上卷；下部钗端杵状；分大、中、小三型，其中6件1996年定为一级文物，2件定为二级文物。[①]现藏宁夏博物馆。

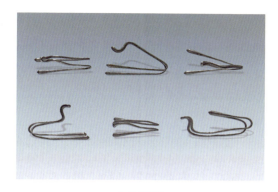

曲角银钗

## 银笄

1988年甘肃省庆阳市宁县法院追缴。3件。均无纹饰。第一件为长条形，长18厘米，重36.6克，两端细，中部粗；第二件与第一件形制大体相同，重37.2克；第三件长17.5厘米，重36.8克。1990年入藏甘肃宁县博物馆。2002年被定为三级文物。

银笄

## 凤凰纹鎏金银棺饰件

2002年内蒙古乌审旗十里梁五代夏州党项贵族墓出土。2件。鎏金。长方形，镂空雕刻一

凤凰纹鎏金银棺饰件

[①]　董居安：《宁夏石坝发现墨书西夏文银器》，《文物》1978年第12期。

凤凰，嘴衔草叶，四周镂空雕刻缠枝卷草纹。阴刻凤凰羽毛和草叶的茎脉纹路线条，内施以鎏金。边缘有6个圆形穿孔。两件形制相似。一件长13厘米，宽9.4厘米，重12.5克；另一件长13厘米，宽9厘米，重13克。现藏乌审旗文物管理研究所。①

### 梅花纹鎏金银棺饰件

2002年内蒙古乌审旗十里梁五代夏州党项贵族墓出土。鎏金。长方形，两端较宽，中部较细；中间镂空雕刻一梅花图案，阴刻线条錾刻出花叶纹理，内施以鎏金；长13厘米，宽9厘米，重13克。边缘四角各有一圆形穿孔。现藏乌审旗文物管理研究所。②

**梅花纹鎏金银棺饰件**

### 嵌松石银菊花饰

宁夏银川市西夏陵区6号陵出土。表面鎏金，由菊花瓣围成椭圆形，长4厘米，宽2.8厘米，重2.7克。中间花蕊处原镶嵌绿松石，现已不存，周围饰连珠及卷草纹。残损。1975年入藏宁夏博物馆。1996年被定为一级文物。③

**嵌松石银菊花饰**

---

① 另有同形制不同纹饰饰件2件，刻缠枝牡丹纹图案。现藏乌审旗文物管理研究所。
② 另有同形制不同纹饰饰件1件，刻莲花纹图案。现藏乌审旗文物管理研究所。
③ 钟侃、李志清、李范文：《西夏八号陵发掘简报》，《文物》1978年第8期。

**银饰件**

宁夏银川市西夏陵区 6 号陵出土。表面鎏金。3 件。呈半圆形，外凸内凹，一边弧线，一边直线。残损。1975 年入藏宁夏博物馆。2006 年被定为二级文物。[1]

银饰件

**鎏金银带饰**

2001 年宁夏永宁县闽宁村西夏墓出土。4 件，长 5.25 厘米，宽 2.45 厘米。正面鎏金，背部露银，通体錾刻卷云纹图案。现藏宁夏文物考古研究所。[2]

鎏金银带饰

**镶金银饰件**

2005 年出土。菱形，残长 4.2 厘米，宽 2.7 厘米，重 125.9 克。上端为一个被 4 片小花叶簇拥的桃心，桃心饰卷草纹，下端浮雕出大小两个等边三角形。小三角形为铆固金质动物饰件。背部有钮，钮残。现藏宁夏博物馆。

镶金银饰件

---

① 钟侃、李志清、李范文：《西夏八号陵发掘简报》，《文物》1978 年第 8 期。
② 宁夏文物考古研究所：《闽宁村西夏墓地》，科学出版社 2004 年版。

**银舍利盒**

1976 年宁夏灵武市石坝银器窖藏出土。2 件。均为圆鼓形，底、盖由活轴相连，可启合。第一件直径 4.4 厘米，重 27.2 克。底、盖两面均阴铸一梵文。周围锤压同心圆凹凸弦纹。第二件直径 4.5 厘米，重 31.3 克。内盛绿松石、珍珠等物。1976 年入藏宁夏博物馆。1996 年被定为一级文物。[①]

银舍利盒

## 3. 铜器

**鎏金大铜牛**

鎏金大铜牛

1977 年宁夏银川市西夏陵区 177 号陪葬墓出土。长 120 厘米，宽 38 厘米，高 45 厘米，重 188 千克。模制浇铸成型，中空，外表通体鎏金。牛屈肢而卧，牛角耸立，两耳竖起，牛颈有弧纹[②]。现藏宁夏博物馆。1996 年被定为一级文物。

**鎏金小铜牛**

宁夏银川市西夏陵区陪葬墓出土。长 43 厘米，宽 22 厘米，高 23 厘米。

① 董居安：《宁夏石坝发现墨书西夏文银器》，《文物》1978 年第 12 期。
② 宁夏博物馆：《西夏陵区 101 号墓发掘简报》，《考古与文物》1983 年第 5 期。

青铜铸造，中空，外表通体鎏金。牛屈肢而卧，牛角弯曲上扬，牛耳直立。现藏宁夏博物馆，一级文物。

鎏金小铜牛

### 八卦铜钟

1986年宁夏银川市新华东街铜器窖藏出土。通高66.5厘米，口径52厘米，重64500克。顶端二蟠龙附钮，左右二龙双爪弯曲抓地，肘尖向上突起，探首弓背呈拱形，龙头双角上指，两须前伸，项脊呈锯齿状，钟肩周饰串珠垂莲，采用双道纵起凸棱八分钟体，腰部中间横施3道凸弦纹，将钟身分为上下两部。上部方框格内填以八卦图形。钟口为八面凹弧状。现藏宁夏博物馆，一级文物。

八卦铜钟

### 六棱双耳网纹长颈瓶

1986年宁夏银川市新华东街铜器窖藏出土。口径14.8厘米，腹径24.5厘米，底径18.5厘米，重6.4千克。通体呈六面，直口，方唇，细长颈，垂鼓腹，高圈足。颈部铸龙首双耳，内套圆环。现藏宁夏博物

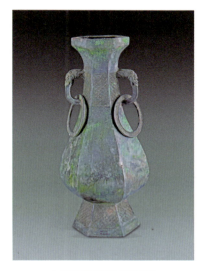

六棱双耳网纹长颈瓶

铜火炮

铜铤

铜釜

馆，一级文物。

### 铜火炮

1989年甘肃省武威市针织厂出土。通长100厘米，重108.5千克。由前膛、药室和尾銎三部分组成。前膛长17.5厘米，炮口内径1厘米，外沿铸固箍，药室外突，呈椭圆形，腹尾85厘米，上有小孔可置引火线，尾銎中空，口大底小，如喇叭形。同时出土实心铁弹丸1枚、黑火药0.1千克。现藏武威市博物馆，一级文物。

### 铜铤

1990年甘肃省武威市北大街窖藏遗址出土。17件。长45厘米，宽16.5厘米，厚3厘米，重2千克。矩形。正面无饰，背面有蜂窝状孔洞，通体绿锈。现藏武威市博物馆，三级文物。

### 铜釜

2002年甘肃省古浪县寺屲山西夏寺院遗址出土。口径

36.6 厘米，高 19.5 厘米，重 8 千克。侈口，束颈，鼓腹，平底。口沿双耳桥形，一耳残，通体绿锈。现藏甘肃古浪县博物馆。

### 乾祐蝴蝶纹鎏金铜牌

2000 年甘肃省博物馆征集。表面鎏金。长 8.9 厘米，宽 4.6 厘米，重 69.2 克。长方钟形，顶部方圆环钮，高 0.8 厘米，宽 2.1 厘米；柄端 1 孔。表面浮雕 2 蝶。蝶首前各刻西夏文"乾祐" 2 字，蝶翅刻线纹。现藏甘肃省博物馆，二级文物。

乾祐蝴蝶纹鎏金铜牌

### 鸭嘴流铜壶

1985 年宁夏西吉县偏城乡出土。腹径 13 厘米，底径 12 厘米，高 23 厘米，重 1207 克。口流相连，形如鸭嘴。腹壁有两道曲形连珠纹饰。现藏宁夏西吉县文物管理所，三级文物。

鸭嘴流铜壶

铜贲巴壶

### 铜贲巴壶

1987 年宁夏中卫市红泉乡四眼井村出土。通高 18.1 厘米，盖高 4 厘米，口径 7.3 厘米，腹径 10.5 厘米，底径 8.3 厘米，重 748 克。由盖、口、颈、腹、足 5 部分组成。现藏中卫市博物馆，一级文物。

铜执壶

铜壶

铜瓶

铜执壶

1986 年兰州市博物馆征集自甘肃兰州市废品收购站。高 33.3 厘米，口径 18.8 厘米，底径 12 厘米，腹围 60.7 厘米，重 5827 克。长颈，折肩，鼓腹，圈足。口呈僧帽状，口沿饰 3 道弦纹；口沿至肩部带方形流，流长 6 厘米；口沿至腹部有柄，饰 4 道弦纹。通体绿锈，足稍残。现藏兰州市博物馆，一级文物。

铜壶

1990 年甘肃省武威市北关窖藏遗址出土。高 26.5 厘米，口径 13.5 厘米，底径 8.4 厘米，腹围 56 厘米，流长 6 厘米，重 2300 克。斜口，宽沿，方流，直颈，溜肩，鼓腹，斜收，圈足，缺壶把。现藏武威市博物馆，三级文物。

铜瓶

1980 年甘肃省靖远县卧龙山出土。高 19.5 厘米，口径 8.1 厘米，底径 7.6 厘米，最大腹围 45 厘米，重 1236.9 克。盘口，细颈，丰肩，鼓腹，斜收，圈足外侈。肩部 1 孔，径 2.2 厘米，近足处有压痕。现藏甘肃省博物馆，三级文物。

铜塔范

1987 年宁夏中卫市红泉乡四眼井村出土。高 9.5 厘米。底径 9.3 厘米，喇叭形。外壁分 3 层，顶端为实心圆柱形。器中圆鼓，器壁饰两道连珠纹。下部平行三竖线刻划 8 组垂莲瓣。

铜塔范

中空，内壁阴刻覆钵式塔。中部自上而下排列 5 组八边形凸状条纹，下部浮雕 8 块叠加三角形图案。现藏中卫市博物馆，三级文物。另武威市博物馆、俄罗斯艾尔米塔什博物馆也藏有该类铜塔范。

铜马牌饰

1975 年甘肃省敦煌市孟家桥乡姚家沟村出土。范铸，6 件。长约 6.5—6.6 厘米，宽 3.5 厘米，厚 0.3 厘米，重 26.8—28.8 克。马呈行进状，马首微倾，耳、鬃、尾较长，缰绳搭于鞍前，鞍呈凹槽状。现藏敦煌市博物馆，二级文物。

铜马牌饰

铜牙具

1991 年甘肃省武威市塔儿湾西夏瓷窑遗址出土。4 件。剑形，完整者柄部一孔串接一小

铜牙具

铜环。4 件总重 11.9 克。现藏武威市博物馆，三级文物。

## 西夏文铜烙印

1986 年甘肃省静宁县博物馆征集自静宁县仁大乡高沟村。长 7.9 厘米，宽 7.6 厘米，残高 3.5 厘米，印面厚 1 厘米。长方形。范铸，镂空。边框内嵌西夏文印文"检"字，印背焊接柱形铁柄。柄残，通体锈蚀，印文残缺。现藏甘肃静宁县博物馆，三级文物。

西夏文铜烙印

## 西夏文荷叶钮铜牌

1980 年国际友人路易·艾黎捐赠。长 5.7 厘米，直径 4.3 厘米，厚 0.3 厘米，重 25.5 克。圆形，范铸。上部铸荷叶形柄，饰叶脉纹；顶部 1 孔。正面铸 1 人，头部铸莲花 1 朵。背面阴刻西夏文"唵嘛呢"3 字。现藏甘肃山丹县博物馆，一级文物。

西夏文荷叶钮铜牌

### 弦纹铜镜

1991 年甘肃省武威市塔儿湾西夏瓷窑遗址出土。直径 9 厘米，厚 0.3 厘米，重 125 克。圆形。背部 3 道同心圆凸弦纹，中心一圆钮，钮有一孔，直径 0.3 厘米。正面无饰。现藏武威市博物馆，三级文物。

弦纹铜镜

### 铜镯

1986 年内蒙古伊金霍洛旗牛其圪台墓葬出土。直径 6.9 厘米，重 80 克，圆环形。现藏鄂尔多斯市博物馆。

铜镯

### 西夏文铜削刀

2004 年内蒙古伊金霍洛旗征集。长 17 厘米，刃宽 1.7 厘米，重 43 克。柄端有孔，一侧刻有西夏文党项族人名"恶恶舅讹"4 字。现藏内蒙古博物院，一级文物。

### 铜铃

2001 年宁夏银川市西夏陵区 3 号陵出土。通高 20.8 厘米，底径 15.2 厘米，厚 0.2 厘米。下大上小，四棱锥形，顶部有桥形钮，中间残存铁

西夏文铜削刀

质挂钩残块；下口沿 4 条弧边，四角尖锐。现
藏银川市西夏陵区管理处，二级文物。

### 铜面饰

2001 年宁夏银川市西夏陵区 3 号陵出土。
直径 4.2 厘米，厚 0.1 厘米。圆形片状，左边

铜铃

铜面饰

缘已失。兽面，额头一"王"字，
头顶及嘴角有圆孔。2006 年宁
夏文物考古研究所移交银川市西
夏陵区管理处，三级文物。

### 鎏金铜扣

2001 年宁夏银川市西夏
陵区 3 号陵出土。长 6 厘米，
宽 4.8 厘米，扣针长 4.3 厘米，
重 88 克。长方形。宽带扣环
有两条扁长方形扣孔和尾孔，
中梁加扣针。扣边錾刻珍珠
地卷草纹，通体鎏金。2004
年宁夏文物考古研究所移交
银川市西夏陵区管理处，三
级文物。

鎏金铜扣

铜铃

1998 年宁夏银川市西夏陵区 3 号陵出土。直径 2.7 厘米，高 1 厘米，重 29 克。矮圆筒形。平底，泡内有横穿。现藏银川市西夏陵区管理处。

铜碟

2001 年宁夏银川市西夏陵区 3 号陵出土。口径 10 厘米，底径 8 厘米，壁厚 0.2 厘米，重 64 克。敞口，微曲腹，平底，通体锈蚀，口沿残破。2006 年宁夏文物考古研究所移交银川市西夏陵区管理处。

铜碟

铜钵

1972—1975 年宁夏银川市西夏陵区 6 号陵出土。口径 11.5 厘米，高 4.5 厘米，重 72.36 克。侈口，唇内卷，宽折沿，直腹，底部渐收成圈底。锈蚀严重，口沿、底部残缺严重。现藏宁夏博物馆，三级文物。

铜钵

铜甲片

1972—1975 年宁夏银川市西夏陵区 6 号陵出土。11 件。长 5.8—9.9 厘米不等，宽 1.5—2.1 厘米不等。甲片多有锈蚀，扁平，质薄均匀，基本呈长条状。分为三型，A 型平头圆脚长甲片，长条形，平头，圆脚，上缀 12 孔；

铜甲片

B 型平头圆脚短甲片，条形，平头，圆脚体较宽，上缀 9 孔；C 型圆头圆脚短甲片，条形，圆头圆脚，头窄脚宽，缀孔排列同 B 型。1975 年入藏宁夏博物馆。2006 年被定为三级文物。

**铜头盔**

1993 年宁夏西吉县硝河乡出土。盔口长 19.4 厘米，盔口宽 22.8 厘米，高 20.5 厘米，重 1560 克。半圆形，前后各有一开口，盔顶有一长方形穿。现藏宁夏西吉县文物管理所，二级文物。

铜头盔

**铭文铜弩机**

铭文铜弩机

1997 年银川市西夏陵区管理处征集自宁夏海原县。长 11.4 厘米，重 210 克。郭、牙、悬刀等各部件俱全。郭前窄后宽，呈燕尾形。两侧对穿两个圆形梢孔，弩机望山上刻西夏文 4 字。现藏银川市西夏陵区管理处。

## 4. 铁器

铁剑

1972—1975 年宁夏银川市西夏陵区 6 号陵出土。长 88.2 厘米，柄宽 6.3 厘米。长条形剑刃，璧形剑格，管状柄，柄端有鐏。锈蚀较严重。1975 年入藏宁夏博物馆。

铁剑

铁刀

1989 年内蒙古额济纳旗黑水城遗址采集。长 17.6 厘米，宽 2.3 厘米，厚 1.3 厘米，长条状。打制，现已断为数段，锈蚀较严重。1989 年入藏额济纳旗文物保护管理所。

铁刀

环首铁刀

环首铁刀

2013 年宁夏银川市征集。长 52.5 厘米，重 476.53 克。单面刃，横断面三角形，刀背平直，刀刃由柄向锋斜收，环首圆柄。锈蚀严重，但整体保存较完整。现藏宁夏博物馆。

**环首小铁刀**

**环首小铁刀**

2013 年宁夏银川市征集。长 23 厘米，重 61.96 克。刀体狭长，颈背一体，直刃，近锋处弧形收聚，扁颈，环首。锈蚀严重，保存完整。现藏宁夏博物馆。

**铁矛**

1977 年宁夏银川市西夏陵区三区 107 号陪葬墓出土。长 25 厘米，宽 3 厘米，重 144 克。长条形。矛头扁平，矛身两面有刃，矛柄呈圆柱形。锈蚀严重。1998 年入藏银川市西夏陵区管理处。

**铁矛**

**铁蒺藜**

2013 年宁夏博物馆征集自宁夏银川市。宽 6.7 厘米，孔径 2.7 厘米，高 4.6 厘米，重 446.63 克。呈鼓状，器表皆尖刺，有孔，内空心。现藏宁夏博物馆。

**铁蒺藜**

**铁蒺藜**

2013 年宁夏博物馆征集自宁夏银川市。15 件。宽 5.1—5.3 厘米不等，高

4.1—4.3 厘米不等，总重 277.59
克，单个重约 18 克。由中心向
外伸出 4 个尖锐铁刺，其中每
3 个铁刺形成一个平面附着于
地面，另一个向上伸出。局部
锈蚀。现藏宁夏博物馆。

铁蒺藜

### 铁铠甲片

2001 年宁夏银川市西夏陵
区 3 号陵出土。长 17 厘米，宽
3 厘米，厚 0.3 厘米，重 20 克。
长条形。略弯曲的薄铁片，中
心部位有一圆孔，较模糊。布
满铁锈。现藏银川市西夏陵区
管理处。

铁铠甲片

### 铁杵

1986 年内蒙古伊金霍洛旗
白圪针窖藏遗址出土。长 26.2
厘米，宽 3.7 厘米。头部呈圆
角方形，中部至柄部渐细，呈
圆形。保存完整。[①]1986 年入
藏鄂尔多斯市博物馆。2007 年
被定为三级文物。

铁杵

---

① 高毅、王志平:《内蒙古伊金霍洛旗发现西夏窖藏文物》,《考古》1987 年第 12 期。

## 铁臼

1986 年内蒙古伊金霍洛旗白圪针窖藏遗址出土。口径 11.4 厘米，腹径 12.8 厘米，底径 16.3 厘米，高 15 厘米。敞口，束颈，鼓腹，平底，腹至底部有 4 足，对称长形。完整。[①]1986 年入藏鄂尔多斯市博物馆。2007 年被定为三级文物。[②]

铁臼

## 羊首铁灯

1985 年内蒙古伊金霍洛旗乌尔吐沟窖藏遗址出土。高 73.5 厘米，足距 28.9 厘米，碗径 9 厘米。顶部为触角式羊首，羊须悬吊灯碗，支杆下部为塔形柱体，三腿呈弯曲状支立，脚扁平。残损。[③]1985 年入藏鄂尔多斯市博物馆。2007 年被定为三级文物。

羊首铁灯

---

① 　高毅、王志平：《内蒙古伊金霍洛旗发现西夏窖藏文物》，《考古》1987 年第 12 期。
② 　宁夏博物馆另藏一件同形制铁臼。
③ 　高毅、王志平：《内蒙古伊金霍洛旗发现西夏窖藏文物》，《考古》1987 年第 12 期。

### 龙形铁灯

2013 年宁夏博物馆征集自宁夏银川市。通体锈蚀，长 20.1 厘米，宽 13.8 厘米，高 13.6 厘米，重 311.36 克。龙形，龙尾附一灯盘。残为二段。现藏宁夏博物馆。

龙形铁灯

### 三足单耳铁灯

2013 年银川市西夏陵区管理处征集自宁夏银川市。口径 15 厘米，通高 13.5 厘米，耳高 3.8 厘米，足高 6 厘米，重 1335 克。敞口，弧腹，腹底三足。现藏银川市西夏陵区管理处。2013 年被定为三级文物。

三足单耳铁灯

### 铁灯盏

1989 年内蒙古额济纳旗黑水城遗址采集。口径 10.8 厘米，底径 4.7 厘米，高 3.2 厘米。模铸，敞口，斜腹，口沿舌突，平底。1989 年入藏额济纳旗文物保护管理所。

铁灯盏

铁勺

铁剪

铁火烙

### 铁勺

1985 年内蒙古伊金霍洛旗乌尔吐沟窖藏遗址出土。长 41.5 厘米，宽 18.7 厘米，高 7.4 厘米。口小底大，圆底，带流，长柄。保存较完整。[①]1985 年入藏鄂尔多斯市博物馆。2007 年被定为三级文物。

### 铁剪

1981 年内蒙古准格尔旗敖包梁窖藏遗址出土。长 29.4 厘米，宽 4.3 厘米，厚 0.6 厘米。打制，刃部呈刀形，柄部呈"8"字状。完整。[②]1981 年入藏鄂尔多斯市博物馆。2007 年被定为三级文物。

### 铁火烙

1982 年内蒙古准格尔旗敖包梁窖藏遗址出土。直径 51.5 厘米，通高 15 厘米，足高 12 厘米。沿下折，面鼓，三扁足。

---

①　高毅、王志平:《内蒙古伊金霍洛旗发现西夏窖藏文物》,《考古》1987 年第 12 期。
②　王志浩:《准格尔旗发现西夏窖藏》,《考古》1987 年第 8 期。

背铸凸弦纹一周，中心为八瓣莲花纹。锈蚀，面部有裂纹。[①]1986 年入藏鄂尔多斯市博物馆。2007 年被定为三级文物。

### 双环耳铁盘

2013 年宁夏博物馆征集自宁夏银川市。口径 23.4 厘米，底径 15.8 厘米，高 4.9 厘米，重 1544 克。圆形，敞口，浅腹，平底，盘口两侧附双环，矮圈足。锈蚀较轻。现藏宁夏博物馆。

双环耳铁盘

### 铁铛

1982 年内蒙古准格尔旗敖包梁窖藏遗址出土。口径 37.4 厘米，高 12.5 厘米。敞口，斜腹，圆底，双耳。口沿至底部有裂纹。[②]1986 年入藏鄂尔多斯市博物馆。

铁铛

### 铁釜

1981 年内蒙古准格尔旗敖包梁窖藏遗址出土。口径 16 厘

铁釜

---

① 王志浩：《准格尔旗发现西夏窖藏》，《考古》1987 年第 8 期。

② 王志浩：《准格尔旗发现西夏窖藏》，《考古》1987 年第 8 期。

米，高 10 厘米。侈口，束颈，鼓腹，圆底，带流，流两侧及背部铸三钮。口部残损[①]。1986 年入藏鄂尔多斯市博物馆。

四系尖底铁釜

### 四系尖底铁釜

1973 年宁夏博物馆征集自宁夏银川市。口径 23.4 厘米，腹径 26.3 厘米，高 16 厘米，重 1860 克。口微敛，上半部斜直腹，腹两侧各对称附两耳，有绳索状提手。下半部呈锥形，渐收，小平底。同年入藏宁夏博物馆。

### 三足铁锅

1985 年内蒙古达拉特旗瓦窑村遗址出土。口径 37 厘米，高 18.5 厘米，足高 12.3 厘米。直口，斜腹，平底，三足。口沿至底部有裂缝。1993 年入藏鄂尔多斯市博物馆。

三足铁锅

### 六錾耳铁锅

2013 年银川市西夏陵区管理处征集自宁夏银川市。口径 56 厘米，壁厚 1.8 厘米，重

六錾耳铁锅

---

① 王志浩：《准格尔旗发现西夏窖藏》，《考古》1987 年第 8 期。

19218 克。呈半球状。直口微敛，方唇，圆鼓腹，环腹对称铸有 6 只方形錾耳。錾耳残长 3 厘米，宽 5 厘米。錾耳残损。圜底，底面尚存 3 条范线。器身布满铁锈。同年入藏银川市西夏陵区管理处，三级文物。

双耳三足铁锅

### 双耳三足铁锅

2013 年宁夏博物馆征集自宁夏银川市。口径 40 厘米，底径 32 厘米，高 26.4 厘米，重 10384 克。敞口，直腹，半圆形双耳附于口沿两侧，大平底，腹底有长条瓦形三足，足部扁宽且外撇。通体生锈，一足残断。同年入藏宁夏博物馆。

### 宽沿铁锅

1973 年内蒙古乌海市海南区黑龙贵地区采集。口径 33 厘米，沿宽 2.5 厘米，腹径 32 厘米，高 23.7 厘米。范铸。敞口，口下 3.5 厘米处铸宽沿，深鼓腹，圆底，范线明显。基本完整，锈蚀严重，底部有修复痕迹。1989 年入藏乌海市博物馆。2005 年被定为三级文物。

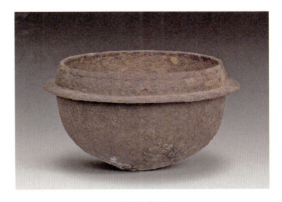

宽沿铁锅

### 铁火盆

1973年内蒙古乌海市海南区黑龙贵地区采集。最大直径41.3厘米，内径36厘米，高11.3厘米，足高6.7厘米。大敞口，宽沿，斜腹，圆底，3足，1足缺失。1989年入藏乌海市博物馆。

铁火盆

### 铁鼎

1980年由内蒙古达拉特旗杨旺捐赠。口径29厘米，高32.5厘米，足高17.5厘米。敞

铁鼎

口，束颈，鼓腹，圆底，3足，口部铸双耳。锈蚀，口沿残损。1986年入藏鄂尔多斯市博物馆。

### 连珠纹铁执壶

1989年内蒙古鄂托克旗征集。口径13.1厘米，腹径18.5厘米，底径12厘米，高26.5厘米。执耳高13.4厘米，宽2.3厘米，厚1.2厘米。盘口，长颈，折肩，鼓腹，圈足。颈部有执柄，肩部饰1圈连珠纹，表面有浇铸范线。基本完整，壶底有

连珠纹铁执壶

修复痕迹。1989 年入藏乌海市博物馆。2005 年被定为三级文物。

### 连珠纹铸铁壶

1981 年内蒙古准格尔旗征集。口径
13.7 厘米，腹径 17 厘米，底径 13 厘米。
执耳高 8.3 厘米，宽 1.3 厘米，厚 0.7 厘米。
盘口，长颈，折肩，鼓腹，平底。颈部有
执柄，肩部饰 1 圈连珠纹，表面有浇铸范
线。完整。2005 年入藏伊金霍洛旗蒙古历
史文化博物馆。2007 年被定为三级文物。

连珠纹铸铁壶

### 单执铁壶

1989 年内蒙古额济纳旗黑水城遗址采
集。口径 12.5 厘米，腹径 22.7 厘米，底
径 11.5 厘米，高 24 厘米。执耳高 12 厘
米，宽 1.5 厘米，厚 0.8 厘米。三合模浇
铸，侈口，溜肩，鼓腹，平底，单耳。完
整。1989 年入藏额济纳旗文物保护管理所。

单执铁壶

### 铁杯

2013 年宁夏博物馆征集自宁夏银川
市。口径 8.8 厘米，底径 6.8 厘米，高 13.7
厘米，重 1708 克。直口，圆厚唇，长直
腹，下腹内收，平底，假圈足外撇。现藏
宁夏博物馆。

铁杯

铁暖碗

六足龟形铁暖砚

铁鍪

### 铁暖碗

2013 年宁夏博物馆征集自宁夏银川市。内口径 19 厘米，外口径 24.1 厘米，高 19.2 厘米，重 7560 克。侈口，弧腹，下腹内收，圜底。口一侧出偏把，腹分内外两重，内套接一半球形容器。残损。现藏宁夏博物馆。

### 六足龟形铁暖砚

2013 年宁夏博物馆征集自宁夏银川市。最宽 18.9 厘米，高 16.4 厘米；六边形边长 8.6 厘米，重 4000 克。呈龟形。头微抬，两眼圆睁，矮圆柱体龟身，六棱形底座下接六蹄足，龟身、底座皆中空。锈蚀较轻。现藏宁夏博物馆。

### 铁鍪

2013 年宁夏博物馆征集自宁夏银川市。口径 23.5 厘米，腹径 28 厘米，高 23.4 厘米，重 4360 克。侈口，束颈，下垂圆鼓腹，下腹渐收，圜底，颈两侧附双耳。现藏宁夏博物馆。

### 铁炉

2013 年宁夏博物馆征集自宁夏银川市。长 40.8 厘米，宽 24.8 厘米，高 13 厘米，重 8440 克。呈葫芦形。器壁与底通体分布均匀，长方形镂空，下腹附 3 足。锈蚀严重。现藏宁夏博物馆。

铁炉

### 铁马镫

1981 年内蒙古准格尔旗敖包梁窖藏遗址出土。高 15 厘米，宽 13.1 厘米。长条形踏板，长方形鼻。锈蚀，基本完整。[1]1981 年入藏鄂尔多斯市博物馆。2007 年被定为二级文物。

铁马镫

### 铁马衔

1981 年内蒙古准格尔旗敖包梁窖藏遗址出土。通长 30 厘

铁马衔

---

① 王志浩:《准格尔旗发现西夏窖藏》,《考古》1987 年第 8 期。

米，环径 9.3 厘米。3 件连体，中部为圆径铁棍，棍两端各 1 孔，内穿铁环。保存完整。[1] 1981 年入藏鄂尔多斯市博物馆。2007 年被定为三级文物。

### 三角形铁马烙印

2013 年宁夏博物馆征集自宁夏银川市。长 12.7 厘米，宽 11.7 厘米，残高 9.1 厘米，重 606.54 克。底面三角形。三角形 3 条边中点和三角形一顶点处延伸出 4 条斜线向上相交于柄端。柄已残。现藏宁夏博物馆。

三角形铁马烙印

### 车毂

1989 年内蒙古额济纳旗黑水城遗址采集。内径 11.2 厘米，外径 21.1 厘米，厚 5 厘米。生铁铸造，圆形，外侧有 6 个等距方齿，齿均向外凸出。锈蚀严重，基本完整。同年入藏额济纳旗文物保护管理所。

车毂

### 铁杵头

1989 年内蒙古额济纳旗黑水城遗址采集。直径 10.5 厘米，高 8.7 厘米。底部凹方长 3.6 厘米，宽 3.3 厘米。生铁铸造，圆锥状。平底，底部凹坑。表面脱离，锈蚀严重，残损。同年入藏额济纳旗文物保

铁杵头

---

① 王志浩：《准格尔旗发现西夏窖藏》，《考古》1987 年第 8 期。

护管理所。

### 铁犁铧

1985 年内蒙古伊金霍洛旗陶家圪楞窖藏遗址出土。3 件。长 25 厘米，宽 20 厘米，厚 6.5 厘米。整体呈三角形。尖头较钝，有銎。銎部凸状，两侧边缘平整，上半部銎口呈半圆凹形，肩部凸出。保存较为完整。1986 年入藏鄂尔多斯市博物馆。2007 年被定为三级文物。

铁犁铧

### 铁锄

1985 年内蒙古伊金霍洛旗牛其圪台窖藏遗址出土。6 件。长 33.2 厘米，宽 10.2 厘米。三角形锄面，曲柄，柄端有銎。基本保存完整。1986 年入藏鄂尔多斯市博物馆。2007 年被定为三级文物。

### 铁犁镜

1982 年内蒙古准格尔旗敖包梁窖藏遗址出土。长 20 厘米，宽 24 厘米，厚 1.7 厘米，重 1421 克。整体呈梯形。面部微凹，背部铸 4 条桥形钮，铸凸棱交叉相连。保存较完整。同年入藏鄂尔多斯市博物馆。2007 年被定为二级文物。

铁锄

铁犁镜

方銎小铁铲

2013 年宁夏博物馆征集自宁夏银川市。长 13.7 厘米，刃宽 10.5 厘米，銎长 5.9 厘米，宽 4.2 厘米，重 1068.63 克。略呈梯形，刃宽銎窄，长方形銎，双面刃，刃部呈弧形。现藏宁夏博物馆。

方銎小铁铲

铁锤

1989 年内蒙古额济纳旗黑水城遗址采集。锤面直径 8.6 厘米，腹径 9.9 厘米，高 16.2 厘米。由生铁铸造，圆柱状。平面锤，中间略鼓，开孔。同年入藏额济纳旗文物保护管理所。

铁锤

铁镢

2017 年宁夏中卫市沙坡头区常乐镇出土。平面近圆角长方形，前端刃部较薄，尾端较厚，有装木柄的长方形銎。通长 15—19.3 厘米，宽 8.6—11 厘米，尾端厚 3—3.5 厘米。现藏

铁镢

中卫文物管理所[①]。

铁凿

### 铁凿

2017 年宁夏中卫市沙坡头区常乐镇出土，锥形，尾端有圆銎。长 19.3 厘米，尾端直径 3.5 厘米。现藏中卫文物管理所[②]。

铁条

### 铁条

1986 年内蒙古伊金霍洛旗牛其圪台窖藏遗址出土。长 30.5 厘米，宽 2.8 厘米。长方体，两端宽度不一。残损。1988 年入藏鄂尔多斯市博物馆。

### 铁环

1995 年宁夏银川市西夏陵区二区 58 号陪葬墓出土。外径 12 厘米，内径 9 厘米。圆环状，有锈蚀。1997 年入藏银川市西夏陵区管理处。

铁环

---

① 梁斌杰、宋浩：《宁夏中卫市沙坡头区常乐镇发现西夏窖藏铁器》，《西夏研究》2019 年第 1 期。
② 梁斌杰、宋浩：《宁夏中卫市沙坡头区常乐镇发现西夏窖藏铁器》，《西夏研究》2019 年第 1 期。

铁钉

1998 年宁夏银川市西夏陵区 3 号陵出土。共 9 件。长 1—2.2 厘米不等。呈方体圆帽形。有锈蚀，保存较完整。1999 年移交宁夏文物考古研究所。现藏银川市西夏陵区管理处。

铁钉

铁质透雕花饰

1998 年宁夏银川市西夏陵区 3 号陵出土。2 件。残长 7.7 厘米，残宽 6.5 厘米。透雕镂空花形。锈蚀严重。1999 年入藏银川市西夏陵区管理处。

铁质透雕花饰

## （二）官印符牌

西夏官印主要有司印和官印两类，司印是皇太子、中书、经略司、正统司等政府部门的印章；官印是三公、诸王、宰相等各级官员的印章。官职高低不同，其司印、官印质地、轻重、大小是有严格区别的，上等中书、枢密之长宽各二寸五分，经略司二寸三分，正统、有及授官等二寸二分，次等司二寸一分，中等司官二寸，下等司官一寸九分，末等司官一寸八分，僧监副、判、权首领印一寸七分。①

最早收集研究西夏官印的是罗振玉父子。1914 年罗福苌在《西夏国书略说》中收录 2 方西夏官印。1916 年罗振玉《隋唐以来官印集存》收录了西夏官印 7 方。1925 年罗振玉《西夏官印集存》是首部专门辑录西夏官印的著作，收录了 33 方。1932 年王静如先生《新见西夏官印考释》一文收录了 17 方西夏官印。②1982 年，由罗福颐辑录、李范文释文的《西夏官印汇考》收录了西夏官印 95 方。③1988 年史金波、白滨《西夏文物》中专列官印符牌一章，著录实物拓片已达 130 余方。近几十年来，全国各地文博单位和民间收藏的西夏官印陆续又有发现。

---

① 《天盛改旧新定律令》卷一〇《官军敕门》。
② 史金波：《西夏官印姓氏考》，《中国民族古文字研究》第 2 辑，1993 年。
③ 罗福颐：《西夏官印汇考》，宁夏人民出版社 1982 年版。

存世的西夏官印基本为铜质，方形，柱状橛钮，印文仿宋九叠篆西夏文，有二字印、四字印、六字印之别，但 90% 以上为二字的"首领"印。印背多一边刻颁授年款，另一边刻持印者姓名。钮顶刻表示方位的西夏文"上"字，部分也有未刻者。

符牌源于春秋战国时代，用于传达命令和征兵调将。西夏时符牌应用更为广泛，除调兵遣将外，还用于重大情报传递、国主禁卫等，目前发现有敕燃马牌、防守待命牌、宿卫牌、宫门守御牌、宫门后寝待命牌等。

## 1. 官印

### 西夏文大庆元年首领印

2009 年内蒙古乌审旗毛乌素沙漠出土。长 5.8 厘米，宽 5.6 厘米，高 2.3 厘米，重 83 克。印面呈正方形，长方形橛钮，钮底有孔。印文阴刻西夏文篆书"首领"2 字；钮右侧阴刻西夏文"大庆元年"（1036）4 字，左侧文字磨泐不辨，钮顶阴刻西夏文"上"字。[①] 完整。同年入藏内蒙古博物院。2010 年被定为二级文物。

**西夏文大庆元年首领印**

---

① 史金波、白滨、吴峰云：《西夏文物》，文物出版社 1988 年版，第 2127 页；陈炳应：《西夏文物研究》，宁夏人民出版社 1985 年版，第 404—409 页；陈炳应：《西夏的印章制度初探》，《宁夏社会科学》1994 年第 2 期。

西夏文贞观甲申四年首领印

1956年内蒙古准格尔旗那林镇征集。长 5.5 厘米，宽 5.6 厘米，高 3.2 厘米，重 196 克。印面呈正方形，长方形橛钮，钮底有孔。印文阴刻西夏文篆书"首领"2 字；钮两侧阴刻西夏文款，右侧为"贞观甲申四年"（1104）6 字，左侧为党项首领姓名"哥年罗众"4 字；钮顶阴刻西夏文"上"字。完整。[①] 同年入藏内蒙古博物院。1993 年被定为一级文物。[②]

**西夏文贞观甲申四年首领印**

西夏文雍宁丁酉四年首领印

铜质。方形，边长 5.1 厘米 ×5.2 厘米。印文为阴刻西夏文篆书"首领"2 字。印背钮顶阴刻西夏文"上"字。印背右侧阴刻西夏文 6 字，释为"雍宁丁酉四年"（1117），左侧阴刻西夏文 5 字，释为"啰啰合那征红"，首领名。现藏天津博物馆。[③]

---

　① 史金波、白滨、吴峰云：《西夏文物》，文物出版社 1988 年版，第 21—27 页；陈炳应：《西夏文物研究》，宁夏人民出版社 1985 年版，第 404—409 页；陈炳应：《西夏的印章制度初探》，《宁夏社会科学》1994 年第 2 期。
　② 内蒙古博物院另藏 1 枚同类型首领印，时间为西夏贞观壬午二年（1102）。参见史金波、白滨、吴峰云《西夏文物》，文物出版社 1988 年版，第 21—27 页；陈炳应：《西夏文物研究》，宁夏人民出版社 1985 年版，第 404—409 页；陈炳应：《西夏的印章制度初探》，《宁夏社会科学》1994 年第 2 期。
　③ 北京故宫博物院另藏 1 枚同类型首领印，时间为西夏雍宁六年（1119）。

西夏文雍宁丁酉四年首领印

### 西夏文元德二年首领印

铜质。正方形，边长 5.5 厘米。印文为阴刻西夏文篆书"首领" 2 字。背钮顶刻西夏文"上"字。印背右侧阴刻西夏文 4 字，释为"元德二年"（1120），左侧阴刻西夏文 4 字，释为"骨匹势年"，首领名。现藏上海博物馆。

西夏文元德二年首领印

### 西夏文元德三年首领印

铜质。正方形，边长 5.2 厘米。印文阴刻西夏文篆书"首领" 2 字，印背钮顶阴刻一西夏字"上"，印背右侧阴刻西夏文 4 字，释为"元德三年"（1121），左侧阴刻西夏文 4 字，未辨识。

西夏文元德三年首领印

为已故原敦煌研究院院长常书鸿先生藏品。

### 西夏文元德九年首领印

铜质。正方形，边长 5.2 厘米。印文阴刻西夏文篆书"首领"2 字，印背钮上方阴刻西夏文"上"字，印背右侧阴刻西夏文 4 字，释为"元德九年"（1127），左侧阴刻西夏文 4 字，

西夏文元德九年首领印

释为"屈庞药尚"，党项首领名。现藏天津市艺术博物馆。

### 西夏文正德元年首领印

1980 年内蒙古准格尔旗黑岱沟墓葬出土。边长 5.1 厘米，高 3.2 厘米，重 166 克。印文阴刻西夏文篆书"首领"2 字。钮两侧阴刻西夏文款，右

西夏文正德元年首领印

侧释为"正德元年七月"6 字，左侧释"积力功茂"4 字，首领姓名，钮顶阴刻西夏文"上"字。[①] 1989 年入藏鄂尔多斯市博物馆。2007 年被定为二级文物。[②]

---

① 史金波、白滨、吴峰云：《西夏文物》，文物出版社 1988 年版，第 21—27 页；陈炳应：《西夏文物研究》，宁夏人民出版社 1985 年版，第 404—409 页；陈炳应：《西夏的印章制度初探》，《宁夏社会科学》1994 年第 2 期。

② 新疆昌吉回族自治州博物馆另藏 1 枚同类型印章，时间同为正德元年（1127）。

### 西夏文正德二年首领印

铜质。方形，边长5.7厘米×
5.4厘米。印文为阴刻西夏文篆
书"首领"2字。印背钮顶阴刻
西夏文"上"字。印背右侧阴刻
西夏文4字，释为"正德二年"
（1128），左侧阴刻西夏文5字，
释为"嵬名那征乐"，首领名。现藏天津博物馆。

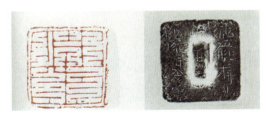

西夏文正德二年首领印

### 西夏文正德三年首领印

铜质。方形，边
长6厘米×5.5厘米。
印文为阴刻西夏文篆
书"首领"2字。印
背钮顶阴刻西夏文
"上"字。印背右侧

西夏文正德三年首领印

阴刻西夏文4字，释为"正德三年"（1129），左侧阴刻西夏文4字，首领名。
现藏内蒙古博物院。

### 西夏文庚戌四年首领印

铜质。方形，边长5.5厘米×6
厘米。印文为阴刻西夏文篆书"首
领"2字。印背钮顶阴刻西夏文"上"
字。印背右侧阴刻西夏文4字，释为
"庚戌四年"（1130），左侧阴刻西夏

西夏文庚戌四年首领印

文 4 字，释为"酪布讹成"，首领名。现藏中国国家博物馆。

西夏文正德戌年首领印

西夏文正德戌年首领印

铜质。方形，边长 5.3 厘米 ×5.4 厘米。印文为阴刻西夏文篆书"首领" 2 字。印背钮顶阴刻西夏文"上"字。印背右侧阴刻西夏文 4 字，释为"正德戌年"（1130），左侧阴刻西夏文 4 字，释为"□□阿乐"，首领名。现藏天津博物馆。

西夏文癸丑七年首领印

西夏文癸丑七年首领印

铜质。方形，边长 5.7 厘米 ×6 厘米。印文为阴刻西夏文篆书"首领" 2 字。印背钮顶阴刻西夏文"上"字。印背右侧阴刻西夏文 4 字，释为"癸丑七年"（1133），左侧西夏文未辨识。现藏上海博物馆。

西夏文正德七年首领印

1956 年西北师范大学征集自甘肃兰州市。长 5.3 厘米，宽

西夏文正德七年首领印

5.2 厘米，高 2.8 厘米，印面厚 0.6 厘米，重 144.8 克。矩形钮，钮底 1 孔，直径 1 厘米。印文阴刻西夏文篆书"首领"2 字；钮两侧阴刻西夏文款，右侧为"正德七年"（1133）4 字，左侧首领姓名；钮顶阴刻西夏文"上"字。完整。①同年入藏西北师范大学博物馆。2002 年被定为一级文物。

### 西夏文正德八年首领印

　　铜质。正方形，边长 5.3 厘米。印文为阴刻西夏文篆书"首领"2 字。印背钮顶阴刻西夏文"上"字。印背右侧阴刻西夏文 4 字，释为"正德八年"（1134），左侧阴刻西夏文 6 字，

西夏文正德八年首领印

释为"如定那尼征乐"，首领名。现藏北京故宫博物院。

### 西夏文大德元年印

　　铜质。正方形，边长 5.2 厘米。印文为阴刻西夏文篆书"首领"2 字。印背钮顶刻西夏文"上"字。印背右侧阴刻西夏文 4 字，释为"大德元年"（1135），左侧阴刻西夏文 4

西夏文大德元年印

字，释为"西玉乐有"，首领名。现藏陕西历史博物馆。

### 西夏文大德戊午四年四字印

　　1980 年内蒙古准格尔旗黑岱沟墓葬出土。边长 5.3 厘米，高 3.1 厘米，

---

　　① 陈炳应：《西夏的印章制度初探》，《宁夏社会科学》1994 年第 2 期；史金波、白滨、吴峰云：《西夏文物》，文物出版社 1988 年版，第 21—27 页；陈炳应：《西夏文物研究》，宁夏人民出版社 1985 年版，第 404—409 页。

重 137 克。印面呈正方形，
长方形橛钮，钮底有孔。
印文阴刻西夏文 4 字；钮
两侧阴刻西夏文款，右侧
为"大德戊午四年"（1138）
6 字，左侧文字磨泐不清，
首二字似为"首领"；钮顶

西夏文大德戊午四年四字印

阴刻西夏文"上"字。完整。[①]1989 年入藏鄂尔多斯市博物馆。2007 年被定
为二级文物。

### 西夏文天盛戊年首领印

1958 年由中央文物局
移交今内蒙古博物院。[②] 长
5.2 厘米，宽 5.1 厘米，高
2.8 厘米，重 109 克。印面
呈正方形，长方形橛钮，
钮底有孔。印文阴刻西夏
文篆书"首领"2 字；钮两

西夏文天盛戊年首领印

侧阴刻西夏文款，右侧为"天盛戊年"（1154 或 1166）4 字，左侧为党项首
领姓名"哥鲁能罗香"5 字；钮顶阴刻西夏文"上"字。2010 年被定为二级
文物。

---

① 史金波、白滨、吴峰云：《西夏文物》，文物出版社 1988 年版，第 21—27 页；陈炳应：《西夏
文物研究》，宁夏人民出版社 1985 年版，第 404—409 页；陈炳应：《西夏的印章制度初探》，《宁夏社
会科学》1994 年第 2 期。

② 史金波、白滨、吴峰云：《西夏文物》，文物出版社 1988 年版，第 21—27 页；陈炳应：《西夏
文物研究》，宁夏人民出版社 1985 年版，第 404—409 页；陈炳应：《西夏的印章制度初探》，《宁夏社
会科学》1994 年第 2 期。

### 西夏文首领印

发现于陕西省西安市。
铜质。正方形，边长 5.7 厘
米，厚 0.7 厘米。短矩形钮，
钮高 2.5 厘米。印文为阴刻
西夏文篆书"首领"2 字。

西夏文首领印

印背钮顶阴刻西夏文"上"字。印背右侧阴刻西夏文 4 字，释为"正德□年"，
左侧阴刻西夏文 4 字，未辨识。现藏西安市博物院。

### 西夏文六字印

1980 年内蒙古准格尔旗
黑岱沟墓葬出土。边长 5.7
厘米，高 3 厘米，重 157 克。
印面呈正方形，长方形实心
橛钮。印文阴刻西夏文 6 字，
钮两侧无款。完整。1989 年

西夏文六字印

入藏鄂尔多斯市博物馆。2007 年被定为二级文物。

### 西夏文大德四年首领印

铜质。方形，边长 5 厘米 ×
5.2 厘米。印文为阴刻西夏文篆
书"首领"2 字。印背钮顶阴
刻西夏文"上"字。印背右侧
阴刻西夏文 4 字，释为"大德
四年"（1138），左侧阴刻西夏

西夏文大德四年首领印

文 4 字，释为"西则□成"，首领名。现藏北京故宫博物院。

### 西夏文"静州粮官专印"

铜质。方形，边长 6.5 厘米 × 6.2 厘米，通高 3.1 厘米。矩形斗钮，钮顶阴刻一西夏文"上"字，印背四边均阴刻西夏文，右侧阴刻西夏文 4 字，释为"大庆元年"（1140），左侧阴刻西夏文 5 字，释为"力娘冷领齐"，为静州粮官姓名，上边阴刻西夏

西夏文"静州粮官专印"

文 2 字，释为"正神"，下边阴刻西夏文 3 字，释为"速行利"。现藏天津博物馆。

### 西夏文大庆三年首领印

铜质。正方形，边长 5.2 厘米。印文为阴刻西夏文篆书"首领" 2 字。印背钮顶阴刻西夏文"上"字，印背右侧阴刻西夏文 5 字，释为"酪布驴子黑"，首领名。左侧阴刻西夏文 4 字，释

西夏文大庆三年首领印

为"大庆三年"（1142）。现藏中国国家博物馆。

### 西夏文人庆四年首领印

铜质。方形，边长 5.4 厘米 × 5.5 厘米。印文为阴刻西夏文篆书"首领" 2

字。印背钮顶阴刻西夏文"上"字。印背右侧阴刻西夏文4字，释为"人庆四年"（1147），左侧阴刻西夏文5字，释为"兀口移功成"，首领名。现藏天津市文物局。

西夏文人庆四年首领印

### 西夏文戊辰五年首领印

铜质。方形，边长5.4厘米×5.5厘米。印文为阴刻西夏文篆书"首领"2字。印背钮顶阴刻西夏文"上"字。印背右侧阴刻西夏文4字，释为"戊辰五年"

西夏文戊辰五年首领印

（1148），左侧阴刻西夏文6字，释为"首领那证增□"，首领名。现藏天津博物馆。

### 西夏文天盛三年首领印

铜质。方形，边长5.4厘米×5.5厘米。印文为阴刻西夏文篆书"首领"2字。印背钮顶阴刻西夏文"上"字。印背右侧阴刻西夏文4字，释为"天盛三年"（1151），左侧阴刻西夏文5字，

西夏文天盛三年首领印

释为"庞青正月吉"，首领名。现藏天津博物馆。

### 西夏文天盛癸酉五年首领印

铜质。方形，边长 5.5 厘米 ×5.3 厘米，高 3 厘米，重 155.3 克。印文为阴刻西夏文篆书"首领" 2 字，印背钮顶阴刻西夏文"上"字，印背右侧阴刻西夏文 6 字，释为"天盛

西夏文天盛癸酉五年首领印

癸酉五年"（1153），左侧阴刻西夏文 6 字，释为"正首领酩西斡"，后 3 字为首领名。现藏吉林大学考古与艺术博物馆。

### 西夏文天盛六年首领印

铜质。方形，边长 5.4 厘米 ×5.3 厘米，高 2.1 厘米，重 167.2 克。印文为阴刻西夏文篆书"首领" 2 字。印背钮顶阴刻西夏文"上"字。印背右侧阴刻西夏文 4 字，释为"天盛

西夏文天盛六年首领印

六年"（1154），左侧阴刻西夏文 4 字，释为"庞奇咦成"，首领名。现藏吉林大学考古与艺术博物馆。

### 西夏文己卯十一年首领印

铜质。方形，边长 5.5 厘米 ×5.4 厘米。印文为阴刻西夏文篆书"首领" 2 字。印背

西夏文己卯十一年首领印

钮顶阴刻西夏文"上"字。印背右侧阴刻西夏文 5 字，释为"己卯十一年"（1159），左侧阴刻西夏文 4 字，释为"浪小狗吉"，首领名。现藏上海博物馆。

### 西夏文天盛十七年首领印

铜质。正方形，边长 5.4 厘米。印文为阴刻西夏文篆书"首领"2字。印背钮顶刻西夏文"上"字。印背右侧阴刻西夏文 5 字，释为"天盛十七年"（1165），左侧阴刻西夏文 4 字，未辨识。现藏北京故宫博物院。

西夏文天盛十七年首领印

### 西夏文天盛乙酉十七年首领印

铜质。方形，边长 5.9 厘米 ×5.6 厘米，高 2.9 厘米，重 299 克。印文为阴刻西夏文篆书"首领"2字。印背钮顶阴刻西夏文"上"字。印背左侧阴刻西夏文 6 字，释为"天盛乙酉十七年"（1165），右侧阴刻西夏文 7 字，释为"正首领葛西六玉"，后 4 字为首领名。现藏吉林大学考古与艺术博物馆。

西夏文天盛乙酉十七年首领印

### 西夏文天盛丙戌十八年首领印

1973 年宁夏博物馆征集。铜质。长 5.6 厘米，宽 5.5 厘米，高 3.1 厘米，重 172.1 克。印面呈正方形，长方形橛钮，钮高 2.1 厘米。印文为阴刻西夏文

篆书"首领"二字；钮两侧阴刻
西夏文款，右侧为"天盛丙戌
十八年"（1166）7 字，左侧为
"首领酩布小狗山"7 字；钮顶
刻西夏文"上"字。完整。[①] 同
年入藏宁夏博物馆。1996 年被
定为一级文物。

西夏文天盛丙戌十八年首领印

### 西夏文天盛戌年首领印

辽宁省铁岭市熔炼厂征
集。铜质。方形，边长 6 厘
米 ×5.8 厘米，通高 2.7 厘米，
厚 0.5 厘米。印文为阴刻西
夏文篆书"首领"2 字。钮
顶端刻西夏文"上"字。印

西夏文天盛戌年首领印

背右侧阴刻西夏文 4 字，释为"天盛戌年"（1154 或 1166），左侧阴刻西夏文
4 字，未辨识，为党项人名。现藏辽宁省博物馆。1973 年被定为二级文物。

### 西夏文天盛十九年首领印

铜质。方形，边长 5.5 厘米 ×
5.3 厘米。印文为阴刻西夏文篆书
"首领"2 字。印背钮顶阴刻西夏
文"上"字。印背右侧阴刻西夏文

西夏文天盛十九年首领印

① 史金波、白滨、吴峰云：《西夏文物》，文物出版社 1988 年版，第 21—27 页；陈炳应：《西夏
文物研究》，宁夏人民出版社 1985 年版，第 404—409 页；陈炳应：《西夏的印章制度初探》，《宁夏社
会科学》1994 年第 2 期。

5 字，释为"天盛十九年"（1167），左侧阴刻西夏文 5 字，释为"命□□首□"，首领名。现藏北京故宫博物院。

### 西夏文乾祐四年首领印

铜质。方形，边长 5.3 厘米 ×5.2 厘米。印文为阴刻西夏文篆书"首领" 2 字。印背钮顶阴刻西夏文"上"字。印背右侧阴刻西夏文 4 字，释为"乾祐

西夏文乾祐四年首领印

四年"（1173），左侧阴刻西夏文 4 字，释为"都啰南□"，首领名。现藏浙江省宁波市文物局。

### 西夏文庚戌四年首领印

1973 年宁夏博物馆征集。铜质。边长 5.9 厘米，宽 5.3 厘米，高 3 厘米，重 227.8 克。印面呈正方形，长方形橛钮，钮高 1.9 厘米。印文为阴刻西夏文篆书"首领"二字；钮两侧

西夏文庚戌四年首领印

阴刻西夏文；钮顶刻西夏文"上"字。完整。① 同年入藏宁夏博物馆。2006 年被定为二级文物。

---

① 史金波、白滨、吴峰云：《西夏文物》，文物出版社 1988 年版，第 21—27 页；陈炳应：《西夏文物研究》，宁夏人民出版社 1985 年版，第 404—409 页；陈炳应：《西夏的印章制度初探》，《宁夏社会科学》1994 年第 2 期。

西夏文天庆八年首领印

　　铜质。正方形，边长 5.3 厘米。印文为阴刻西夏文篆书"首领" 2 字。印背钮顶阴刻西夏文"上"字。印背右侧阴刻西夏文 4 字，释为"天庆八年"（1201），左侧阴刻西夏文 3 字，释为"浪胜鱼"，首领名。现藏天津市博物馆。

西夏文天庆八年首领印

西夏文应天丁卯年首领印

　　1988 年甘肃省天祝县征集。正方形。边长 5.3 厘米，高 3.1 厘米，印面厚 0.9 厘米，重 183.1 克。矩形钮，高 2.2 厘米，长 2.6 厘米，宽 1.1 厘米；钮底 1 孔，直径 0.7 厘米。印文为阴刻西夏文篆书"首领" 2 字；钮两侧阴刻西夏文款，右侧为"应天丁卯年"（1207）5 字，左侧为"首领居地隐藏犬" 7 字；钮顶刻西夏文"上"字。完整。[①]同年入藏张掖市甘州区博物馆。1996 年被定为一级文物。

西夏文应天丁卯年首领印

---

　　① 史金波、白滨、吴峰云：《西夏文物》，文物出版社 1988 年版，第 21—27 页；陈炳应：《西夏文物研究》，宁夏人民出版社 1985 年版，第 404—409 页；赵天英、于孟卉：《甘肃省博物馆藏西夏应天丁卯年首领印正误》，《西夏研究》2017 年第 4 期。

### 西夏文"有神圣位"印

铜质。正方形，边长5.5厘米，通高4厘米。印文为阳刻西夏文篆书4字，释为"有神圣位"，背钮较高，钮顶端阴刻一西夏文"上"字，印背左右各有西夏文一行，行4字，释为"正首领播盃狗国成"，党项正首领官职及姓名。现藏天津博物馆。

西夏文"有神圣位"印

### 西夏文正德四年首领印

陕西省横山县征集。铜质。正方形，边长6.5厘米，通钮高3.5厘米。印文为西夏文"首领印"，钮面阴刻一字，印背阴刻8个西夏字，钮两侧阴刻西夏文款，右侧为"正德四年"（1130）

西夏文正德四年首领印

4字，左边未辨识。现藏陕西横山县文物管理委员会办公室，一级文物。

### 夏州之印

陕西省榆林市栗红林捐赠。铜质。方形，边长2.9厘米×2.8厘米，厚0.15厘米。印背有鼻钮，钮残，中开孔，印文为汉文

夏州之印

"夏州之印"。现藏榆林市文物保护研究所，三级文物。

### 西夏文嵬名礼部专印

铜质。方形，边长 7.5
厘米。印文阴刻西夏文篆
书 6 字，释为"嵬名礼部专
印"，印背无款识。现藏天
津博物馆。

西夏文嵬名礼部专印

### 西夏文工监专印

铜质。方形。印文为阴刻西夏文篆
书 4 字，释为"工监专印"，印背钮顶
刻汉文"上"字。印背无款识。现藏北
京故宫博物院。

西夏文工监专印

## 2. 符牌

### 西夏文防守待命铜牌

1956 年西北师范大学
征集自甘肃省兰州市。直
径 5 厘米，厚 0.6 厘米，高
6.18 厘米，重 54.6 克。圆
形。带柄，边缘微凸。顶
部方柄，长 1.8 厘米，宽
1.2 厘米。柄端方孔，长 1
厘米，宽 0.5 厘米。正面阳

西夏文防守待命铜牌

刻西夏文"防守待命"4字，背面阳刻西夏文"张成游"3字，"品"字形排列。完整。同年入藏西北师范大学博物馆。2002年被定为一级文物。

### 西夏文内宿待命铜牌

1996年宁夏隆德县城关镇出土。铜质。长6.5厘米，宽4.1厘米，厚0.3厘米。长方铲形。上部呈凸形，有方孔，作穿系挂用，下端为相连的两个弧形。牌周边起沿，正面印刻西夏文"内宿待命"4字；背部阴刻西夏文4字。完整。同年入藏隆德县文物管理所，一级文物。①

西夏文内宿待命铜牌

### 西夏文敕燃马牌

铜质。圆形，套合式，通高18.5厘米，直径15厘米。由两个圆形青铜牌组成，以牙口咬合，两片之间形成空腔。符牌顶部有方形穿口，为拴带所用。正面双线雕刻西夏文楷书4字，释为"敕燃马

西夏文敕燃马牌

① 北京故宫博物院另藏1枚同形制符牌，人名为"巴若男"；北京民族文化宫另藏1枚同形制符牌，背刻一西夏字，汉译为"吽"；中国社会科学院人类学与民族研究所另藏1枚同形制符牌，人名为"讹□□铁"；鄂尔多斯市博物馆另藏1枚同形制符牌，人名为"如定圣乐"；中国文字博物馆另藏1枚同形制符牌，背面有一西夏字，汉译为"哈"。

牌"，意为"敕令驿马昼夜急驰"，是紧急文书、命令等公文传递通行的标识物，常用于军队中十万火急的军令传达。现藏中国国家博物馆。①

### 西夏文防守待命铜牌

西夏文防守待命铜牌

铜质。圆形，直径5.3厘米，通高6.8厘米。上端呈"凸"字形，上有穿口，可悬佩，四周有郭，窄缘。正面阴刻西夏文4字，释为"防守待命"，背面阴刻西夏文4字，释为"口兀金奴"，党项人名。现藏中国国家博物馆。②

### 西夏文铜牌

西夏文铜牌

铜质。长方铲形，长7厘米，宽4.2厘米。上端呈"凸"字形，上有长方形穿口，下部呈连弧状，四周有郭。正面自上而下阴刻西夏文3字，释为"限置依"，背面阴刻两排西夏文，上排1字，下排2字，释为"苏铁黑"。现藏中国国家博物馆。

### 西夏文铜牌

铜质。圆形，直径8.8厘米。上端有一柄，长2厘米，宽1.5厘米，柄上

---

① 西安市博物院另藏1枚同形制"敕燃马牌"，文字略有差异。

② 中国国家博物馆另藏1枚同形制符牌，人名为"千玉宝讹"；河北大学博物馆另藏1枚同形制符牌，人名为"跋狗契丹"；陕西历史博物馆另藏1枚同形制符牌，人名为"千叔犬"。

西夏文铜牌

有穿口。正面刻西夏文5字，释为"□摩诃善□"，背面无款识。现藏中国国家博物馆。

### 西夏文人名铜牌

西夏文人名铜牌

铜质。圆形，直径5.3厘米。上端有穿口，四周有郭。正面刻西夏文4字，分左右两行上下排列，释为"吴㖿乐有"，党项人名，背面无款识。现藏北京故宫博物院。

### 西夏文人名铜牌

西夏文人名铜牌

铜质。长方铲形，长5.4厘米，宽4厘米。上端呈"凸"字形，有穿口，可悬佩，四周有郭。下端呈连弧状。正面阴刻一个双线西夏字，释为"哈"，背面阴刻西夏文3字，上下两行排列，上行中间1字，下行2字，释为"苏铁黑"。现藏北京故宫博物院。[①]

### 西夏文宫门后寝待命铜牌

西夏文宫门后寝待命铜牌

铜质。长方形，长9.5厘米，宽6厘米。上端呈"凸"字形，有穿口，可悬佩，四周有郭。正背为相同西夏文6字，左右两行各3字，释为"宫门后寝待命"，一为阳

---

①　北京民族文化宫另藏1枚同形制符牌，背面有一西夏字，汉译为"耶"。

刻，一为阴刻，现藏北京故宫博物院。

### 西夏文铜牌

铜质。马蹄形，高 9.6 厘米，底边 5.8 厘米。上端呈"凸"字形，上有穿口，四周有郭，宽缘。下部左右边各有 2 个圆孔。正面阴刻西夏文 4 字，背面无款识。1949 年入藏首都博物馆，三级文物。

西夏文铜牌

### 西夏文银符牌

银质。长方铲形，宽 5.3 厘米，残高 4.7 厘米，重 40.8 克。上端呈"凸"字形，有穿口，可悬佩，四周有郭。下部残，正面残存錾刻西夏文二字，释为"内""首"，根据西夏符牌特点，似为"内宫首领"，背面残存錾刻西夏文一字，释为"疏"或"室"[1]。

西夏文银符牌

---

① 许浒：《西夏文银牌"内宿首领"考释》，《宁夏社会科学》2016 年第 3 期。

## （三）钱币

西夏钱币质地有铜、铁两种，以铜质居多，钱文有西夏文和汉文。从窖藏货币来看，西夏主要流通使用唐宋货币，杂有秦汉、北朝、五代、辽、金等钱。北宋钱多在 80% 以上，有些窖藏高达 97%，而西夏铸造的钱币则不足 2%，且以"天盛""乾祐""光定"钱居多。[①]

目前所见西夏文钱币有福圣宝钱、大安宝钱、贞观宝钱、乾祐宝钱、天庆宝钱，这五种钱币正面为西夏文，背面为光背，形制均为小平铜钱，非常少见，属于珍稀的古钱币。汉文钱币有元德重宝、元德通宝、天盛元宝、乾祐元宝、天庆元宝、皇建元宝、光定元宝，其中汉文天盛元宝、皇建元宝、光定元宝数量较多。铁钱主要有天盛元宝和乾祐元宝。

西夏钱币书体以真书为主，兼有篆、行诸体，都是年号钱，并且也流通对钱，不仅有汉文不同书体的对钱，还有西夏文和汉文的对钱，如汉文"元德通宝"隶楷对钱、"乾祐元宝"行楷对钱、"光定元宝"篆楷对钱，还有汉文"大安通宝"和西夏文"大安宝钱"对钱，汉文"乾祐元宝"和西夏文"乾祐宝钱"对钱，汉文"天庆元宝"和西夏文"天庆宝钱"对钱。[②]

---

① 　牛达生：《西夏钱币研究》，宁夏人民出版社 2013 年版。
② 　牛达生：《浅议对钱——兼述西夏对钱》，《中国钱币》1981 年第 1 期。

# 1. 西夏文钱币

## 福圣宝钱

西夏毅宗谅祚福圣承道年间铸造。西夏文,汉译"福圣宝钱"。铜质,小平钱,径 2.35 厘米,穿 0.55 厘米,重 3.8 克。楷书,旋读。此钱是目前考古发现的西夏早期铸造钱币,存世和出土较少。

福圣宝钱

大安宝钱

## 大安宝钱

西夏惠宗秉常大安年间铸造。西夏文,汉译"大安宝钱",铜质,小平钱,径 2.34 厘米,穿 0.55 厘米,重 3.9 克。楷书,旋读。数量和版别较多。

## 贞观宝钱

西夏崇宗乾顺贞观年间铸造。西夏文,汉译"贞观宝钱",铜质,小平钱,径 2.51 厘米,穿 0.69 厘米。楷书,旋读。传世和出土数量较少。

贞观宝钱

### 乾祐宝钱

西夏仁宗仁孝乾祐年间铸造。西夏文，汉译"乾祐宝钱"，铜质，小平钱。径 2.4 厘米，穿 0.53 厘米，重 3.8 克。楷书，旋读。

乾祐宝钱

天庆宝钱

### 天庆宝钱

西夏桓宗纯祐天庆年间铸造。西夏文，汉译"天庆宝钱"。铜质，小平钱。径 2.4 厘米，穿 0.6 厘米，重 4 克。楷书，旋读。

## 2. 汉文钱币

### 大安通宝

西夏惠宗秉常大安年间铸造。铜质，小平钱。径 2.3 厘米，穿 0.67 厘米，重 4.1 克。钱文"大安"为楷隶，"通宝"为隶书，直读。

大安通宝

### 元德通宝

西夏崇宗乾顺元德年间铸造。铜质，小平钱。有大小、楷隶之分，楷书小钱径 2.2 厘米，穿 0.53 厘米，重 3.4 厘米。楷隶混书者径 2.4 厘米，穿

元德通宝

0.6 厘米，重 3.8 克。元德楷书钱极为罕见。

元德重宝

西夏崇宗乾顺元德年间铸造。铜质，折二钱，与小钱元德通宝并用。径 2.9—3 厘米，穿 0.65 厘米，重 8.6 克。楷书，直读。以重宝作钱文的，在西夏钱币中，仅此一种。该钱存世极罕。

元德重宝

大德通宝

大德通宝

西夏崇宗乾顺元德年间铸造。铜质，小平钱。径 2.3 厘米，穿 0.6 厘米，重 3.2 克，楷书，直读。存世仅几枚。

天盛元宝（铜）

西夏仁宗仁孝天盛年间铸造。铜质，小平钱。径 2.4 厘米，穿 0.56 厘米，重 3.4 克。铁质钱径 2.4 厘米，穿 0.53 厘米，重 3.2 克。均为楷书，旋读。是西夏钱币中存世数量最多的品种。

天盛元宝（铜）

天盛元宝（背西）

天盛元宝（背西）

西夏仁宗仁孝天盛年间铸造。铜质，小平钱，径 2.4 厘米，穿 0.56 厘米，重 3.4 克。楷书，旋读，背汉文"西"字。

### 天盛元宝（铁）

西夏仁宗仁孝天盛年间铸造。铁质，钱径2.3厘米，穿0.53厘米，重3.2克。楷书，旋读。西夏钱币中数量最多的品种。

天盛元宝（铁）

乾祐元宝（铜）

### 乾祐元宝（铜）

西夏仁宗仁孝乾祐年间铸。铜质，小平钱。径2.45厘米，穿0.57厘米，重4.5克。有楷书、行书两个版别，旋读，出土数量大。

### 乾祐元宝（铁）

西夏仁宗仁孝乾祐年间铸。铁质，小平钱。径2.5厘米，穿0.6厘米，重4.5厘米。楷书，旋读。出土数量较大。

乾祐元宝（铁）

天庆元宝

### 天庆元宝

西夏桓宗纯祐天庆年间铸。铜质，小平钱，径2.45厘米，穿0.7厘米，重4.2克。楷书，旋读。传世和出土数量较少。

### 皇建元宝

西夏襄宗安全皇建年间铸造。铜质，小平钱。径 2.5 厘米，穿 0.7 厘米，重 4.4 克。楷书，旋读。传世和出土较多。

皇建元宝

光定元宝（楷书）

### 光定元宝（楷书）

西夏神宗遵顼光定年间铸造。铜质，小平钱。径 2.5 厘米，穿 0.46 厘米，重 4.5 克。楷书，旋读。传世和出土较多。

### 光定元宝（篆书）

1984 年宁夏银川市贺兰山滚钟口窖藏首次出土。西夏神宗遵顼光定年间铸造。铜质，小平钱。径 2.5 厘米，穿 0.46 厘米，重 4.5 克，平背。篆书，旋读。现藏宁夏文物考古研究所。至今仅见几枚。

光定元宝（篆书）

## 3. 银锭

### 铭刻计量银锭

1987 年甘肃省武威市署东巷窖藏遗址出土。数十块之多，通长 14—15 厘米，少量 12 厘米左右，大多重 1900—2000 克左右。背布蜂窝状洞孔，正面錾刻"肆拾玖两捌钱""五十两六钱""行人任应和，窦献成秤""真花银壹锭""重伍拾两一钱""肆拾玖两肆钱""肆拾玖两捌钱""行人裴元，宋琦秤""廿二日辰""肆拾玖两捌钱足""赵铺记""官正""□志贰拾肆两肆钱""贰拾肆两叁钱正宋□□秤""秤子傅元郭荣靳""行人索□甘"并"西□□一廿二日行□""贰拾肆两肆钱""贰拾肆两叁钱正宋□□秤""秤子傅元郭荣靳""行人索□甘"，有的錾刻符号。现藏武威市博物馆，一级文物。

武威出土银锭

# （四）碑石刻

西夏碑石刻主要是西夏时期和其前身夏州拓跋政权的碑石刻。西夏时期规模最大、价值最高的碑刻为西夏陵碑，9 座帝陵有碑亭 16 座，200 多座陪葬墓约 1/3 有碑亭。遗憾的是这些碑亭中的碑石全部被毁，目前已清理的 11 座碑亭遗址，共出土夏、汉文残碑 4411 块，其中仅存一二字或三五字者居多，十字、八字已属难得，一二十字者更属少见。不唯如此，宁夏银川闽宁村西夏墓的碑刻也全部残碎。只有河西地区的《凉州重修护国寺感通塔碑》《黑水建桥敕碑》比较完整。

西夏人崇信佛教，在甘肃、宁夏和内蒙古境内的须弥山、贺兰山、炳灵寺、莫高窟、榆林窟、万部华严经塔等处均有开窟造像、绘制壁画或朝拜烧香等佛事活动，留下了为数众多的题记。

夏州拓跋李氏及其幕僚的墓志有拓跋守寂、拓跋驮布墓志铭，李光睿、李光遂、李继筠、李仁福妻浽氏、李仁宝及其妻破丑氏、李彝谨及其妻里氏、祁氏墓志铭，定难军防御使白敬立、定难军摄节度判官毛汶、定难军管内都指挥使康成、定难军节度押衙白全周、定难军节度副使刘敬瑭墓志铭等。

西夏灭亡后，其遗民以"唐兀人"为族称，继续活动在历史舞台上，今河南洛阳、濮阳，河北保定、大名、正定，福建泉州、云南昆明以及首都北京等地皆有西夏遗民后裔迁来定居，留下了一大批墓志铭、塔铭、碑刻与摩崖石刻。鉴于西夏遗民及其后裔的碑石刻具有重要的史料价值，兹以附录的形式择要收录。至于宋、金境内党项人的碑刻题记不在收录范畴。

## 1. 摩崖洞窟题刻

### 阴山岩画西夏文题记

位于内蒙古阴山山脉西段狼山地区。有蒙古、藏、西夏等少数民族文字题记，其中西夏文题记译为"黑石"二字。

阴山岩画西夏文题记

### 贺兰山岩画西夏文题刻

位于宁夏银川市贺兰山贺兰口。在高 47 厘米、宽 32 厘米的人面岩画左侧，题刻西夏文 5 字，意为"能昌盛正法"。右上方刻西夏文"五""佛"等字。

### 大麦地岩画西夏文题刻

位于宁夏中卫市北。在东西 50 千米、南北 2.5 千米的山谷中，分布着大量岩画，

贺兰山岩画西夏文题刻

其中大麦地岩画刻有西夏文"佛"字。

大麦地岩画西夏文题刻

### 曼德拉山岩画西夏文题刻

位于内蒙古阿拉善右旗曼德拉山岩画景区内。第一处题记长 85 厘米，宽

44 厘米，西夏文 7 行，右侧有一线刻幡或旗。左上方 4 行西夏文大意为："金国□□地通诸处，帝于四月之时显，祐助众生，众生颂于道上"。下方 3 行西夏文意为："君子净心时，于圣天八月时，会见到金色的聪慧之女，像燕子似的飞舞而过"，内容似与

曼德拉山岩画西夏文题刻

宗教修行有关。第二处题记整幅长 54 厘米，宽 35 厘米，有西夏文 3 行。第一行为"一二三四五"；第二行为"咤明小狗成"。第三行为"□月二"，画面右侧刻一骑马者。

## 灵武回民巷西夏文摩崖石刻

2002 年宁夏文物考古研究所采集自宁夏灵武市回民巷沙漠戈壁。灰砂岩。石面长 196 厘米，宽 117 厘米。碑身宽 85.3 厘米，碑帽顶至须弥座底高度为 90 厘米。文字部分高 45 厘米，宽 85.3 厘米，阴刻西夏文楷书 27 行。碑座束腰部分双线阴刻三连

灵武回民巷西夏文摩崖石刻

圆环纹。同年入藏宁夏文物考古研究所，2008 年移交宁夏博物馆。[1]

---

① 孙昌盛：《灵武回民巷西夏摩崖石刻》，《宁夏社会科学》2017 年第 1 期。

### 炳灵寺石刻西夏文题记

位于甘肃省炳灵寺石窟第 168 号窟外南侧。长 115 厘米，刻西夏文 9 字。西夏文左侧刻汉文"冯藏人"3 字。

炳灵寺石刻西夏文题记

### 敦煌石窟西夏题记

敦煌莫高窟、瓜州榆林窟、东千佛洞遗存西夏题记既有西夏文，也有汉文，大部分为墨书，也有部分是刻写，部分特殊者还有西夏文汉文合璧书写。1964 年中国科学院民族研究所与敦煌文物研究所联合调查，莫高窟、榆林窟 38 个洞窟中存西夏文题记 100 余处，235 行，1300 余字。[①] 据最新调查，莫高窟 40 个洞窟存西夏文题记 206 条，瓜州榆林窟 21 个洞窟存西夏文题记 204 条，瓜州东千佛洞 2 窟存 4 条；莫高窟 20 个洞窟存西夏汉文题记 36 条，宋代汉文题记 3 条；榆林窟 4 个洞窟存西夏汉文题记

莫高窟 285 窟西夏文题记

① 史金波、白滨：《莫高窟榆林窟西夏文题记研究》，《考古学报》1982 年第 3 期。

5条。年代最早为莫高窟444窟夏惠宗天赐礼盛国庆二年（1070），最晚为莫高窟443窟夏神宗遵顼光定己卯九年（1219），出现有西夏年号永安、天赐礼盛国庆、天祐民安、贞观、大庆、雍宁、人庆、乾祐、天庆、光定。敦煌石窟群西夏题记内容多为功德记、发愿文、朝谒巡礼榜题、供养人题记等。[①]

### 须弥山石窟西夏年号题记

位于宁夏固原市城西北55千米处六盘山北陲须弥山石窟第1窟中。题记右侧为汉文"韗都四年二月十日"，左侧"拱化三年七月十五日""韗都四年二月十日"，韗都，西

须弥山石窟西夏年号题记

夏毅宗年号，韗都四年当公元1060年。"拱化三年七月十五日"，拱化亦是西夏毅宗年号，拱化三年即公元1065年。该题记应为游人题记。

### 张掖金塔寺石窟西夏文榜题

位于甘肃张掖市金塔寺东窟塔柱正面上层三龛上排十尊坐佛侧面。墨笔楷书，因年深日久，烟熏严重，致字迹残损漫漶，目前可辨识者共计"阿弥陀佛"等九则佛名号。[②]

---

① 李国、沙武田：《敦煌石窟西夏时期汉文题记辑录——兼谈西夏占领瓜沙的时间问题》，《西夏研究》2021年第1期。
② 孙伯君、夏立栋：《张掖金塔寺石窟新见的西夏文榜题》，《敦煌学辑刊》2022年第2期。

张掖金塔寺石窟西夏文榜题

## 2. 碑刻

凉州重修护国寺感通塔碑

1804年张澍发现，全称《凉州重修护国寺感通塔碑铭》。碑高2.6米，宽1米，厚0.3米。碑首呈半圆形，正面西夏文篆额字意为"敕感应塔之碑文"，背面汉文篆额"凉州重修护国寺感应塔碑铭"。碑额两边阴刻对称的伎乐飞天；碑身两边呈杀角，边上刻忍冬纹。碑正面为西夏文，共28行，满行65字。背面为汉文，共26行，满行76字。碑座长98厘米，宽80厘米，底沿宽98厘米，高59厘米，石材为当地易风化砂石。四面均采用高浮雕技法表现了四幅不同主题的画面，正面是双狮舞绣球，背面为缠枝莲花。碑座右侧为麒麟，左侧为飞马。1961年被公布为全国重点文物保护单位。

凉州重修护国寺<br>感通塔碑

### 金夏划界碑

金正隆四年（1159）立石。陕西省吴起县后梁山出土。3块，第一块高68厘米，宽46厘米，厚6.5厘米。刻"正隆四年五月""韦娘原界堠""宣差兵部尚书光禄""分画定"；第二块高65厘米，宽54厘米，厚4厘米。刻"正隆四年五月""界堠""宣差兵部尚书光禄""分画定"；第三块高65厘米，宽46厘米，厚4厘米。内容同第二块碑。现藏陕西吴起县文物管理所。

金夏划界碑

### 西夏黑水建桥敕碑

西夏乾祐七年（1176）立石。张世恭书，安善惠刊。碑高115厘米，宽70厘米，阳面汉文，楷书13行，行30字。阴面藏文，21列，已漫漶过半。两面碑额均无字，各线刻一对托盘侍女像，周边饰线刻卷云纹图案。汉、藏碑文内容相同，记载夏仁宗对黑水诸神发布敕命，以求水患永息，桥道长久。原在甘肃省张掖市城西十里黑河东岸的下龙王庙，现藏张掖文化馆。

西夏黑水建桥敕碑

西夏陵残碑

西夏陵区 9 座帝陵共有碑亭遗址 16 座。200 多座陪葬墓约 1/3 有碑亭遗址。目前已清理的碑亭遗址有 11 座，其中 3 号陵、5 号陵、6 号陵、7 号陵、原陪葬墓 M177 各二座，M182 一座。11 座碑亭遗址共出土夏、汉残碑 4411 块，其中仅存一二字或三五字者居多，十字、八字已属难得，一二十字者更属少见。李范文著《西夏陵墓出土残碑粹编》逐方碑石皆有著录。[①]

西夏 3 号陵出土残碑

1987 年、1998 年，宁夏银川西夏陵区 3 号陵出土西夏文残碑 1100 余块，砂石质。极为破碎，最大残块仅有四五字，阴刻楷书，有大小两种字体。大字长 4 厘米，宽 3 厘米，小字边长约 2.5 厘米。字体描金。西夏文译文有"蕃汉番三""先父""先皇帝""正月"等字样。

西夏 3 号陵出土残碑

---

① 李范文:《西夏陵墓出土残碑粹编》，文物出版社 1984 年版。

西夏 5 号陵出土残碑

1977 年出土西夏文残碑 63 块，汉文残碑 26 块，砂石质。西夏文每字长 2.5 厘米，宽略短，西夏文残碑译文有"番汉兼""辖鞑""权统军""枢密"等。汉文有大小两种字体，大字篆体，为碑额，小字楷书，有"赐紫""陇骒""吐蕃"等字样。

西夏 5 号陵出土残碑

西夏 6 号陵出土残碑

1972—1977 年出土夏、汉文残碑 1047 块，砂石质。西夏文碑字体有大

西夏 6 号陵出土残碑

小两种字体，大字体边长约 3.7 厘米，小字体边长 2.5 厘米。汉文碑字体略小，每字边长 2.5 厘米。西夏文残碑译文有"嵬名""太宗"等字样。汉文残碑有夏崇宗《灵芝颂》残文，"食邑三""皇太后也"等词语。

### 西夏 7 号陵出土残碑

1972 年出土西夏文残碑 1265 块，汉文残碑 510 块，砂岩质。其中西夏文残碑带碑缘花纹的 197 块，碑首 31 块。西夏文残碑能拼出 10 多字的有

西夏 7 号陵出土残碑

一二百块，内容最完整的是由 18 块残碑拼起来的一方篆体碑额，译文为"大白高国护城圣德至懿皇寿陵志文"等。汉文有"尚书令""吐蕃"等词语。

### 西夏陵 M93 陪葬墓出土残碑

1972 年宁夏博物馆采集数块，灰砂岩。阴刻汉文楷书，字长 3 厘米，宽 2.5 厘米。残存"春破会州""大契丹""州

西夏陵 M93 陪葬墓出土残碑

路都部"等字样。

### 西夏陵 M182 陪葬墓出土残碑

1972—1977 年出土残碑 349 块，其中西夏文 133 块，汉文 216 块，砂岩质。最大的一块西夏文碑长 56 厘米，宽 42 厘米，存 17 行 380 字。阴阳两面

西夏陵 M182 陪葬墓出土残碑

刻字，番汉合璧。西夏文楷书，每字边长约 2 厘米，汉文篆、楷两种书体。篆体大字，边长 6 厘米，楷体小字，边长 2.1 厘米。两种文字的碑题均有"梁国正献王之神道碑"字样，内容涉及西夏人物、职官、帝号、军事、年代等，可补史籍之缺佚。

### 西夏陵 M177 西碑亭出土残碑

1972—1977 年出土残碑 100 多块，其中西夏文 60 多块，汉文 40 多块，砂岩质。阴阳两面刻字，番汉合璧。每字边长 2 厘米。西夏文残碑译文有"取番学士""庚戌四年"等字样，汉文残碑有"枢密使""淑德天盛二年庚午秋"字样。

**西夏陵 M177 西碑亭出土残碑**

**闽宁村西夏墓二号碑亭残碑**

### 闽宁村西夏墓二号碑亭残碑

宁夏银川市西南 40 千米处西夏墓二号碑亭出土。该处出土石碑残块较少，半字以上者 14 件，1 字以上者 10 件，均为砂岩。碑文为汉字楷书，每字 3 厘米见方。有"大夏故中""臣闻野利""武帝"等字样。现藏宁夏文物考古研究所与银川市西夏陵区管理处。

### 闽宁村西夏墓三、四号碑亭残碑

宁夏银川市西南 40 千米处西夏墓三、四号碑亭出土。砂石质。共 212 块，最大者宽 17.6 厘米，高 11.5 厘米，多存半个字，存 1 至 3 字者 88 块，3 至 5 字者 21 块，5 字以上者仅 7 块，存字最多者为 14 字。汉文楷书，每字约 2 厘米见方。有"郎度推官""郎张陟撰""武皇""副兵""淳化""祥符"等字样。现藏宁夏文物考古研究所与银川市西夏陵区管理处。

闽宁村西夏墓三、四号碑亭残碑

### 闽宁村西夏墓七号墓残碑

宁夏银川市西南 40 千米处西夏墓七号墓室出土。砂石质。其中 1 块篆书碑额残块，每字约 9 厘米见方。楷书残块有大小字两种，大字约 3 厘米见方，小字约 2—2.3 厘米见方。现藏宁夏文物考古研究所与银川市西夏陵区管理处。

闽宁村西夏墓七号墓残碑

## 3. 墓志铭与塔铭

### 唐拓跋驮布墓志铭并盖

唐开元十六年（728）刻石。2013年陕西省吴起县洛源镇走马台出土。青石质。志石高 74.5 厘米、宽 73.5 厘米、厚 10 厘米，铭文 34 行，满行 34字，有界格，楷书。全文 1124 字。盝顶盖，高 55 厘米、宽 54 厘米、厚 9厘米，阴刻篆书"大唐故特进拓跋府

唐拓跋驮布墓志铭并盖

君墓志铭"，4 行 12 字，四周卷云纹，四杀牡丹纹。志主姓拓跋氏，名驮布。现藏陕西吴起县革命纪念馆。

### 唐静边州都督拓跋守寂墓志铭并盖

唐开元二十五年（737）刻石。
1965 年陕西省横山县韩岔乡元岔洼
村出土，藏于农民家中。志、盖青
石质。志石正方形，边长 90 厘米，
厚 10 厘米。志文 35 行，满行 36 字，
楷体中偶尔间以草体字。四侧刻
十二生肖间宝相花纹。盖呈盝顶式，
长 90 厘米，宽 90 厘米，厚 10 厘米。
盖文篆书"唐故拓跋府君墓志铭"。
盖阴增刻志文 13 行，行 13 字，正

唐静边州都督拓跋守寂墓志铭并盖

书，内容涉及唐朝中期党项大首领拓跋守寂生平。2003 年征集入藏榆林市文管会办公室。

### 唐延州安塞军防御使白敬立墓志铭

唐乾宁二年（895）刻石。陕西
省靖边县红墩界乡华家洼林场出土。
盖佚，志砂石质。正方形，边长 77.5
厘米，厚 11.5 厘米。志文楷书 38 行，
行 41 字。志面、边沿掉渣较多。现
藏陕西靖边县文管会办公室。

唐延州安塞军防御使白敬立墓志铭

### 后唐定难军节度押衙白全周墓志铭

后唐天成四年（929）刻石。20世纪70年代陕西省横山县横山镇魏墙村出土。砂石质。长方形，长64厘米，宽59厘米，厚7厘米，志文23行，满行25字。起初由横山县古银州展览馆馆长、收藏爱好者刘生发收藏，现藏陕西横山县文物管理委员会办公室。

后唐定难军节度押衙白全周墓志铭

故永定破丑夫人墓志文并盖

### 故永定破丑夫人墓志文并盖

后唐长兴元年（930）刻石。陕西省榆林市红石桥乡拱盖梁村出土。盖、志砂石质。盖盝形，边长各54厘米，厚16厘米，盖面无文。杀面阴刻八卦图。志石正方形，边长各53厘米，厚10厘米。志文阴刻楷书19行，行19—22字。为李仁宝妻破丑夫人墓志。现藏榆林市榆阳区古城文物管理所。

### 大晋故定难军摄节度判官毛汶墓志铭并盖

后晋天福七年（942）刻石。陕西省靖边县红墩界乡圪坨河村出土。盖、志砂岩质。盖盝形，长69厘米，宽70厘米，厚13厘米。盖文篆书3行，行3字："荥阳郡毛公墓志之铭。"杀面阴刻八卦图。志石正方形，边长各68.5厘米，厚11厘米。志文楷书，30行，满行33—36字。墓志主要记载志主毛

大晋故定难军摄节度判官
毛汶墓志铭并盖

古乌审旗无定河镇十里梁出土。高
81.5 厘米，宽 82 厘米，志文楷书，
33 行，行 33 字。据志文记载，墓主
"望重华族，德光清节"，为"故虢
王（李仁福）之贵室，今元戎相国
之令亲"。有男五人，即彝殷、彝谨、
彝盨、彝超、彝温。现藏乌审旗文物
管理所。

大晋故定难节度副使刘敬瑭
墓志铭并盖

后晋天福八年（943）刻石。陕
西省横山县雷龙湾乡郑安峁村南 15 千
米处出土。盖、志砂石质。盖盝形，
各边长 66 厘米，厚 15.3 厘米。盖文
篆书 3 行，行 3 字："彭城郡刘公墓志

汶的家族世系及其本人于后梁至后晋朝
在定难军的仕宦经历。现藏榆林市文管
会办公室。

大晋故虢王（李仁福）妻渎氏
墓志铭

后晋天福七年（942）刻石。内蒙

大晋故虢王（李仁福）妻渎氏墓志铭

大晋故定难节度副使刘敬瑭
墓志铭并盖

之铭。"杀面阴刻八卦图。志石正方形，边长各66厘米，厚13厘米。志文楷书，34行，满行36字。剥蚀较轻，基本完好。现藏榆林市文物管理委员会。

大晋故夏银绥宥等州观察支使何德璘墓志铭并盖

### 大晋故夏银绥宥等州观察支使何德璘墓志铭并盖

后晋天福八年（943）刻石。陕西靖边县红墩界乡华家洼林场出土。盖、志砂石质。盖盝形，长49厘米，宽56厘米，厚15.3厘米。盖面篆刻3行，行3字："南阳郡何公墓志之铭。"杀面阴刻八卦图。掉渣较多，四角残。志石横长方形，高53厘米，宽59厘米，厚14厘米。志文楷书，27行，满行29字。剥蚀较重，边沿掉渣较多。现藏陕西靖边县文物管理所。

### 大晋绥州刺史李仁宝墓志铭并盖

后晋开运三年（946）刻石。陕西省榆林市红石桥乡拱盖梁村出土。盖、志砂石质。盖盝形，各边长64厘米，厚13厘米。盖面楷书3行，行3字："故陇西李公墓志之铭。"杀面阴刻八卦图。志石正方形，边长64厘米，厚11厘米。志文楷书，30行，行36字。盖面有多道刻痕。墓志主要记载志主李仁宝的家族世系及其在夏州定难军的个人仕宦经历。

大晋绥州刺史李仁宝墓志铭并盖

现藏榆林市榆阳区古城文物管理所。

### 大汉故沛国郡夫人（李彝谨妻）里氏墓志铭

后汉乾祐三年（950）刻石。内蒙古乌审旗十里梁出土。志石正方形，高宽各79厘米，志文楷书，37行。墓主父皇甫讹移，曾任延州水北教练使兼南山开道指挥使，姙拓跋氏。夫绥州刺史李彝谨，育有五子三女，长子李光琇，"娶破丑氏之女"。现藏乌审旗文物管理所。

大汉故沛国郡夫人（李彝谨妻）
里氏墓志铭

绥州刺史李彝谨墓志铭

### 绥州刺史李彝谨墓志铭

后周广顺二年（952）刻石。内蒙古乌审旗十里梁出土。志石正方形，长宽各77厘米，志文楷书，36行，每行38—40字。叙墓主李彝谨为"后魏之苹系焉"，守绥州时，"劝课耕业，修崇廨署，减俸财而添济，勉工役于劬劳。虽土木暂兴，致金汤永固"。现藏乌审旗文物管理所。

### 故绥州太保夫人祁氏（李彝谨妻）神道志

后周显德二年（955）刻石。内蒙古乌审旗十里梁出土。绥州军事判官撰。盖佚，

故绥州太保夫人祁氏（李彝谨妻）
神道志

志石高 64 厘米，宽 63 厘米，厚 9 厘米。志文正楷竖书，23 行，行 26 字左右。叙述墓主三从四德，亲族敬爱。现藏乌审旗文物管理所。

### 故大宋国定难军管内都指挥使康成此墓志铭并盖

北宋乾德四年（966）刻石。陕西省靖边县红墩界乡圪坨河村出土。盖、志砂石质。盖盝形，四角内收成弧，各边长 57 厘米，厚 17 厘米。盖中方框内篆文 3 行，行 3 字："太原郡康公墓志之铭。"杀面阴刻八卦图。志石正方形，边长各 58 厘米，厚 11 厘米。志文楷书 33 行，

故大宋国定难军管内都指挥使康成此墓志铭并盖

满行 38 字。志面及边棱轻度剥蚀，略有磕碰掉渣。墓志记载志主的家族世系及其仕宦经历。现藏榆林市文物管理委员会。

### 大宋摄夏州观察支使何公墓志铭并盖

大宋摄夏州观察支使何公墓志铭并盖

北宋开宝二年（969）刻石。陕西省靖边县红墩界乡伍梁沙村出土。盖、志砂石质。盖盝形，边长 67 厘米，厚 11.5 厘米。盖中呈方块状凸起，篆刻 3 行，行 3 字："南阳郡何公墓志之铭。"杀面阴刻八卦图。志石长方形，长 68.4 厘米，宽 66.6 厘米，厚 11 厘米。志文楷书 35 行，满行 40 字。剥蚀较重，模糊不清。记载了定难军文职僚佐何公的仕宦经历，以及

何公曾祖父母、祖父母、父母的官衔、姓名。现藏榆林市文物管理委员会。

### 大宋定难军节度观察留后李继筠墓志铭

北宋太平兴国四年（979）刻石。内蒙古乌审旗十里梁出土。碑高98厘米，宽100厘米，碑文楷书，30行，行41—47字。墓志对志主李继筠的家族世系及其在夏州定难军的个人仕宦经历皆有记载。志文对五代宋初的数任夏州定难军节度使为封建政权所优宠以及定难军参与封建政权统一全国的战争也多有反映。现藏乌审旗文物管理所。

大宋定难军节度观察留后
李继筠墓志铭

### 故野利氏夫人墓志铭并序

故野利氏夫人墓志铭并序

北宋太平兴国五年（980）刻石。2006年陕西省横山县党岔镇泗源沟出土，初为当地农民收藏。志石高77.5厘米，宽73.5厘米，厚12厘米。无盖。正面楷书志文28行，满行35字。全志除个别字磨损风化，其余基本完整。据墓志内容可知，志主为姓野利氏的党项族女性。其生活年代跨越唐、五代、北宋三个时期，是定难军政权发展与壮大的见证者。现藏陕西横山县文物管理办公室。

**大宋故定难军节度使李光睿墓志铭并盖**

北宋太平兴国四年（979）刻石。内蒙古乌审旗十里梁出土。盖、志砂石质。盖盝顶，长93.5厘米，宽93.5厘米，厚15厘米。盖文篆刻三行，行三字："陇西郡李公墓志之铭。"志石高98厘米，宽113厘米，厚13厘米，略呈方形。志文正楷竖书，42行，行60字左右。现藏乌审旗文物管理所。

大宋故定难军节度使李光睿墓志铭并盖

**大宋国故管内蕃部都指挥使李光逿墓志铭并盖**

北宋太平兴国五年（980）刻石。内蒙古乌审旗十里梁出土。盖、志砂石质。盖盝形，长76.5厘米，宽75厘米，厚12厘米。盖文篆刻3行，行3字："陇西郡李公墓志之铭。"志石高77厘米，宽75厘米，厚8厘米。志文正楷竖书，22行，满行23字。现藏乌审旗文物管理所。

大宋国故管内蕃部都指挥使李光逿
墓志铭并盖

## 4. 其他

**后周银州都知兵马使宋从实卖地石契**

广顺三年（953）刻石。陕西省榆林市横山区党岔镇出土。砂石质。内容丰富，从右至左竖文楷书，阳刻，共9行，满行18字，全文共计143字。契文内容是广顺三年十二月八日银州都知兵马使宋从实将自己的田地卖给本州人田三狗儿做墓地，双方约定田

后周银州都知兵马使宋从实卖地石契

地价值为茶10斤，买卖双方当天将田地与茶交付完成，并约定先反悔者将要罚茶7斤。现藏榆林市横山区博物馆。

### 北宋李光文施财题名

约太平兴国七年（982）刻于河南开封繁塔东蹬道自下而上第66块条石上。高24厘米，宽12厘米。内容为"夏州番落都知兵马使李光文施"，楷书2行，13字，系李光（克）文施财题名。

北宋李光文施财题名

## 5. 附：西夏遗民石刻

### 元居庸关云台西夏文石刻

元至正五年（1345）刻。位于北京居庸关过街门洞内。有西夏、汉、藏、梵、八思巴、回鹘六种字体，内容为《陀罗尼经》和经题。镌刻《佛顶尊胜

陀罗尼》《佛顶放无垢光明入普门品观察一切如来心三摩耶陀罗尼》《佛顶无垢普门三世如来心陀罗尼》和经题，西夏文共 77 行。参与宣导其事的有官居中书平章政事的党项上层纳麟，此外还有党项人显密二种巧猛沙门领占那征，书写西夏文者为党项人智妙酪布。1930 年罗福成释译了该处西夏文，撰《居庸关石刻》一文，指出其大字为"陀罗尼"，小字为经文，"陀罗尼"即"咒语"。标题是《奇哉佛成垢无净光放陀罗尼》。

元居庸关云台西夏文石刻

### 曲阜孔庙唐兀氏大都子敬林庙题名碣

至正七年（1347）刻石。位于山东曲阜孔庙西斋宿（碑院）北墙西起第 16 石。石高 56 厘米，宽 58 厘米。正书 12 行，前 9 行为大字，满行 11 字，后 3 行为小字，每行 10—24 字不等。内容为西夏唐兀氏大都子敬谒孔庙题记。

曲阜孔庙唐兀氏大都子敬林庙题名碣

### 敦煌莫高窟六体真言碑

元至正八年（1348）立。碑高 81 厘米，宽 60 厘米，上刻六臂坐式观音一尊，周围有梵、藏、汉、西夏、八思巴、回鹘六种文字，内容为六字真言。

敦煌莫高窟六体真言碑

下方列有党项等民族施主的姓名。甘肃敦煌莫高窟藏。

### 元河西老索神道碑

1985年河北省保定市文物管理局在第三次全市文物普查时发现。原藏乐凯胶片厂内。元至正十年（1350）立。方柱体，高385厘米，宽95厘米，仅存碑身、碑帽、碑座佚，原碑四面有字，现仅存三面尚能释读，呈长方形柱体，碑额为四爪蟒纹。碑文记载唐兀人老索家族四代从蒙古汗国至元末的征战与仕宦情况。现藏保定市古莲花池。

元河西老索神道碑

### 唐兀公碑

全称《大元赠敦武校尉军民万户府百夫长唐兀公碑》。至正十六年（1356）立。青石质。呈四方柱形，元集贤大学士潘迪撰文并书丹。碑首为盖顶式，碑座为莲花座。碑身高177厘米，面宽66—88厘米，通高320厘米。碑文隶书，四面书写，72行，满行42字。记述来自贺兰山下西夏遗民唐兀氏随蒙

**唐兀公碑**

古征战，最后定居河南濮阳的历史。现藏河南省濮阳市杨氏家族集资修建的碑亭内。被公布为全国重点文物保护单位。

### 大元肃州路也可达鲁花赤世袭之碑

元至正二十一年（1361）立。1962年从甘肃酒泉城东门洞壁内拆出。无碑额，一分为二作两长方体石柱状。碑高236厘米，宽91厘米，厚30厘米，碑阳汉文24行，每行字数不等。碑阴回鹘文32行。碑阴长期外露，磨损甚残，回鹘文字迹难辨。碑阳嵌于墙内，磨损较少，但因石质粗劣，字迹亦不清晰，然大部分尚可辨认。碑文记录一个唐兀家族自西夏灭亡至元朝末年130多年间，历六代13人的职官世袭及其活动。现藏酒泉市文化馆。

**大元肃州路也可达鲁花赤世袭之碑**

### 明西夏文《佛顶尊胜陀罗尼》经幢

明弘治十五年（1502）刻石。为河北保定北郊西什寺寺主超度亡灵所立。两幢形制相同，由顶盖、幢身、幢座三部分组成，平面作八角形。一号幢高

263 厘米，二号幢高 228 厘米，幢文内容为西夏文《佛顶尊胜陀罗尼》。此外，还用西夏文、汉文镌刻建幢时间、地点、建幢人，以及近百个党项与汉族施主的姓名。现藏保定市莲池公园。

明西夏文《佛顶尊胜陀罗尼》经幢

### 元小李钤部墓志

元至元十五年（1278）刻石。2013 年河北省大名县陈庄村出土。墓

元小李钤部墓志

志为圆首竖碑状，有碑座，墓志宽 35 厘米，高 60 厘米，厚 11 厘米。两面书写，一面为西夏文，共两行 11 字；一面为汉文，顶部有篆书"小李钤部公墓志铭"8 字，正文共 21 行，每行 4—30 字不等。主要记载小李钤部归附成吉思汗并随从蒙古军征战，最终任职大名路达鲁花赤之事迹。现藏河北大名县石刻艺术博物馆。

### 元耿完者秃墓志

元天历二年（1329）刻石。1990 年北京市朝阳区第二监狱施工现场出土。

页岩。长方形，长64厘米，宽41厘米，厚8厘米。楷书志文8行，每行6字，共48字。墓主为唐兀氏耿完者秃，曾任宣政院判官，卒于天历二年。[1] 现藏北京市文物研究所。

元耿完者秃墓志

①　北京市文物研究所：《北京地区发现两座元代墓葬》，载《北京文物与考古》第三辑。

## （五）雕塑造像

西夏雕塑就材质而言，主要有石雕、木雕、泥塑、瓷塑、砖雕等。1908年沙俄大佐科兹洛夫从黑水城盗掘走的文献文物中，除数以万计的各类文献典籍外，还包括 300 余件艺术品，其中泥塑、木雕和铜质造像或法器等有 270余件，这些收藏在俄罗斯艾尔米塔什博物馆的艺术品，除为数不多的几件外，绝大部分尚未公布。20 世纪 70 年代以来，宁夏文物部门在西夏陵考古发掘中，出土了石雕力士志文支座、石像生、石马、石狗、石雕龙柱、莲花柱础、陶质建筑装饰构件等雕塑品。1990 年宁夏贺兰县宏佛塔落架维修过程中，出土了 10 余件罗汉、佛首雕塑。灵武窑、塔儿湾、回民巷等西夏瓷窑发掘中，出土了独具特色的人物、动物瓷塑。2000 年闽宁村西夏墓发掘中，出土了一批人物、动物木雕。

### 1. 石雕

#### 石雕力士志文支座

1974 年宁夏银川市西夏陵区 6 号陵东碑亭出土。灰砂岩。长 68 厘米，宽 65 厘米，高 62 厘米，近似正方体。圆雕男性人像，面部浑圆，颧骨高突，粗眉上翘，双目圆睁且外突，鼻梁短粗，獠牙外露，下颌置于胸前，裸体，腹有肚兜，肩与头齐，肘部后屈，双手扶膝，下肢屈跪，背部阴刻西夏文 3 行，分别汉译为"小虫旷负""志文支座""瞻行通雕写流行"；背部阴刻汉文"砌垒匠高世昌" 1 行 6 字，为西夏石雕工匠的姓名。[①] 现藏宁夏博物馆，一级文物。[②]

石雕力士志文支座

### 石雕力士志文支座

1972 年宁夏银川市西夏陵区 8 号陵出土。红砂岩。长 60 厘米，宽 60.5 厘米，高 63.5 厘米，近似正方体。圆角，顶面平整，圆雕力士像，面部夸张，瞠目圆凸，眉间卷云纹，阔嘴短鼻，利齿朝上，紧握双拳支撑于膝。残损。[③] 现藏银川市西夏陵区管理处，一级文物。[④]

石雕力士志文支座

### 石雕力士志文支座

1987 年宁夏银川市西夏陵区 3 号陵出土。灰砂岩。长 69 厘米，宽 66 厘米，高 71 厘米。略呈方形，正面雕出裸体跪坐人

① 宁夏文物考古研究所、银川西夏陵区管理处：《西夏六号陵》，科学出版社 2013 年版，第 79 页。

② 另，西夏陵区 6 号陵出土 1 件圆雕女性人像力士支座，现藏宁夏博物馆。

③ 李进增编：《西夏文物·宁夏编》（十一），中华书局、天津古籍出版社 2016 年版，第 4838—4845 页。

④ 另，西夏陵 8 号陵有 2 件力士志文支座出土，现藏银川市西夏陵区管理处。

石雕力士志文支座

像，竖眉咬齿，鼓目圆睁，双乳下垂，双臂佩环，肌肉凸起。上部后端残损。现藏银川市西夏陵区管理处，一级文物。[①]

### 石雕人身残像

1974 年宁夏银川市西夏陵区 6 号陵出土。青砂岩。残高 51 厘米，宽 47 厘米，厚 26 厘米，臂围 14 厘米。上半身窄袖长衫、腰系革带。现藏银川市西夏陵区管理处，三级文物。

石雕人身残像

### 文臣头像

1977 年宁夏银川市西夏陵区三区 107 号陪葬墓出土。砂岩。残高 31 厘米、面阔 17 厘米、厚 24 厘米。圆雕，头顶残损。头戴文臣官帽，脸型方长，深目高鼻，八字胡须，双唇微张，嘴角略收。现藏银川市西夏陵区管理处，一级文物。

文臣头像

### 番酋人物头像

1997 年宁夏银川市西夏陵区 1 号陵采集。红砂岩。残高 25.5 厘米，面宽 15.5 厘米。圆雕，头像宽颧、尖颌，面扁平，长眉

---

① 此外，西夏陵 3 号陵地面遗址清理发掘又出土 5 座形态各异力士志文支座，现藏银川市西夏陵区管理处。宁夏文物考古研究所：《银川西夏陵区三号陵园东碑亭遗址发掘简报》，《考古与文物》1993 年第 2 期。

番酋人物头像

深目、大眼，面部右侧及头顶残损。现藏银川市西夏陵区管理处，三级文物。

### 石雕文官像

1973 年内蒙古乌海市海南区黑龙贵地区采集。白砂岩。通高 183 厘米，肩宽 45 厘米，腰厚 22 厘米，底座高 12 厘米。站姿，头戴官帽，身着朝服，衣袖宽大及地，身后束蝶形细长腰带，足蹬官靴，双手持玉圭。现藏乌海市博物馆，二级文物。

石雕文官像

### 石雕武官像

1973 年内蒙古乌海市海南区黑龙贵地区采集。白砂岩。通高 202.5 厘米，肩宽 56 厘米，腰厚 23 厘米，底座高 15.5 厘米。武官立姿，戴头盔，披铠甲，束腰带，蹬官靴，双手握板斧斜置胸前，双目圆睁，嘴巴紧闭。现藏乌海市博物馆，二级文物。

石雕武官像

### 文官石翁仲

采集于内蒙古乌审旗十里梁定难军节度使李氏家族墓地。白砂岩。长 134 厘米，宽 54 厘米，厚 16 厘米。文官站姿，头部已残，身着朝服，双

文官石翁仲

手握剑。现藏乌审旗文物管理研
究所。

### 大石马

1977 年宁夏银川市西夏陵
区出土。长 130 厘米，宽 38 厘
米，高 70 厘米。圆雕，四肢屈
膝跪卧，马头稍垂，颈部呈弯曲
状，瞪目立耳，马鬃散披颈部。[①]
现藏宁夏博物馆，一级文物。

大石马

### 小石马

1977 年宁夏银川市西夏陵
区出土。长 38 厘米，宽 15.3 厘
米，高 24 厘米。圆雕，四肢屈
膝跪卧，头下垂，两眼圆睁，
双耳直立，口微张，马鬃散披
颈部。现藏宁夏博物馆，一级
文物。

小石马

### 石狗

1975 年宁夏银川市西夏陵
区出土。长 54.5 厘米，宽 21.4
厘米，高 40.3 厘米。圆雕，头

石狗

① 吴峰云:《介绍西夏陵区的几件文物》,《文物》1978 年第 8 期。

微抬，两耳下垂，两眼正视前方，嘴部闭合前伸，尾卷曲盘于臀后。四肢跪卧于一长方形石板上。现藏宁夏博物馆，一级文物。

石狮

2001 年宁夏永宁县闽宁村西夏墓出土。砂岩。残高 27.5 厘米。圆雕，蹲姿，头向右侧，眼部内凹，嘴鼻前凸，目圆睁，眉骨较高，颌下三角须，尾呈三角弧面状贴服臀部。颈部佩戴项饰，项饰中部系铃铛，两侧为璎珞状饰，腿部残缺。现藏宁夏文物考古研究所。

石狮

石羊

石羊

1973 年内蒙古乌海市海南区黑龙贵地区采集。白砂岩。通高 72 厘米，长 78 厘米，宽 37 厘米，底座高 11 厘米。石雕。羊呈屈曲肢跪卧状，仰首，双角弯曲，双耳、尾巴下垂，体态浑圆。表面有风化脱落现象，嘴部残缺。现藏乌海市博物馆，三级文物。

## 2. 木雕

木雕文官俑头

2000 年宁夏永宁县闽宁村西夏墓出土。残高 10.45 厘米，宽 5.2 厘米，

厚 3.85 厘米。冠高耸。脸略呈三角形，斜弯眉，长眼微睁，鼻梁高挺，厚唇，双耳外露，面带微笑。面部饰红彩，色已褪，背部皆涂黑彩。细颈。颈部以下残缺。现藏银川市西夏陵区管理处，三级文物。

**木雕武士俑**

2000 年宁夏永宁县闽宁村西夏墓出土。高 18 厘米，宽 7.3 厘米。头戴

木雕文官俑头

盔，盔顶有棱状缨，护颈下披，盔表涂黑色；腰束带，裆部呈"八"字形，腹微鼓。圆脸，双目细长，鼻梁高挺，面施红彩，胡须细墨线勾描。胯部以上为整块松木，胯两侧小孔中残留有木楔。现藏银川市西夏陵区管理处。

木雕武士俑

**木雕武士俑**

2000 年宁夏永宁县闽宁村西夏墓出土。高 19 厘米，宽 6 厘米。面方圆，竖眉怒目，高鼻厚唇，须眉墨线勾描；胸部涂黑彩，腹微鼓，双臂下垂，腰束带，裆部呈"八"字形。俑身已变形。现藏银川市西夏陵区管理处。

**木雕彩绘菩萨坐像**

1908 年内蒙古额济纳旗黑水城出土。高 34 厘

木雕武士俑

米，宽 12 厘米。镀金彩绘圆雕。菩萨为坐姿，结半跏趺坐。右足下垂，置于莲花台上，左腿屈膝并置于台座上。右臂肘部弯曲，左臂下垂。双手均残。头戴红金雕花冠，绥带下垂，头顶部发髻高耸。面部镀金，长方脸，柳眉细眼、眉间饰白毫。眉毛与鼻梁相连。鼻尖上有双雕线。双唇闭合，略带微笑。配耳铛、璎珞。身披红色敞胸通肩式袈裟，彩绘磨损，胸部裸露并镀金。腿部有衣纹褶皱堆叠，跣足。现藏俄罗斯艾尔米塔什博物馆。

木雕彩绘菩萨坐像

## 木雕彩绘狮子像

1908 年内蒙古额济纳旗黑水城出土。彩绘圆雕。高 30 厘米，长 35 厘米。木狮四肢有力，体态健壮，比例匀称，线条流畅，通体有彩绘残留。狮首微昂，面目威严，双耳直立，双目圆睁，鼻头微翘，嘴部大开，牙齿清晰可见，獠牙残损。青绿色鬃毛披散至肩部，身躯有蓝色颜料残痕，尾部微翘，四足分开呈站立状。马具为红色，背鞍装饰红莲，中间有一根木杆的残迹。现藏俄罗斯艾尔米塔什博物馆。

木雕彩绘狮子像

## 捺印木雕版立佛像

1908 年内蒙古额济纳旗黑水城出土。木雕版。佛像呈立姿，有椭圆形头

捺印木雕版立佛像

光与叶形身光，三角形高尖肉髻，眉间有白毫，着祖左袈裟，左臂垂于体侧，右手掌心朝外，施与愿印，右手于胸前把袈裟衣角，跣足，两脚后跟并拢，张开呈"八"字形，立于覆莲花台上。现藏俄罗斯艾尔米塔什博物馆。

### 木雕上乐金刚像

1986 年宁夏贺兰县拜寺口双塔出土。高 15 厘米，底座宽 5.5 厘米，底座长 10.4 厘米。圆雕。主尊金刚裸体，身躯呈蓝色；十二臂，主臂拥抱明妃，双手各握一法器，其余十臂向两侧平伸；双足下踩仰伏魔。明妃金刚亥母面部和身躯呈红色。主尊身后雕大象形状，呈白色。现藏宁夏博物馆，一级文物。

木雕上乐金刚像

木雕贴金观音像

### 木雕贴金观音像

1990 年宁夏贺兰县宏佛塔出土。高 24.4 厘米，宽 6 厘米。圆雕。菩萨头戴高冠，面相丰腴，柳眉细眼，五官秀丽。上身斜披彩绶，饰项圈，下身着长裙。菩萨立于束腰须弥座上，通体施红色，表面贴金。完整，贴金部分脱落。<sup>①</sup> 现藏银川市西夏陵区管理处。

### 木雕彩绘女伎乐像

1990 年宁夏贺兰县宏佛塔出土。高 28.5 厘米，宽 13 厘米。透雕。女伎乐头戴冠，右臂屈伸至胸际，左腿屈立于仰莲上，右腿上盘，搭于左小腿中部，回首转身，呈舞蹈状。上身裸露，披巾绕身，下着短裙。通体彩绘贴金。完整，边角略有残缺。<sup>②</sup> 现藏银川市西夏陵区管理处。

木雕彩绘女伎乐像

### 木羊

2000 年宁夏永宁县闽宁村西夏墓出土。4 件。长 10—15 厘米，宽 3.05 厘米，高 3.5 厘米。卧式，昂首。小头前伸，细脖，平脊梁，宽尾下垂，前肢后弯，后肢前伸，平底。形体瘦长。头部残留墨线勾描痕迹。现藏银川市西夏陵区管理处，三级文物。

木羊

---

① 宁夏回族自治区文物管理委员会办公室等编：《宁夏贺兰县宏佛塔清理简报》，《文物》1991 年第 8 期。

② 宁夏回族自治区文物管理委员会办公室等编：《宁夏贺兰县宏佛塔清理简报》，《文物》1991 年第 8 期。

## 3. 泥塑

*彩绘人物俑*

2002 年内蒙古乌审旗十里梁夏州党项墓地出土。陶质。高 28 厘米。陶俑头戴黑色幞头，圆目红唇，墨绘眉毛和八字须。身穿褐色交领长袍，腰系红色腰带，衣服褶皱明显，右手呈握拳状置于腹部，左臂残缺。现藏乌审旗文物管理研究所。

彩绘人物俑

*彩绘人物俑*

2002 年内蒙古乌审旗十里梁夏州党项墓地出土。陶质。高 32.5 厘米。陶俑头戴黑色幞头，红唇。身穿圆领开衩长袍，腰系红色腰带，双手交握置于胸前，脚穿长靴。头部与颈部分离，双腿与身体分离。现藏乌审旗文物管理研究所。

彩绘人物俑

彩绘泥塑二十四天神之一

*彩绘泥塑二十四天神之一*

1987 年宁夏青铜峡市一百零八塔出土。泥质。残高 24.5 厘米，面宽 9.5 厘米，侧宽 8.5 厘米。头戴高冠，面相圆腴，立眉细目，下颔、腮部有胡须。身着通领长袍，宽袖飘起，双手拱握一物，已失。双腿直立。通体由红、黑、白、绿、蓝彩绘。部分残损。[①] 现藏青铜峡市文物管理所。

### 彩绘泥塑二十四天神之二

1987 年宁夏青铜峡市一百零八塔出土。泥质。残高 26.5 厘米，面宽 15 厘米，侧宽 5 厘米。长发披背，身着长袍，腹部圆突，五官集中，面庞圆润。立眉细目，双下颌。背后一圈铁丝环绕。通体由白、黑、红、黄彩绘。手脚均残。[②] 现藏青铜峡市文物管理所。

彩绘泥塑二十四天神之二

### 彩绘泥塑二十四天神之三

1987 年宁夏青铜峡市一百零八塔出土。泥质。残高 31 厘米，面宽 11 厘米，侧宽 7 厘米。头戴高冠，面相方颐，双眉上挑，双目凝视，胡须浓黑垂至颈下。身着交领宽袖长袍，宽袖飘起，双手拱握一物，已失。双腿直立。通体由红、黑、白、黄、淡绿彩绘。[③] 现藏青铜峡市文物管理所。

彩绘泥塑二十四天神之三

---

① 宁夏回族自治区文物管理委员会办公室等编：《宁夏青铜峡市一百零八塔清理维修简报》，《文物》1991 年第 8 期。

② 宁夏回族自治区文物管理委员会办公室等编：《宁夏青铜峡市一百零八塔清理维修简报》，《文物》1991 年第 8 期。

③ 宁夏回族自治区文物管理委员会办公室等编：《宁夏青铜峡市一百零八塔清理维修简报》，《文物》1991 年第 8 期。

### 彩绘泥塑二十四天神之四

1987 年宁夏青铜峡市一百零八塔出土。泥质。残高 31 厘米，面宽 10 厘米，侧宽 7 厘米。头戴高冠，面相丰腴，唇上墨绘八字胡，下颌亦墨绘胡须。着交领宽袖长袍，宽袖飘起。双手拱握一物，已失。双腿直立。通体由红、黑、白、黄、淡绿彩绘。部分残损。[①] 现藏青铜峡市文物管理所。

彩绘泥塑二十四天神之四

### 米拉日巴泥塑像

1989 年甘肃省武威市新华乡缠山村亥母洞遗址出土。泥质。高 30 厘米，肩宽 11 厘米。长发宽额，双耳低垂，面带微笑，面布皱纹。身着袒右袈裟，散跏趺坐，左手平置腹前，张右手举至右耳侧，唱道歌状。通体彩饰、涂金。有粘接修复痕迹。现藏武威市博物馆，三级文物。

米拉日巴泥塑像

### 童子头像

1989 年甘肃省武威市新华乡缠山村亥母洞遗址出土。泥质。高 4 厘米，宽 3 厘米。头顶双髻，面饰白彩，红唇含笑，发、眉、眼墨绘。发、鼻、耳处微残。现藏武威市博物馆，三

---

① 宁夏回族自治区文物管理委员会办公室等编：《宁夏青铜峡市一百零八塔清理维修简报》，《文物》1991 年第 8 期。

童子头像

级文物。

彩绘泥塑力士面像

### 彩绘泥塑力士面像

1990 年宁夏贺兰县宏佛塔出土。泥质。高 13 厘米，宽 12.5 厘米。头发卷曲，双眉紧蹙，双目圆突，直鼻大嘴，表情威猛。色彩以黄、黑为主，线条粗犷。左额稍残。[①] 现藏宁夏博物馆，一级文物。

### 泥头像

泥头像

1990 年宁夏贺兰县宏佛塔出土。泥质。宽 4 厘米，高 6 厘米。头发向上梳起，盘于脑中，平顶。弯眉细长，双目微启，眼珠下视，鼻梁高挺，嘴唇圆润，嘴角上翘。下颌丰满，连接脖颈。后部中空。左右两侧残损。现藏宁夏博物馆，三级文物。

### 彩绘双头佛

彩绘双头佛

1908 年内蒙古额济纳旗黑水城出土。木胎泥塑。通高 62 厘米；一身双头四臂，头贴深蓝色发螺髻，双目俯视，眉细而长，眉间有白毫，鼻梁高挺，面相方颐饱满。肉身描金，袒露右双臂和前胸；上身着僧祇支，下身着长裙，外着褚红色右袒式袈裟，右肩搭袈裟一角。现藏俄

---

① 宁夏回族自治区文物管理委员会办公室等编：《宁夏贺兰县宏佛塔清理简报》，《文物》1991 年第 8 期。

**泥塑彩色戴冠佛**

罗斯艾尔米塔什博物馆。

### 泥塑彩色戴冠佛

1908 年内蒙古额济纳旗黑水城出土。木胎泥塑。高 68 厘米，宽 23 厘米。立姿，佛像头戴三叶冠，着袒右袈裟，左手于上腹部把袈裟衣角，右臂下垂，戴臂钏，右手缺失。现藏俄罗斯艾尔米塔什博物馆。

### 菩萨坐像

**菩萨坐像**

20 世纪 80 年代内蒙古额济纳旗绿城出土。木胎泥塑，两尊。高 64 厘米，头发中分有四环，高发髻，头戴宝冠，宝冠由卷草构成，叶卷自由疏朗，中间饰有花瓣纹。菩萨上身袒露，下着长裤，外系羊肠短裙，饰璎珞臂钏，眉间有宝珠，唇有胡须。2009 年，入藏内蒙古博物院。2004 年被定为一级文物。

### 彩绘泥塑孙悟空

**彩绘泥塑孙悟空**

1908 年内蒙古额济纳旗黑水城遗址出土。泥质，彩塑。高 39 厘米，宽 11 厘米，含底座高度为 44 厘米。孙悟空脸型圆润，呈暗红色，圆眼阔嘴，露出白齿，两耳下垂，头戴一个紧箍圈束，双手合十，做祈祷状；身着交领衫，衣襟朝右，领边、袖口、腰带用红色色带装饰，腰以下系宽腰带。斜背绿色包裹。现藏俄罗斯艾尔米塔什博物馆。[1]

### 彩绘泥塑罗汉身像

1990年宁夏贺兰县宏佛塔出土。泥质。高63.5厘米。圆顶，粗眉细眼，鼻梁高直，大耳垂轮。结跏趺坐，身着交领袈裟，外衣右袒，领边和方格内刻画花卉纹，纹饰贴有金箔，多已脱落。现藏宁夏博物馆，一级文物。

彩绘泥塑罗汉身像

### 彩绘泥塑罗汉身像

1990年宁夏贺兰县宏佛塔出土。泥质。高61厘米。圆顶，弯眉细目，双目平视，直鼻小嘴，下颌微微上翘。结跏趺坐，施禅定印。身着交领袈裟，白色衬底，上绘红彩。完整。现藏宁夏博物馆，一级文物。

彩绘泥塑罗汉身像

彩绘泥塑佛头像

### 彩绘泥塑佛头像

1990年宁夏贺兰县宏佛塔出土。泥质。高36厘米。中空。头顶布满螺发，中间有一白色肉髻。双眉隆起，眼珠乌亮，为黑色釉

---

[1]　此外，俄藏黑水城出土 X-2110 也是孙悟空彩塑，形制有所差别。

料特制。下眼睑上有黑色"泪痕"，系高温下眼珠釉料熔化流出所致；佛鼻梁高直，唇上墨线绘出八字胡须，下颌用墨线绘出日、月、云状纹饰。① 现藏宁夏博物馆，一级文物。

### 彩绘泥塑佛面像

1990年宁夏贺兰县宏佛塔出土。泥质。高13厘米，面相方圆，双眉隆起，双眼细长，眼珠为黑色釉料制成，泪痕系高温下釉料熔化所致；直鼻大嘴，唇上墨绘八字胡须，下颌墨绘纹饰，多已脱落。面部装饰白粉。现藏宁夏博物馆，一级文物。

彩绘泥塑佛面像

### 彩绘泥塑佛面像

1990年宁夏贺兰县宏佛塔出土。泥质。高22厘米，面方圆，隆眉细目，双眼细长，眼珠黑亮，直鼻大嘴。唇上绘八字胡，下颌墨线绘日月云状纹饰。同年入藏银川市西夏陵区管理处。1996年被定为一级文物。

彩绘泥塑佛面像

### 彩绘泥塑罗汉头像

1990年宁夏贺兰县宏佛塔出土。泥质。高24厘米，宽12.3厘米。圆顶，黑眉隆起，双目平视，额上3道皱纹，直鼻大嘴。双目施釉，

彩绘泥塑罗汉头像

---

① 宁夏回族自治区文物管理委员会办公室等编：《宁夏贺兰县宏佛塔清理简报》，《文物》1991年第8期。

眼睑及面部有釉料下溢痕迹。面部装饰白粉，部分脱落。现藏银川市西夏陵区管理处，一级文物。

### 彩绘泥塑罗汉头像

1990 年宁夏贺兰县宏佛塔出土。高 19.5 厘米，圆顶，浓眉大眼，眼珠圆凸。面部饰白粉，有少许脱落。完整。同年入藏银川市西夏陵区管理处。1996 年被定为一级文物。

彩绘泥塑罗汉头像

### 泥佛头像

1990 年宁夏贺兰县宏佛塔出土。高 3.5 厘米。头顶锥状螺髻，长满肉髻，柳眉细目，鼻梁高挺，双唇闭合，大耳下垂。后部中空。面部斑驳，额上肉髻残损。同年入藏宁夏博物馆。2004 年被定为三级文物。

泥佛头像

彩绘佛首

### 彩绘佛首

1990 年内蒙古额济纳旗黑水城遗址采集。泥质。高 6 厘米，宽 3.5 厘米，重 24 克。彩绘。泥塑成型，整体呈红褐色。佛首高髻束发，低眉垂目。背平。同年入藏阿拉善盟博物馆。

泥塑弥勒像

1987 年内蒙古额济纳旗绿城遗址采集。泥质彩绘，高 14 厘米，重 814.1 克。弥勒结半跏趺坐，左手执袋，右手捧腹，笑容生动，神态逼真。身有多道裂纹，右袖边和后领残损。2009 年入藏内蒙古博物院。2004 年被定为一级文物。

泥塑弥勒像

彩绘泥塑手残件

宁夏贺兰县宏佛塔出土。泥质。残高 15.5 厘米，宽 9.5 厘米，厚 7 厘米。泥塑佛像残存左手，五指相握，结手印状，表面有贴金。基本完整。现藏宁夏贺兰县文物管理所。

泥塑耳范

彩绘泥塑手残件

宁夏贺兰县宏佛塔出土。泥质。2 件，形制基本相同。长 9.2 厘米，宽 4.5 厘米，厚 2.1 厘米。同为右耳，耳垂有一圆孔。现藏宁夏贺兰县文物管理所。

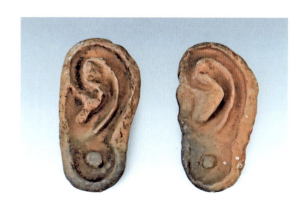

泥塑耳范

### 彩绘泥塑脚残件

宁夏贺兰县宏佛塔出土。长24.9 厘米，宽 12.2 厘米，厚 9.6 厘米。脚心朝上，脚背、小指残缺。现藏宁夏贺兰县文物管理所。

彩绘泥塑脚残件

### 莲瓣纹泥饰件

1990 年宁夏贺兰县宏佛塔出土。泥质。长径 6.8 厘米。椭圆形，中间仿镶嵌宝石状，椭圆形宝石镶嵌于椭圆形连珠纹底座中心，宝石周围层叠两层莲花瓣。现藏宁夏博物馆，三级文物。

莲瓣纹泥饰件

### 彩绘泥塑花卉残块

1987 年宁夏银川西夏陵区北端建筑遗址出土。泥质。长9.4 厘米，宽 8 厘米，厚 2 厘米。浮雕花卉纹，表面饰白色涂料，局部脱落。背部粘附草拌泥，有火焚痕迹。现藏银川市西夏陵区管理处。

彩绘泥塑花卉残块

### 彩绘泥塑蛇首残块

1987 年宁夏银川西夏陵区北端建筑遗址出土。泥质。残长 12.3 厘米，残宽 3.8 厘米，高 3.4 厘米。首形似蛇，吻部突出，小耳，眉弓隆起。外饰白色涂料，局部脱落。残损。现藏银川市西夏陵区管理处。

彩绘泥塑蛇首残块

彩绘泥塑衔珠兽首残件

### 彩绘泥塑衔珠兽首残件

1987 年宁夏银川西夏陵区北端建筑遗址出土。泥质。残长 5.1 厘米，宽 3.6 厘米，高 4.3 厘米。首形似蛇，小耳，细长颈，吻部突出，张口衔珠。外饰白色涂料，局部脱落。残损。现藏银川市西夏陵管理处。

### 彩绘涂金泥擦擦

1990 年宁夏贺兰县宏佛塔出土。泥质。5 件，形制基本相同。高 7—13.4 厘米，腹径 4—7.4 厘米，底径约 4.5 厘米。分上

彩绘涂金泥擦擦

下两部分，上部呈圆锥形，模印 4 层共 107 座小佛塔，与大塔擦共组成 108 座佛塔，其下一周梵文、一周莲纹。上部残存涂金。下部圆形高基座，表面彩绘上下两层莲瓣形图案，图案以白、浅蓝两色线勾边，以深蓝填实，色彩艳丽。现藏宁夏博物馆，三级文物。

### 素面泥擦擦

1990 年宁夏贺兰县宏佛塔出土。泥质。7 件，形制基本相同。高 7—10.5 厘米，底径 5.5—6 厘米。呈窝头状。下半部较粗矮，手工制作。上半部脱模，脱模纹饰是 4 层小塔，其下一周梵文。表面磨蚀，完整。现藏宁夏博物馆。

素面泥擦擦

### 泥擦擦

1987 年宁夏青铜峡市一百零八塔出土。泥质。5 件，形制基本相同。大的高 13.2 厘米，腹径 10 厘米；小的高 7.4—9.9 厘

泥擦擦

米，腹径约 6 厘米；底径 4.5—5.5 厘米。呈窝头状。下半部较粗矮，手工制作。上半部脱模，脱模纹饰为 4 层小塔，其下一周梵文。大件有涂金。完整。[①]现藏宁夏博物馆，二级文物。

### 泥塔婆

宁夏银川市西夏陵区出土。泥质。直径 5 厘米，厚 1.4 厘米。模制，扁平

泥塔婆

---

①　宁夏回族自治区文物管理委员会办公室等编：《宁夏青铜峡市一百零八塔清理维修简报》，《文物》1991 年第 8 期。

圆形，中间塑一尊坐佛，佛头顶尖螺髻，着右袒袈裟，施禅定印，结跏趺坐于仰莲座上，左右置四佛塔。完整。现藏宁夏博物馆。

### 砖雕佛像

1987 年宁夏青铜峡市一百零八塔出土。泥质。残高 18.5 厘米，残宽 12 厘米，厚 4 厘米。浮雕，佛像头顶为尖螺髻，身着右袒袈裟。背有头光和身光，头光与身光之间雕刻花草纹饰。腰部以下残缺，后修复。现藏青铜峡市文物管理所。

砖雕佛像

### 彩绘描金泥擦擦

1989 年内蒙古额济纳旗黑水城遗址出土。泥质。宽 8 厘米，高 10.5 厘米，重 1222 克。彩绘。模制，呈长方形。正面塑佛像 1 尊，高髻束发，结跏趺坐莲花台上，施禅定印，身后背光。佛首上端塑兽头，两侧各塑水鸟和树叶。佛身饰金，莲花

彩绘描金泥擦擦

台、水鸟、树叶等皆饰红、绿、蓝色彩绘。中部断裂，饰金基本脱落，背部有数道裂痕。1989 年入藏额济纳旗文物保护管理所。2006 年被定为二级文物。

### 八塔擦擦

1987 年内蒙古额济纳旗绿城遗址采集。泥质。高 3.6 厘米，底径 3.1 厘米，重 23.2 克。上端有 8

八塔擦擦

座佛塔造型，呈圆锥体状，底部凹印内模压文字，完整。同年入藏内蒙古博物院。

彩绘泥塑狗

### 彩绘泥塑狗

1987 年宁夏青铜峡市一百零八塔出土。泥质。长 16.5 厘米，宽 13.5 厘米，高 7 厘米。黄泥做胎，表面涂白色，耳朵等部位施以朱色彩绘。2013 年入藏青铜峡市文物管理所。

### 4. 陶瓷雕塑

### 绿釉力士莲纹陶器座

2005 年宁夏永宁县三关口西夏墓地出土。陶质。残高 13.2 厘米，底径 13 厘米。四护法力士半蹲坐于覆莲瓣上，双手扶膝，袒胸露乳，怒视前方。力士个体之间采用镂空技法，

绿釉力士莲纹陶器座

各占一面，互不粘接。力士头顶上饰宽檐帽形器顶，上有 1 周连珠纹。施绿釉，釉层厚薄不均。器顶上部残缺。同年入藏银川市西夏陵区管理处。

### 褐釉瓷骆驼

1985 年宁夏灵武窑出土。瓷质。长 11 厘米，高 6.7 厘米。褐釉，底部不施釉，长颈，四肢跪卧。现藏中国

褐釉瓷骆驼

社会科学院考古研究所。

### 白釉褐彩马头

2008 年武威市博物馆采集自甘肃省武威市塔儿湾西夏瓷窑遗址。瓷质。残高 4.5 厘米，长 5 厘米。头修长，披鬃前伸，双耳直竖，目前视，口鼻微张。施青白釉，眼、颈饰褐釉点彩。器身缺失。同年入藏武威市博物馆。

白釉褐彩马头

### 黑釉瓷马

1993 年银川市文物管理处征集。瓷质。高 3.2 厘米，长 5.2 厘米，宽 1.8 厘米。立姿，马尾后扬，马背钻一孔。身体施黑釉，间或以褐釉弦纹表示其鬃毛，四肢无釉。完整。同年入藏银川市文物管理处。

黑釉瓷马

### 褐釉瓷狗

1993 年银川市文物管理处征集。瓷质。长 5.5 厘米，宽 2 厘米，高 3.8 厘米。腹部以上施褐釉，下腹及四肢无釉，胎质及釉粗糙。立姿，右前腿和左后腿残损，头部、背部及尾尖部部分釉面磨损。同年入藏银川市文物管理处。

褐釉瓷狗

### 素烧瓷兔

宁夏银川市文物管理处征集。瓷质。长4.5厘米，宽1.7厘米，高2.7厘米。四腿弯曲，卧于一长方体座上，昂首向前，双耳后贴。座后下方有一小孔。通体无釉。完整。现藏银川市文物管理处。

素烧瓷兔

### 青釉瓷人头

1965年宁夏石嘴山市省嵬城遗址出土。瓷质。高4.3厘米，面宽3.7厘米，侧宽4.1厘米。圆顶无须，面部圆润，略带微笑。通体施青釉，底部露胎。残损。现藏宁夏博物馆。

青釉瓷人头

褐釉人像瓷俑

### 褐釉人像瓷俑

2012年宁夏灵武市白梁沟瓷窑遗址出土。瓷质。宽4.3厘米，高10.1厘米。模塑，空腔。发冠和背部施褐釉，面部圆润，双目微睁，身着长衫，双手合抱。残损。现藏银川市西夏陵区管理处。

### 白釉褐彩文官俑头像

1992年甘肃省武威市塔儿湾西夏瓷窑遗址出土。瓷质。长3.5厘米，宽4厘米，厚

白釉褐彩文官俑头像

2 厘米。戴冠文官形象，面部丰腴，施白釉，冠、眼施褐釉。胎灰白色。器身缺失。现藏甘肃省文物考古研究所。2002 年被定为三级文物。

### 白釉褐彩瓷俑

1992 年甘肃省武威市塔儿湾西夏瓷窑遗址出土。瓷质。高 6 厘米，底径 6 厘米。为一妇女坐像，面部丰腴，体态丰满，双手置腹前。脸部及身体施白釉，褐彩装饰发、眼，衣饰褐釉点彩。内空，胎灰白色。头、面部脱釉，头、身间有粘接修复痕迹。现藏甘肃省文物考古研究所。2002 年被定为二级文物。

白釉褐彩瓷俑

### 白釉瓷人

1990 年甘肃省古浪县博物馆征集自古浪县古丰乡。瓷质。高 6.5 厘米，底径 4.6 厘米。妇人盘坐抱婴形象，面相丰满，体态丰腴，右肩微倾。器表施白釉。底部露胎，胎灰白色。同年入藏甘肃古浪县博物馆。2002 年被定为二级文物。

白釉瓷人

### 青釉人首瓷像

1985 年宁夏灵武窑出土。瓷质。高 4.8 厘米。残存头部，头顶有三个发髻，近前额发髻用花带缠绕，后面两个发髻用素带缠绕，通体施青釉。现藏中国社会科学院考古研究所。

青釉人首瓷像

### 青褐釉人物瓷像

1985 年宁夏灵武窑出土。瓷质。高 6.4 厘米。头顶留发三撮，余剃光。长圆脸，宽额，五官端庄，高鼻，两眼凝视前方，上躯略前倾，双腿盘坐，两脚交于前方，双手捧物。头顶施褐釉，其余施青釉。现藏中国社会科学院考古研究所。

青褐釉人物瓷像

### 茶叶末釉人物瓷像

1985 年宁夏灵武窑出土。瓷质。高 8.3 厘米。通体施茶叶末釉，发式不明显，双腿斜跪坐，双手捧持一物，放置于膝前。现藏中国社会科学院考古研究所。

茶叶末釉人物瓷像

褐釉供养人物瓷像

### 褐釉供养人物瓷像

1985年宁夏灵武窑出土。瓷质。高5.8厘米。通体施褐釉，前额头发剃光，头顶秃发。人物呈跪坐状，双手置于腹前，似捧持一物。现藏中国社会科学院考古研究所。

### 白釉武士造像

1983年内蒙古额济纳旗黑水城遗址出土。残高15.3厘米，宽7.5厘米，厚3.6厘米。瓷质。胎质较细，薄壁，内以瓷土填充，施白釉。武士面部丰满，细目上翘，鼻梁微挺，小嘴厚唇，双臂弯屈置于胸前。头戴盔帽，身穿铠甲，颈系飘巾，双肩垂幔，甲胄上下系带。头部以外脱釉严重，双手双腿残损。1987年入藏额济纳旗文物保护管理所。2006年被定为二级文物。

白釉武士造像

## 5. 金属雕塑

### 金佛

1959年内蒙古巴彦淖尔盟高油房古城遗址出土。金质。残高7.6厘米，宽6.1厘米，厚4.5厘米，重149克。佛像结跏趺坐状，右臂微屈，左手扶膝，身着袈裟，腰间系带垂至座下，外披双领下垂式大衣。内空。头部残缺。1973年由内蒙古文物工作队移交内蒙古博物院。2010年被定为三级文物。

金佛

观音铜坐像

1971 年甘肃省武威市建国街出土。铜质。高 12.7 厘米，肩宽 4 厘米，座长 7.4 厘米，宽 6 厘米。菩萨头戴化佛宝冠，柳眉细眼，弓鼻。佩耳铛、璎珞，身着袈裟，双臂曲肱，结跏趺坐于椭圆形台座上。双手残缺。现藏武威市博物馆。2002 年被定为二级文物。

观音铜坐像

残菩萨铜头像

2002 年甘肃省武威市北大街出土。铜质。高 17.5 厘米，面宽 6 厘米。菩萨头戴花冠，耳佩铛、颈饰项圈，面相丰润端详，高额眉，饰白毫，眉清目秀，垂目高鼻。整体制作细致。残。现藏武威市博物馆，二级文物。

苦修像

1972 年甘肃省武威市小西沟岘修行洞

残菩萨铜头像

苦修像

遗址出土。铜质。高 7.7 厘米，宽 4.7 厘米，重 30 克。背衬火焰形大背光，背光中下部为释迦牟尼苦修像。佛像胸部肋骨暴露明显，双腿盘坐，作静修状。现藏甘肃省博物馆，三级文物。

**鎏金寒山铜造像**

1986 年宁夏银川市新华东街铜器窖藏出土。青铜质。通高 55 厘米，面宽 26 厘米，侧宽 21.5 厘米，重 16.4 千克。通体鎏金。立姿，足踏双层六边形须弥台。身着宽袖紧身袈裟，系腰带，左肩斜挎结绳串联的 5 个宝葫芦，右腰胯下挂锦囊，双手各置左右，手中无物。现藏宁夏博物馆。1996 年被定为一级文物。

鎏金寒山铜造像

**鎏金拾得铜造像**

1986 年宁夏银川市新华东街铜器窖藏出土。青铜质。通高 56 厘米，面宽 25 厘米，侧宽 21 厘米，重 16.8 千克。通体鎏金。立姿，足踏双层六边形须弥台。披长发，圆面长耳，身着宽袖紧身袈裟，系腰带，右肩斜挎结绳串联的 5 个宝葫芦，左腰胯下挂锦囊，右臂自然上举，掌心朝左，五指微分，食指朝上，左臂宽袖下垂，手执笤帚，赤足免冠。现藏宁夏博物馆。1996 年被定为一级文物。

鎏金拾得铜造像

**鎏金普贤铜造像**

1986 年宁夏银川市新华东街铜器窖藏出土。青铜质。通高 61.5 厘米，面宽 48 厘米，侧宽 24 厘米，重 28.8 千克。通体鎏金。造像上部普贤菩萨头戴

高冠，面部圆润，大耳垂肩，双目微合。身着
宽袖紧身天衣，胸佩璎珞，飘带绕体，手持如
意，右手在上，左手在下，结跏趺坐于莲花宝
座上，莲花座下垫一火云纹蟠龙戏珠图案披毡。
下部坐骑为一头大象，侧首伏卧，双目微合。
现藏宁夏博物馆。1996 年被定为一级文物。

### 鎏金文殊菩萨铜造像

　　1986 年宁夏银川市新华东街铜器窖藏出
土。青铜质。通高 58.5 厘米，面宽 46.5 厘米，
侧宽 25.5 厘米，重 28.8 千克。通体鎏金。造像
上部文殊菩萨头戴高冠，大耳垂肩，双目微合。
身着宽袖紧身天衣，手持如意，结跏趺坐于莲
花座上。下部坐骑为一头狮子，两眼圆睁，尾
巴卷曲。现藏宁夏博物馆。1996 年被定为一级
文物。

### 鎏金大势至菩萨铜造像

　　1986 年宁夏银川市新华东街铜器窖藏出
土。青铜质。通高 64.5 厘米，底宽 49 厘米，
像高 36 厘米，重 21.5 千克。通体鎏金。造像
上部大势至菩萨头戴佛冠，面部圆润，大耳垂
肩，双目微合。身着宽袖紧身天衣，左右肩肢
处各托一净瓶宝物，结半跏趺坐于莲花座上。
下部坐骑为一头望天犼，翘首伏卧。现藏宁夏
博物馆。1996 年被定为一级文物。

鎏金普贤铜造像

鎏金文殊菩萨铜造像

鎏金大势至菩萨铜造像

鎏金韦驮铜造像

鎏金天王铜造像

## 鎏金韦驮铜造像

1986 年宁夏银川市新华东街铜器窖藏出土。青铜质。高 58 厘米，面宽 31.7 厘米，侧宽 16 厘米，重 17 千克。通体鎏金。立姿，盔缨飘拂，护耳翻卷，面相方正，金甲裹身，下衬宽袖征袍，披带于肩，双手合十于胸前，两肘间横托降魔杵，足踏半马蹄形山岳台座。现藏宁夏博物馆。1996 年被定为一级文物。

## 鎏金天王铜造像

1986 年宁夏银川市新华东街铜器窖藏出土。青铜质。高 57.5 厘米，面宽 31.7 厘米，侧宽 16 厘米，重 16.2 千克。通体鎏金。立姿，头戴宝冠，长髯拂胸，身着金甲，下衬宽袖征袍，披带于肩。左臂弯曲向上，右臂内屈，右手空握，似执一物，足踏半马蹄形山岳台座。现藏宁夏博物馆。1996 年被定为一级文物。

鎏金小佛像

## 鎏金小佛像

1986 年宁夏贺兰县拜寺口双塔出土。青铜质。高 3.3 厘米，宽 2.4 厘米。通体鎏金。头顶有肉髻，面相方圆，身着右袒袈裟，双手施降魔

印，结跏趺坐于仰莲瓣上。现藏
宁夏博物馆，二级文物。

### 铁猪

铁猪

2005 年宁夏银川市泉齐沟
出土。铁质。长 54 厘米，宽 27
厘米，高 20 厘米。呈卧姿，两
眼圆睁，头前伸伏地。锈蚀严重，残损。现藏宁夏博物馆。

### 带辔铁牛

2013 年宁夏博物馆征集。
铁质。长 21 厘米，宽 11 厘米，
高 13 厘米。呈跪卧状，四肢伏
于空心长方体台座上，后臀坐压
在一横放实心圆柱体上。牛头带
辔，两角直立，两眼圆睁，直视
前方，牛嘴微张，牛尾上扬，紧
贴右臀部。锈蚀严重。同年入藏
宁夏博物馆。

带辔铁牛

### 小铁牛

2013 年宁夏博物馆征集。
铁质。通长 12 厘米，宽 5 厘米，
高 8 厘米；底座长 9.5 厘米，宽

小铁牛

6 厘米。四蹄踏弧形板，牛头微抬，两耳直立，牛尾下垂，紧贴臀部。锈蚀
严重。同年入藏宁夏博物馆。

# （六）竹木器

　　西夏竹木器类文物种类较多，制作精巧，甘肃武威西郊林场 2 号西夏墓出土的木器有木长桌、木衣架、木塔、木笔架、木宝瓶、木碗、木唾盂、竹笔、木缘塔、木棺；武威南营窖藏出土的有木筷；武威小西沟修行洞出土的有木刮布刀；西夏陵出土的有雕刻精致的人物花卉庭院竹雕装饰件；拜寺口方塔出土的有彩绘描金木条桌、木宝座、木花瓶；贺兰县宏佛塔出土的有木雕版；黑水城出土的有木雕版、彩绘木塔等。从功能上分，有家具、生活用品、文化用品、宗教用品、葬具等。

　　西夏木质家具在造型与风格上与宋辽金略同，武威西郊林场西夏墓出土的木长桌，打磨光滑，边缘处施凹形线一道，四足上方下圆，均施桌牙，前后为双撑，两侧为单撑，形制和工艺与河南白沙宋墓壁画中砖砌桌子、宋代绘画中出现的木桌相同。木衣架两立杆底端均有座，座为桥形，上有两斜杆支撑，与底座呈三角形，上面横杆两端雕成蕉叶形，也与河南白沙宋墓壁画中的木衣架相同。

　　西夏的竹笔是将竹子一头削成笔尖形，在笔尖中间划开一道缝隙，形状与现在蘸水笔类似，似乎是受了吐蕃蘸笔书写工具的启发而创制，在我国书写工具史上具有重要地位。宏佛塔出土的木雕版残块，充分体现了西夏雕版印刷业的繁荣，其印刷技术对元代的书籍印刷，特别是佛经刊印也有很大影响。

# 1. 家具

## 彩绘描金木桌

1986 年宁夏贺兰县拜寺口双塔出土。木质。长 58.5 厘米，宽 40.5 厘米，高 32.5 厘米。祭祀供桌，传统卯榫工艺制作。供桌前后看面，

彩绘描金木桌

均采用双桄、镂空雕花挡板和花牙板装饰。通体彩绘，红漆衬底，金色线条勾勒桌面边沿、桌腿、双桄、蜀柱、挡板和花牙板轮廓，间施黑、绿彩。[①] 完整。同年入藏宁夏博物馆。1996 年被定为一级文物。

## 木条桌

1977 年甘肃省武威市西郊林场西夏墓 M1 出土。2 件。松木质。长方形。一件长 54 厘米，宽 30 厘米，高 30 厘米；另一件长 55.6 厘米，宽 25 厘米，高 24 厘米。表面均饰土红色，桌面磨光滑，边缘处

木条桌

施凹形线一道。四足上方下圆，均施桌牙。前后为双撑，两侧为单撑。[②] 现藏武威市博物馆，一级文物。

---

① 于存海、雷润泽、何继英：《宁夏贺兰县拜寺口双塔勘测维修简报》，《文物》1991 年第 8 期。
② 于笃学、钟长发：《甘肃武威西郊林场西夏墓清理简报》，《考古与文物》1980 年第 3 期。

### 小木桌

小木桌

1998 年甘肃省武威城西郊乾祐廿三年西夏墓出土。松木质。高 21 厘米，桌面 26 厘米 × 31 厘米，长 31 厘米。面呈长方形，无饰，圆柱形足。面与 4 足卯合，面下沿两侧镶板作弓形雕饰，4足间卯接 4 根圆柱形横梁。足端朽残。现藏武威市博物馆。

### 朱漆彩绘木椅

1986 年宁夏贺兰县拜寺口双塔出土。长 110 厘米，宽 96 厘米，高 92 厘米。木椅由底座、扶手和靠背 3 部分构成。底座为长方形，由 4 块条板粘合而成。扶手亦为长方形，用柱杆分成上下两层，上层以柱杆分为 4 个小框，每框中部镂空，边沿施红、黄、黑三色；下层亦用柱杆分成一大两小共计 3 块，中部皆用黑色、橘红色绘圆形、长方形图案，外部用红色绘卷云纹；扶手端首装有如意云头状柱头，柱头施红、黑、黄三色。靠背用 4 根柱杆做成

朱漆彩绘木椅

骨架，中部装一块长方形背板，背板上部镂雕成桃形，表面呈黑色，边沿为黄色；背板中部长方形木板边沿施黑色，中间绘黄色圆形图案；背板下部镂刻

壶门，周围施黑色，边沿施黄色；靠背顶部柱杆两端首与扶手同款，装有如意云头状柱头。现藏宁夏博物馆。1996 年被定为一级文物。

### 木椅子

木椅子

1998 年甘肃省武威城西郊乾祐廿三年西夏墓出土。松木质。2 把。椅面 25 厘米 × 26 厘米，椅背高 34 厘米，座高 19 厘米，面长 24.8 厘米，宽 24.8 厘米，背高 16.5 厘米。面方形，无饰。面与 4 足卯合，背、面垂直，背上端及左、右两侧镶框，左右背框与后足相接，面下沿两侧镶板作弓形雕饰，4 足间卯接 3 根四棱形横梁。左侧前、后足末端残。现藏武威市博物馆。[①]

### 木衣架

木衣架

1977 年甘肃省武威市西郊林场西夏墓出土。高 42 厘米，长 43 厘米，足高 5.5 厘米，足长 17.7 厘米，足宽 5.5 厘米。由 1 根横杆与 2 根竖架及 2 足榫卯套接组成。横杆两端为云头形。表施红漆，漆有脱落。横杆、竖架及足略朽蚀。[②]现藏武威市博物馆。2002 年被定为二级文物。

①　姚永春:《武威西郊西夏墓清理简报》,《陇右文博》2000 年第 2 期。
②　于笃学，钟长发:《甘肃武威西郊林场西夏墓清理简报》,《考古与文物》1980 年第 3 期。

## 2. 生活用具

### 木碗

木碗

1977 年甘肃省武威市西郊林场西夏墓出土。高 5 厘米，口径 10 厘米，底径 6.5 厘米。敞口，深弧腹，圈足外撇。器表口沿下饰凹弦纹 2 道，内施红彩。口沿 1 道裂缝，底 2 处残缺。[①] 现藏武威市博物馆。2002 年被定为三级文物。

### 木壶

1998 年甘肃省武威市西郊林场西夏双人合葬墓出土。高 11.7 厘米，腹围 22 厘米，口径 4.2 厘米，底径 4.8 厘米。敞口、细颈、宽肩、鼓腹。壶底有台座，平底，中心饰阴刻弦纹。器形规整无饰。口沿有残损。[②] 现藏武威市博物馆。2002 年被定为三级文物。

木壶

木筷

### 木筷

1982 年甘肃省武威市青咀湾窖藏遗址出土。6 根。长短不一，在 23.7—24.7 厘米之间，直径 0.7 厘米。一端稍尖，一端略粗，雕刻凹旋纹数道。[③] 俱朽蚀残损。现藏武威市博物馆。1996 年被定为二级

① 于笃学、钟长发：《甘肃武威西郊林场西夏墓清理简报》，《考古与文物》1980 年第 3 期。
② 姚永春：《武威西郊西夏墓清理简报》，《陇右文博》2000 年第 2 期。
③ 甘肃省武威地区文化馆文物队：《武威出土一批西夏瓷器》，《文物》1981 年第 9 期。

文物。

### 彩色木宝瓶

1977 年甘肃省武威市西郊林场西夏墓出土。高 12.2 厘米，腹径 6 厘米，口径 4 厘米，底径 3.5 厘米。宽肩瘦身，制作精细。器表施红彩，多处脱落。口颈 1 处残缺，肩 1 处磕痕，底 4 道裂纹。[①] 现藏武威市博物馆。

彩色木宝瓶

### 彩绘描金木雕花瓶

1986 年宁夏贺兰县拜寺口双塔出土。2 件，形制基本相同，均瓶高 19.3 厘米，腹径 7.5—8 厘米。瓶口喇叭状，长细颈，圆鼓腹，底座上部相轮，下部为覆钵状，圈足。通体红色衬底，颈部、相轮、底座贴金，腹部绘牡丹花纹，底座覆钵金线勾勒莲瓣轮廓。[②] 现藏宁夏博物馆。1996 年被定为一级文物。

彩绘描金木雕花瓶

木灯柱

### 木灯柱

1998 年甘肃省武威市西郊西夏双人合葬墓出土。高 11.5 厘米，口径 5 厘米，底径 6.5 厘米。圆口，折沿，鼓腹，束腰，喇叭形台座。腹阴刻弦纹 4 道，磨制光滑精细。同年入藏武威市博物馆。2002 年被定为三级

① 于笃学、钟长发：《甘肃武威西郊林场西夏墓清理简报》，《考古与文物》1980 年第 3 期。
② 于存海、雷润泽、何继英：《宁夏贺兰县拜寺口双塔勘测维修简报》，《文物》1991 年第 8 期。

文物。

### 木蜡台

1983 年甘肃省景泰县五佛岩寺石窟出土。高
16.4 厘米，口径 4 厘米，底径 5.5 厘米。口内 1 孔，
直径 0.8 厘米。器体抛光，刨面光滑。同年入藏
甘肃省景泰县博物馆。2002 年被定为三级文物。

### 彩绘木塔

木蜡台

彩绘木塔

1909 年内蒙古额济纳旗
黑水城遗址出土。木质，彩
绘。通高 44 厘米，底座直径
14 厘米。由塔座、塔身、塔
刹组成。塔刹为红色十三向
轮，塔顶为桃型。塔身上方
绘制红底金色莲瓣纹，中央
绘制身着红、绿、黑服饰多
闻天、

持国天、广目天和增长天。下方绘制五条红绿相间的
彩条。塔身内空，开一佛龛窗，内一尊小佛像。塔座
为旋涡纹圆形底座。现藏俄罗斯艾尔米塔什博物馆。

### 小木塔

1977 年甘肃省武威市西郊林场西夏墓出土。松木
质。7 件，底径 7 厘米，高 8.7 厘米。面饰土黄色，由

小木塔

塔座和塔身两部分组成，塔座为覆钵状，平底，塔身有三道相轮。现藏武威市博物馆。

### 木笔架

木笔架

1977 年甘肃省武威市西郊林场西夏墓出土。高 6 厘米，长 7.2 厘米，宽 3.3 厘米。长方形槽状。由前后上下 4 块木板包裹实心木块拼制，上有 2 孔用以插笔。底部左右各镶 1 桥形座。另附木笔 1 支，细木棍削制，长 15.5 厘米，直径 1 厘米。笔身有棱，笔尖留有墨迹。[①] 完整。现藏武威市博物馆。1996 年被定为二级文物。

### 竹笔

竹笔

1972 年甘肃省武威市小西沟岘修行洞出土。2 支，细竹棍削制，一端削作笔尖，笔尖中部划缝隙 1 道，类蘸水笔，尾部有节。一支长 9.5 厘米，直径 0.9 厘米，已使用过，笔尖留有墨痕。另一支长 13.6 厘米，直径 0.7 厘米，未使用过。[②] 现藏甘肃省博物馆。1996 年被定为一级文物。

### 竹雕

1975 年宁夏银川市西夏陵区 6 号陵地宫出土。竹质。长 7.5 厘米，宽 2.7

---

① 于笃学、钟长发：《甘肃武威西郊林场西夏墓清理简报》，《考古与文物》1980 年第 3 期。
② 陈炳应：《西夏文物研究》，宁夏人民出版社 1985 年版，第 427 页。

竹雕

厘米，厚 0.3 厘米。长方形，细浅阴刻。正面雕刻有庭院、松树、假山、窗、花卉和人物。人物着交领宽袖长袍，头戴巾帻，腰间束带。一人蹲踞躬身向前，前侧另有一吊灯；另外一人后立，拱手弯腰，皆面向外斜视，脚底处于云气之中。左上角有一圆孔。[①]同年入藏宁夏博物馆。1996 年被定为一级文物。

### 木刀

1991 年宁夏贺兰县拜寺沟方塔出土。木质。总长 32.4 厘米。柄长 16 厘米，宽 4 厘米；刀长 16.4 厘米，宽 7.5 厘米。从刀柄至刀身厚 0.5—1.8 厘米。刃部呈弧状。木质较好，色泽如新。[②]完整。同年入藏宁夏文物考古研究所。

木刀

### 木刮布刀

1972 年甘肃省武威市小西沟岘修行洞出土。木质。长 62.5 厘米，宽 10 厘米。一侧有刃，刃端有不规则裂纹；一侧残。[③]现藏甘肃省博物馆，三级文物。

木刮布刀

---

①　宁夏文物考古研究所、银川西夏陵管理处：《西夏六号陵》，科学出版社 2013 年版，第 387 页。
②　牛达生、孙昌盛：《宁夏贺兰县拜寺沟方塔废墟清理纪要》，《文物》1994 年第 9 期。
③　甘肃省博物馆：《甘肃武威发现一批西夏遗物》，《考古》1974 年第 3 期。

## 3. 葬具

### 八边形木缘塔

1977 年甘肃省武威市西郊林场西夏墓M2 出土。高 73 厘米，底径 45 厘米，由塔基、塔体、塔沿、塔顶榫卯套接组成。塔八面，上书黄彩梵文。塔基 4 级八角形，红色；塔体由 8 块木板合成，合缝处由上下两道长方形四角带钉铁片连接，塔底蓝色；塔顶 9 级，由 8 块近似三角形弯曲木板组成，中间朱书一梵文字母；塔刹底部周围由 8 块小木板组成围栏，面涂红色。塔顶内八角形木板上有墨书题记。现藏武威市博物馆。1996 年被定为一级文物。

八边形木缘塔

六边形木缘塔

### 六边形木缘塔

1977 年甘肃省武威市西郊林场西夏墓M1 出土。松木质。塔身为六角形木板组成，表面用蓝色打底，用黄色书写梵文咒语。用榫卯和木楔固定。塔顶残缺不全，六角形顶盖，木板上有墨书题记。现藏武威市博物馆。

### 墨书西夏文小木棺

1998 年甘肃省武威市西郊西夏双人合葬墓出土。高 20.5 厘米，盖长 59 厘米，宽

墨书西夏文小木棺

小木棺

西夏文木雕印版残块

21.5厘米。长方形，由6块松木板以木楔、铁钉固定制成。拱形盖，前端雕作云头形，末端雕作连弧形。棺体前宽后窄，棺头墨书西夏文草书3行。现藏武威市博物馆。2002年被定为二级文物。

### 小木棺

1997年甘肃省武威市西关西夏砖室墓出土。高45.5厘米，底座残长67厘米。长方形，前宽后窄，由木板、木楔、铁钉固定制成。拱形盖，前端雕作云头形，末端雕作弧形。多处朽残，底座残。2003年武威市文物考古研究所移交武威市博物馆。2002年被定为二级文物。[①]

## 4. 木质文献

### 西夏文木雕印版残块

1990年宁夏贺兰县宏佛塔出土。木质。共4块，大小不等。残长9—13.7厘米，残宽8—

---

① 于光建：《甘肃武威西夏墓特点述论》，《华夏考古》2018年第1期。

23.3 厘米，厚 2 厘米。大号版单面刻字，每字约 1—1.2 厘米见方，字体方正，笔画较粗；中号字版双面刻字，一面西夏文字大小约 1 厘米见方，另一面文字较小，约 0.8 厘米见方。字体方正秀丽，笔画细腻，清晰有力；小号字版，两面所刻字大小基本相同，每字约 0.6 厘米见方，字体娟秀，笔画较细。同年入藏宁夏博物馆。1996 年被定为一级文物。

### 西夏文佛经木雕版

1909 年内蒙古额济纳旗黑水城出土。木质。共 4 块。其中 1 件长 13 厘米，宽 8.7 厘米。上下单栏，每面 5 行，满行 9 字，首行有西夏文经题《佛说长寿

西夏文佛经木雕版

经》。另外 3 件，长 17 厘米，宽 13 厘米，上下单栏，每面 6 行，满行 10 字，版心上部有西夏文经题"摩利"，下部有西夏文页码，内容皆为西夏文佛经《圣摩利支天总持》。现藏俄罗斯艾尔米塔什博物馆。

### 乾祐十六年买地券

1997 年甘肃省武威武警支队西关家属院出土。柏木质。长方形，长 38 厘米，宽 25.5 厘米，厚 2 厘米。正面用朱砂楷书汉文，共 15 行 232 字，自左至右

乾祐十六年买地券

书写。根据文字为乾祐十六年（1185）直祭主曹铁驴为父亲墓地所用。现藏武威市博物馆，一级文物。

### 乾祐廿三年买地券

1998 年甘肃省武威市西郊西夏墓出土。松木质。长 31.5 厘米，宽 17.5 厘米。汉文朱书，竖写 16 行文字，上下端泛碱严重。根据文字，为祭主男窦依凡遣为咩布勒嵬买墓地券。现藏武威市博物馆，一级文物。

乾祐廿三年买地券

### 西夏文木牌

1991 年宁夏贺兰县拜寺沟方塔出土。木质。长 15.5 厘米，宽 6.7 厘米，厚 0.8 厘米。圭形，上部有孔，孔径 0.6 厘米。木牌两面墨书西夏文，竖行行书。正面 4 行，每行 8—9 字；背面 4 行，每行 3—7 字，共计 45 字。西夏文字中有"贞观癸巳十三年五月"款识，有工匠任原及庶人等多人姓名。现藏宁夏文物考古研究所。

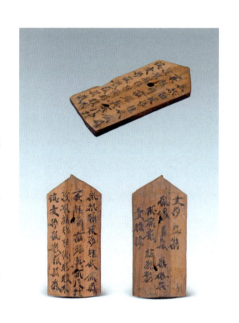

西夏文木牌

### 西夏文木塔心柱

1991 年宁夏贺兰县拜寺沟方塔出土。通长 290 厘米，直径 22 厘米。呈八角形，残断为两节，残长分别为 134 厘米、156 厘米。上半为汉文，下半为西夏文，皆为墨书行体。汉文记录"特发心愿，重修砖塔一座，并盖佛殿，缠腰塑画佛像，至四月一日起立塔心柱，奉为皇帝、皇太后万岁，重臣千秋，雨顺风调，万民乐业，法轮常转。今特奉圣旨"等，西夏文部分有"修造""张德善""显密上师""名册""白高大国"等词语。现藏宁夏文物考古研究所。

西夏文木塔心柱

西夏文木简

### 西夏文木简

1990 年宁夏贺兰县宏佛塔出土。长 15.8 厘米，宽 2.8 厘米，厚 0.4 厘米。长条状，木简两面墨书西夏文，首为 3 个西夏大字，汉译为"十五子"，即十五弟子；右行为写者名字，其余为西夏文行草书小字，记有 15 个弟子姓名。木简右下方有一小孔。完整。现藏宁夏博物馆。1996 年被定为一级文物。

## （七）纺织品

西夏纺织品包括毛织品、棉麻织品和丝织品三类。毛纺织是党项人传统的行业，产品主要有毡、褐、毯三种。毡是用牛羊及骆驼毛经弹化、浸湿、加热、挤压等工序制成的片状材料，具有良好的保温防潮性能。在制作过程中，还可一次性做成披毡、雨毡、毡帽、毡靴、毡袜或毡帐。毛褐是用牲畜毛捻线织成的毛布，有粗细之分，绵羊毛线织成的较细，称为绵毛褐，山羊毛线织成的为粗毛褐。毛毯即罽毯，藏族人称为氆氇。上述制品除满足西夏人生活外，还是对外贸易的主要商品，西夏制作的白驼毛毡被马可·波罗誉为"世界最丽之毡"，沿着丝绸之路贩运到世界各地。甘肃武威亥母洞遗址出土的毛绳和毛织品残片，虽已腐朽残破，但是不可多得的西夏毛织品实物资料。出土的西夏棉麻制品仅3件，分别是宏佛塔出土的蓝花布香袋和亥母洞遗址出土的绣花鸳鸯鞋、粗布鞋。

西夏的丝织品种类丰富，有绢、纱、罗、绮、绫、锦、缂丝和刺绣，出土有婴戏莲花绢、印金双鱼团花蓝绸残片、贴花绢包巾、织锦绣花荷包、绢画幡带及经书封面等。西夏设置织绢院，专门负责官营丝织业生产，其生产程序大抵是先缫生丝，律令规定缫百斤丝，损耗二两，实交九十八两。接下来纺线，纺上等好绢线，一两中耗减三钱，下等绢线十两中耗减六钱。然后染色，生染一两无耗，当依法交。熟染时，白、银黄、肉红、粉碧、大红、石黄六色，一百两中交七十五两，"其余种种诸色皆本人交八十两熟"。

　　染好的绢线先由仓库保管，织绢工再向仓库领取。"女子领绣线时，一两中可耗减一钱半"。"纺织之应用纬线、格子线等，二月一日于事着手领取，自置经纬线起，纺织罗帛，至十月一日止，所领线数一百两耗减三两"。[①] 至此，富有民族特色的丝织品就生产出来了。当然，这一时期宋朝的丝织品通过赐赠和贸易的形式传入西夏，西夏遗址出土的部分丝织品有可能来自内地。

## 1. 毛纺织品

### 毛绳残段

　　1989 年甘肃省武威市新华乡缠山村亥母洞遗址出土。毛质。3 件。其中 1 件残长 24 厘米，直径 0.7 厘米，土黄色；1 件残长 23 厘米，直径 0.7 厘米，褐色；1 件残长 11 厘米，直径 0.7 厘米，褐色。皆 2 股绳拧成。残。1990 年入藏武威市博物馆。

毛绳残段

### 毛织品残片

　　1989 年甘肃省武威市新华乡缠山村亥母洞遗址出土。毛质。残长 30 厘米，残宽 12 厘米。黑白两色毛线织成，两边 1 根毛线穿缀。腐朽残破。1991 年入藏武威市博物馆。

毛织品残片

---

① 《天盛改旧新定律令》卷一七《物离库门》。

## 2. 棉麻纺织品

### 粗布鞋

1989年甘肃省武威市新华乡缠山村亥母洞遗址出土。棉质。1只。长26.5厘米，宽5.5厘米，高6厘米。粗布缝制，底色泛蓝，颜色大部磨褪，鞋口右外侧以麻线缝补1块。完整。1990年入藏武威市博物馆。

粗布鞋

### 蓝花布香袋

1990年宁夏贺兰县宏佛塔出土。棉质。长19.4厘米，宽9.4厘米。长方形。在土黄色衬底上织出蓝色花纹。挂带为细绢绳。残损。2004年入藏银川市西夏陵区管理处。2013年被定为二级文物。

## 3. 丝织品

### 绣花鞋

1989年甘肃省武威市新华乡缠山村亥母洞遗址出土。丝质。5只。其中1只长12.5厘米，宽3.5厘米，高4.7厘米，赭色，素面，鞋口包豆绿色翻边；1只长12.5厘米，宽4厘米，高4厘米，土黄色，素面，帮底结合处豆绿色，鞋头尖翘；1只长12.5厘米，宽4厘米，

蓝花布香袋

绣花鞋

高 4 厘米，深灰色，素面，鞋边包红色翻边，鞋头尖翘；1 只长 13.5 厘米，宽 4 厘米，高 4 厘米，蓝色，鞋头尖翘，绣缠枝花卉纹样；1 只长 12 厘米，宽 2.5 厘米，高 3 厘米，蓝色，鞋头鸳鸟形。完整。1991 年入藏武威市博物馆。

### 印金双鱼纹团花蓝绸残片

1991 年甘肃省武威市新华乡头坝村出土。丝质。残长 26 厘米，残宽 15 厘米。蓝绸印金色双鱼纹团花，团花上部为宝幢，中间为宝相花，两侧为双鱼纹，下辅水波纹，最下方为草叶纹，两边印云气纹。残。同年入藏武威市博物馆。

印金双鱼纹团花蓝绸残片

### 贴花绢包巾

1991 年宁夏贺兰县拜寺沟方塔出土。绢质。长 54.6 厘米，宽 54 厘米。补花两组，用绿、灰、黄、棕四色绢裁剪枝秆、花叶，其上绣花蕊、茎叶，锁边；背面贴细薄素绢，缀于花罗，组成全花。局部花朵又用彩色丝线直接绣出。残损。同年入藏宁夏博物馆。2003 年被定为二级文物。

贴花绢包巾

### 贴花绢包巾

1991 年宁夏贺兰县拜寺沟方塔出土。绢质。残长 31 厘米，残宽 21.5 厘米。正面为浅驼色平纹绢，上印黑色蔟花；背面为浅驼色二经绞暗花罗。同年入藏宁夏博物馆。

贴花绢包巾

印花绢包巾

1991 年宁夏贺兰县拜寺沟方塔出土。绢质。残长 75 厘米，残宽 40 厘米。双层。正面为浅驼色平纹绢，印黑色簇花；背面为浅驼色二经绞暗花。残损。同年入藏宁夏文物考古研究所。

印花绢包巾

西夏文绢包巾

1991 年宁夏贺兰县拜寺沟方塔出土。绢质。残长 50 厘米，残宽 40 厘米。浅驼色平纹绢，墨书西夏文 3 字，汉译为"供小甲"。残损。① 同年入藏宁夏文物考古研究所。

西夏文绢包巾

织锦绣花荷包

织锦绣花荷包

1991 年宁夏贺兰县拜寺沟方塔出土。绢质。高 10 厘米，宽 6.5 厘米。长方形。正面绣绛色花叶，周边绣明黄色几何纹隐花。上口两角，有丝线环扣系。残损。同

① 牛达生、孙昌盛：《宁夏贺兰县拜寺沟方塔废墟清理纪要》，《文物》1994 年第 9 期。

年入藏宁夏文物考古研究所。

### 双层绢荷包

1991 年宁夏贺兰县拜寺沟方塔出土。绢质。残高 9.5 厘米，残宽 7 厘米。正面棕色三经罗，织有几何平纹花；里为棕色三梭罗。一角缀带，残长 3 厘米。残损严重。同年入藏宁夏文物考古研究所。

双层绢荷包

### 绢织品残片

1991 年宁夏贺兰县拜寺沟方塔出土。绢质、棉质。7 件。绫、罗、绢、纱、锦残片及绳线等残段。[①] 1991 年入藏宁夏文物考古研究所。

绢织品残片

### 婴戏莲花绢

婴戏莲花绢

1986 年宁夏贺兰县拜寺口双塔出土。绢质。2 件，形制基本相同。一件长 30 厘米，宽 84 厘米；另一件长 29.7 厘米，宽 87 厘米。两件印花绢图案完全相同，均为童子戏花图。童子着黄色肚兜、桃形项圈和环状手镯，右手上举，左手自然下垂，

---

① 牛达生、孙昌盛：《宁夏贺兰县拜寺沟方塔废墟清理纪要》，《文物》1994 年第 9 期。

各握一枝条，双腿腾空跃起。[1]残损。同年入藏宁夏博物馆。1996年被定为一级文物。

### 绢画幡带

1990年宁夏贺兰县宏佛塔出土。黄色绢质。长236厘米，宽23.5厘米。双层制成。正面从上至下楷体墨书37字："□戎州张义堡第壹佰柒指挥第壹社赵仲本家人等同启心愿自办清财施幡壹合谨奉献上"[2]。同年入藏宁夏博物馆。2006年被定为二级文物。

### 扎染绢包袱皮残片

**扎染绢包袱皮残片**

**绢画幡带**

1987年内蒙古额济纳旗绿城遗址出土。绢质。残片。长36厘米，宽29厘米。绿色织底。扎染黄色花纹。同年入藏内蒙古博物院。

---

① 冯海英、李跃华：《宁夏博物馆馆藏西夏婴戏莲纹印花绢赏析》，《收藏界》2019年第2期。

② 孙继民：《宁夏宏佛塔所出幡带汉文题记考释》，《西夏研究》2010年第1期；于存海、雷润泽、何继英：《宁夏贺兰县宏佛塔清理简报》，《文物》1991年第8期；王效军：《宁夏博物馆藏西夏文献概述》，载《西夏学》第一辑，宁夏人民出版社2006年版，第127—130页。

经书封面

1987 年内蒙古额济纳旗绿城遗址出土。丝绢。长 30 厘米，宽 12.5 厘米。绢质。残片。褐色，质地粗糙。同年入藏内蒙古博物院。

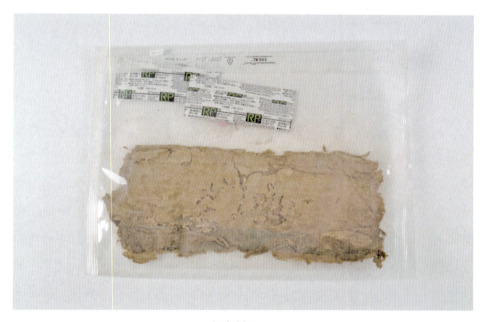

**经书封面**

## （八）瓷器

西夏瓷器主要以黑、褐、白釉为主，也有少量茶叶末及姜黄釉色。常见器型有碗、杯、盘、盆、钵、釜、高足杯、执壶、扁壶、各式瓶、缸、瓮、罐、灯等。此外还有砚台、帐钩、纺轮、围棋、骆驼、狗、人物等。按用途分有生活器皿、娱乐用品、雕塑艺术品、建筑材料等，另有支钉、匣钵之类的窑具。其中剔刻釉扁壶、四系瓶、帐钩、纺轮、高足碗盘等器物独具特色。

西夏瓷的装饰技法有刻釉、刻花、刻化妆土、剔釉、剔刻化妆土及少量印花及白釉黄褐彩等，具有强烈的浅浮雕之感。纹饰以牡丹、莲花、菊瓣等植物纹为主。无论是器型、釉色，还是剔刻花装饰技法，都与同时期的磁州窑、定窑和耀州窑密切相关。

西夏瓷器中的碗、盘、钵等圈足器均挖足较深，圈足呈玉璧状。器物外壁多施釉不到底，半挂釉和薄釉。碗、盘内底有沙圈，其他釉色的瓷器则有涩圈，体现出叠烧工艺。从西夏陶瓷考古发现的窑址、窑具来看，西夏瓷窑装烧方法博采众长，不同器型采用不同的装烧法。如一般的碗、盘等采用顶碗覆烧法，罐、瓶、瓮、大盘等大型瓷器采用支烧法，而较为精细的碗、杯等则采用一器一匣法。受宁夏灵武窑影响下的瓷窑出产的剔刻花瓷器多采用菱花形开光装饰技法，特别是多应用于黑釉、褐釉色的经瓶、大型罐、扁壶上，呈现出别具一格的风格。内蒙古鄂尔多斯出土的西夏瓷器风格与灵武窑较为相似，青海出土的西夏瓷以大型多系瓮、罐、瓶为主，有素釉，也有剔刻花，制作工艺和甘肃武威塔儿湾出土的西夏瓷器非常接近。

## 1. 扁壶

### 褐釉剔刻花瓷扁壶

**褐釉剔刻花瓷扁壶**

1985 年宁夏海原县征集。口径 9 厘米，腹径 32 厘米，高 33.3 厘米。扁壶小口，卷沿，口沿一侧有堆刺纹，短颈，双系，腹部扁圆。正面圈足周围饰两组褐釉剔刻牡丹花纹，背面置圈足。现藏中国国家博物馆。

### 黑釉剔刻牡丹花纹四系瓷扁壶

1986 年宁夏灵武窑出土。灰白胎。最大腹围 31 厘米，高 19 厘米。扁圆腹，腹正面背部中央各有圈足，前后腹接缝处起一周

**黑釉剔刻牡丹花纹四系瓷扁壶**

堆叠纹，置对称四系。正面剔刻 4 组折枝牡丹纹，背部素面无纹。正面圈足底和背部圈足及周围无釉，部分残缺，已修复。现藏宁夏博物馆，一级文物。

## 褐釉剔刻牡丹花纹双系瓷扁壶

褐釉剔刻牡丹花纹双系瓷扁壶

1986年宁夏灵武窑出土。施褐釉。残。口径5.2—7.3厘米，最大腹围26厘米，高14.5厘米。扁圆腹，斜沿，直口，溜肩，束颈，腹正面背部中央各有圈足，前后腹接缝处起一周堆叠纹，上置对系。正面剔刻牡丹纹，开光外刻花叶纹和划弧线纹，背部素面无纹。现藏宁夏博物馆，三级文物。[①]

## 黑釉剔刻牡丹花纹双系瓷扁壶

1986年宁夏灵武窑出土。灰白胎，残。最大腹围19厘米，高15.8厘米。扁圆腹，溜肩，腹正面背部中央各有圈足，前后腹接缝处起一周堆叠纹，置对称双系。正面近腹侧处刻划两道弦纹，弦纹内对称两开光，开光内各剔刻两组牡丹纹，

黑釉剔刻牡丹花纹双系瓷扁壶

开光外刻划弧线纹和花叶纹。弦纹外光素无纹。背部素面无纹。除正面圈足底和背部圈足及周围无釉外，其余施黑釉。现藏宁夏博物馆。[②]

---

① 中国社会科学院考古研究所另藏1件同形制扁壶。
② 中国社会科学院考古研究所另藏1件同形制扁壶。

### 酱褐釉剔花扁壶

1954 年内蒙古呼和浩特市九龙湾征集。口径 8 厘米，腹径 33 厘米，底径 11.2 厘米，高 18.5 厘米。壶体呈扁圆卧状。直口台唇，长颈，肩部和腹下部各附一对带状系，腹部上下圈足，便于正反卧放。正面圈足周围剔刻连枝牡丹花卉图案。施酱褐釉，背面下部露胎。器口和 1 系残缺。1954 年入藏内蒙古博物院。

酱褐釉剔花扁壶

### 黑釉双系瓷扁壶

1986 年宁夏灵武窑出土。残。施黑釉。口径 2.6—4 厘米，最大腹围 16 厘米，高 6.3 厘米。扁圆腹，尖唇，溜肩，束颈，腹侧置对称双系。现藏宁夏博物馆。[1]

黑釉双系瓷扁壶

### 褐釉双系扁壶

1990 年甘肃省武威市建国街出土。口径 5 厘米，底径 7.5 厘米，高 13 厘米。小圆口，方唇下翻，短束颈，扁圆形腹，腹两侧有圈足，足径分别为 7.5 厘米、8 厘米。颈肩附对称双系，一系残缺修复，上饰凹槽两道。内外施褐釉。腹部一侧圈足施釉，一侧露胎，胎灰白色。圈足周围轮

褐釉双系扁壶

---

① 银川市西夏陵区管理处另藏 1 件同形制扁壶。

修痕迹明显。完整。现藏武威市博物馆，一级文物。<sup>①</sup>

### 绿釉扁壶

1992 年甘肃省武威市塔儿湾西夏瓷窑遗址出土。口径 6 厘米，腹围 59 厘米，腹侧足径 8.9 厘米，底径 8 厘米，高 25 厘米。小圆口，斜唇沿，束颈，扁圆腹，腹前后及底部带圈足。肩附两系，宽扁耳形，上饰凹槽两道。内外施豆绿釉。一面腹足露胎，胎灰白色。轮修痕迹明显。残损，有修复粘接痕迹。现藏甘肃省文物考古研究所，三级文物。<sup>②</sup>

绿釉扁壶

### 豆绿釉双系扁壶

1980 年甘肃省武威市北关窖藏遗址出土。口径 8 厘米，腹围 25 厘米，腹侧足径 10 厘米，底足径 8 厘米，高 28.5 厘米。小圆口，斜唇，束颈，扁圆腹，圈足。肩附对称双系，宽扁耳形，上饰凹槽两道。腹前后及底各一足，一足内阴刻符记。内外施豆绿釉。足部露胎，胎灰白色。轮修痕迹明显。口沿略有脱釉。现藏武威市博物馆，一级文物。

豆绿釉双系扁壶

① 另有 4 件同形制扁壶，1 件藏宁夏固原博物馆，2 件藏宁夏银川市西夏陵区管理处，1 件藏青海省大通回族土族自治县文物管理所。

② 甘肃省武威市博物馆另藏 1 件同形制扁壶。

### 茶叶末釉双耳瓷扁壶

1985 年宁夏灵武窑出土。残高 11.2 厘米，口径 2 厘米，腹径 9 厘米。小口，斜唇，短束颈，腹扁圆，背面有一凹足，腹侧面有对称双系，正面施茶叶末釉，背面不施釉。现藏中国社会科学院考古研究所。

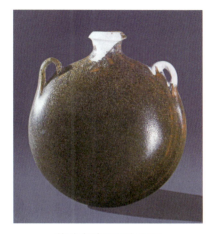

茶叶末釉双耳瓷扁壶

### 素胎瓷扁壶

甘肃省武威市东大街出土。残高 23.5 厘米，腹围 63 厘米。偏口，短颈，圈足。器体形似两盆口相合，衔接处附堆绳纹饰。腹布四系。两侧各一足。腹部一侧有浮雕符记。通体露胎，胎灰白色，胎体厚重。口、系俱残。现藏武威市博物馆。

素胎瓷扁壶

### 豆绿釉四系扁壶

1980 年甘肃省武威市北关窖藏遗址出土。腹围 18.5 厘米，底径 18.5 厘米，高 33.5 厘米。偏口，短颈，圈足。器体形似两盆口相合，衔接处附堆绳纹饰。腹布 4 系，宽扁桥形，上饰凹槽两道。两侧各一足。腹部一侧有浮雕符记。施深豆绿釉。足底露胎，胎灰白色，胎体厚重。器口并三系残，修复痕迹明显。现藏武威市博物馆，三级文物。

豆绿釉四系扁壶

### 褐釉双系扁壶

1989 年武威市博物馆征集自甘肃省民勤县。口径 3.7 厘米，腹围 33 厘米，底径 5.6 厘米，高 15.3 厘米。侈口，束颈，扁圆形腹，圈足外撇。圈足对称两孔，直径 0.5 厘米。肩附对称双横系。腹部纹饰由凸弦纹分隔成两层，内层饰一玉壶春瓶，插 5 枝七瓣花朵，外层饰连枝花卉。纹饰模印。内外施褐釉。足底施釉，釉不及底，胎色灰白。一面下腹略残。现藏武威市博物馆，三级文物。

**褐釉双系扁壶**

## 2. 瓷钵

### 黑釉剔刻牡丹花纹瓷钵

1987 年宁夏灵武窑出土。残。灰白胎。施黑釉。芒口。口径 17 厘米，腹径 20.5 厘米，高 12 厘米，底径 8.5 厘米。圆唇，深弧腹，敛口，下腹略垂。腹部两组开光内剔刻折枝牡丹花纹，开光外刻划弧线纹和花叶纹。现藏宁夏博物馆，一级文物。①

**黑釉剔刻牡丹花纹瓷钵**

### 白釉剔刻花瓷钵

1987 年宁夏灵武窑出土。残。灰白胎，施白釉。腹径 19 厘米，口径

---

① 中国社会科学院考古研究所另藏 3 件同形制瓷钵。

16.5 厘米，底径 8 厘米，高 15.5 厘米。方唇，敛口，弧腹下鼓，圈足。外壁口沿下及腹下部均饰两周弦纹，其间开光内剔刻折枝花叶纹，开光外刻划弧线纹。现藏宁夏博物馆，二级文物。[①]

白釉剔刻花瓷钵

### 黑釉剔划卷叶纹钵

1989 年青海省大通回族土族自治县桥头镇出土。高 21.5 厘米。敛口，双唇，鼓肩，鼓腹，外圈足，施黑釉，白胎，腹部剔刻四片较大荷叶，花叶四周剔釉露胎。现藏青海大通回族土族自治县文物管理所。

黑釉剔划卷叶纹钵

### 褐釉剔花钵

1971 年内蒙古伊克昭盟出土。口径 17 厘米，腹径 20 厘米，底径 8 厘米，高 14.5 厘米。敛口，圆唇，鼓腹，圈足。口至下腹部施褐釉，足部露胎。腹部剔刻连枝海棠花卉图案，上下各饰 2 道弦纹。2009 年入藏内蒙古博物院，一级文物。

褐釉剔花钵

### 黑釉剔划牡丹纹钵

青海省互助土族自治县丹麻乡泽林出土。高 26.2 厘米。内敛口，斜沿，

---

① 另有 2 件同形制瓷钵，分别藏于宁夏博物馆、中国社会科学院考古研究所。

黑釉剔划牡丹纹钵

褐釉剔刻花棱足大瓷钵

白釉小瓷钵

黑釉瓷钵

溜肩，鼓腹，下腹斜收，外圈足，灰白胎。器表施黑釉，下腹部不施釉。腹部剔刻盛开的缠枝牡丹，花叶以外大面积剔刻露胎。现藏青海省博物馆。

### 褐釉剔刻花棱足大瓷钵

1985 年宁夏灵武窑出土。残高 13.6 厘米，口径 23 厘米，足径 10.5 厘米。修复品。口微敛，斜唇，沿口有凹槽，深曲腹，高圈足，足侧有 3 道凸棱。通体内外施褐釉，腹部剔刻一周缠枝牡丹花叶纹。腹部上下刻划 3 组 2 道凹弦纹。现藏中国社会科学院考古研究所。①

### 白釉小瓷钵

1987 年宁夏灵武窑出土。残损。内外施化妆土及白釉。口径 14 厘米，底径 6.6 厘米，高 9.8 厘米。敞口，尖圆唇，平折沿，深弧腹下收，圈足。现藏宁夏博物馆，三级文物。

### 黑釉瓷钵

1987 年宁夏灵武窑出土。残损。外壁施黑釉，内壁无釉。芒口。口径 17.2 厘

① 中国社会科学院考古研究所另藏 1 件同形制瓷钵，花纹略有不同。

米，底径 8.7 厘米，高 6.2 厘米。方唇，敞口，凹平底，浅弧腹下收。现藏宁夏博物馆，三级文物。

### 褐釉瓷钵

1987 年宁夏灵武窑出土。残损。外壁施褐釉，底无釉。口径 14.2 厘米，底径 6.8 厘米，高 11.6 厘米。口微敛，尖圆唇，平折沿，弧腹下收，圈足。现藏宁夏博物馆，三级文物。

褐釉瓷钵

### 白釉敛口瓷钵

1987 年宁夏灵武窑出土。黄白胎。内外壁口沿处施白釉，外壁流釉。腹径 9.3 厘米，口径 8.2 厘米，底径 4.2 厘米，高 7.7 厘米。敛口，圆唇，圈足，鼓腹下垂。现藏宁夏博物馆。

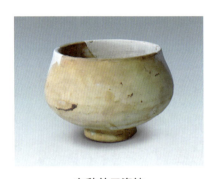

白釉敛口瓷钵

### 青釉鼓钉纹瓷钵

1987 年宁夏灵武窑出土。外施青釉，其他无釉。芒口。腹径 18.5 厘米，口径 14 厘米，底径 13 厘米，高 9.3 厘米。敛口，平底，鼓腹，腹壁有两排凸出的"鼓钉"。现藏宁夏博物馆。

青釉鼓钉纹瓷钵

## 3. 瓷瓶

### 褐釉剔刻牡丹花纹瓷经瓶

1987年宁夏灵武窑出土。残。灰白胎，施褐釉。口径9.5厘米，底径10厘米，高30.8厘米。方唇，小口，直颈，窄沿平折，丰肩下折，假圈足，长弧腹下收。腹部剔刻开光折枝牡丹花纹、弧弦纹、卷草纹。开光内花朵一俯一仰。现藏宁夏博物馆，二级文物。[①]

褐釉剔刻牡丹花纹瓷经瓶

### 褐釉剔刻花瓷经瓶

1985年宁夏灵武窑出土。残高28厘米，口径3.4厘米，足径10厘米。双棱小口，短束颈，宽圆肩，深腹下收，暗圈足外撇，外施褐釉不到底，器身有4组3道弦纹，肩部和腹部剔刻一周缠枝牡丹花纹。现藏中国社会科学院考古研究所。

褐釉剔刻花瓷经瓶

### 褐釉剔花牡丹纹梅瓶

1957年内蒙古伊克昭盟文物组征集。口径6.7厘米，腹径16.2厘米，底径10.3厘米，高37.5厘米。小口斜唇，束颈折肩，长腹微鼓，卧足。口颈至下腹部施褐釉，肩部和足部露胎。腹部剔刻2组对称牡丹花卉图案，每组图案两侧圈以连弧纹，中间饰云水纹，图案上下各饰2道弦

褐釉剔花牡丹纹梅瓶

---

① 中国社会科学院考古研究所另藏1件同形制瓷瓶。

纹。口沿 1 处缺损，足根边缘微损。1958 年入藏内蒙古博物院，一级文物。[1]

### 褐釉划牡丹纹梅瓶

高 30.8 厘米。唇口，溜肩，鼓腹，短胫，圈足。通体施褐釉，足部半施釉。腹部刻划盛开的缠枝牡丹。现藏首都师范大学历史博物馆。

褐釉剔划牡丹纹梅瓶

### 黑釉剔刻菊花纹瓷经瓶

1987 年宁夏灵武窑出土。残。灰白胎。施黑釉。腹径 16.7 厘米，口径 8.5 厘米，高 32 厘米，底径 9.5 厘米。直口，方唇，平折沿，宽折肩，直颈，假圈足，长弧腹下收。腹部剔刻对称面开光各填一组菊花纹，开光外刻划弧线纹和花叶纹。其下刻划弦纹间隔一周卷叶纹。现藏宁夏博物馆，二级文物。[2]

黑釉剔刻菊花纹瓷经瓶

### 青釉剔刻花纹瓷经瓶

1987 年宁夏灵武窑出土。残损。外壁施青釉，底无釉。腹径 13.7 厘米，底径 11 厘米，残高 26.5 厘米。圆溜肩，暗圈足外撇，深腹下收。肩至腹部分饰 4 组 3 道刻划弦纹带，肩部弦纹带间剔刻一周带状串枝牡丹花，下腹部弦纹带间剔刻波浪卷叶纹一周。现藏宁夏博物馆，二级文物。

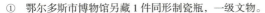

① 鄂尔多斯市博物馆另藏 1 件同形制瓷瓶，一级文物。
② 中国社会科学院考古研究所另藏 2 件同形制瓷瓶。

青釉剔刻花纹瓷经瓶

黑釉剔划开光石榴纹瓷瓶

高 38 厘米，口径 5 厘米，足径 10 厘米。小唇口，短束颈，折肩，微鼓腹，长胫，浅圈足。通体黑釉，施釉不到底，足部有流釉现象。腹部上下一周有两组两道弦纹，腹部剔划纹饰，两侧花形开光内各剔刻折枝花卉纹一组，开光外以刻划弧弦纹。现藏北京故宫博物院。

黑釉剔划开光石榴纹瓷瓶

褐釉剔刻花瓷经瓶

1986 年宁夏灵武窑出土。施褐釉。残损。口径 5.9 厘米，底径 7.9 厘米，高 33 厘米。直口，圆唇，折沿，宽肩，直颈，假圈足，长弧腹下收。腹部两开光，内剔刻上下两周方格，格内有几何形花纹，上下图案不同，开光外刻划线纹。现藏中国社会科学院考古研究所。

褐釉剔刻鹿衔牡丹瓷瓶

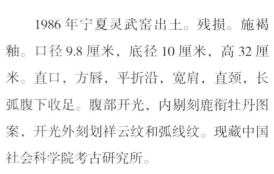

褐釉剔刻花瓷经瓶

褐釉剔刻鹿衔牡丹瓷瓶

1986 年宁夏灵武窑出土。残损。施褐釉。口径 9.8 厘米，底径 10 厘米，高 32 厘米。直口，方唇，平折沿，宽肩，直颈，长弧腹下收足。腹部开光，内剔刻鹿衔牡丹图案，开光外刻划祥云纹和弧线纹。现藏中国社会科学院考古研究所。

黑釉剔刻鹿衔牡丹纹瓷经瓶

残高 26.9 厘米。腹部连弧型开光，内剔刻一只鹿，鹿做回首状，嘴内衔一枝折枝牡丹花，开光外刻划花叶弧线纹，下方和近足处分别刻划两道弦纹，弦纹中间刻划一周卷草纹。足部露台，有流釉现象。现藏中国社会科学院考古研究所。

黑釉剔刻鹿衔牡丹纹瓷经瓶

白釉剔刻花瓷经瓶

1985 年宁夏灵武窑出土。残高 25.5 厘米，口径 6 厘米，足径 8 厘米。平折沿，短束颈，折肩，腹修长下收，暗圈足。通体施白釉，腹部开光内剔刻折枝牡丹，开光外刻划花叶弧线纹，下方刻划两道弦纹，并刻划一周卷草纹。现藏中国社会科学院考古研究所。

黑釉剔刻花瓷经瓶

1985 年宁夏灵武窑出土。残高 33 厘米，口径 6 厘米，足径 7 厘米。底部具残，修复瓶。斜唇口，短束颈，丰肩，深腹微曲下收，暗圈足，肩部有涩圈。通体施黑釉，腹部连弧型开光内剔刻折枝牡丹，开光外刻划花叶弧线纹，下方和近足处分别刻划两道弦纹。现藏中国社会

白釉剔刻花瓷经瓶

黑釉剔刻花瓷经瓶

科学院考古研究所。

### 黑釉剔刻花瓷经瓶

1985 年宁夏灵武窑出土。残高 25.2 厘米，口径 6 厘米，足径 7 厘米。底部俱残，修复瓶。平折沿，短束颈，折肩，腹修长下收，暗圈足。通体施黑釉，腹部开光内剔刻折枝菊花，开光外刻划花叶弧线纹，下方和近足处分别刻划两道弦纹。现藏中国社会科学院考古研究所。

黑釉剔刻花瓷经瓶

### 褐釉剔花海棠纹梅瓶

1957 年内蒙古伊克昭盟文物组征集。口径 6 厘米，腹径 15.5 厘米，底径 9.7 厘米，高 37.3 厘米。小口斜唇，束颈折肩，长腹微鼓，卧足。口颈至下腹部施褐釉，足部露胎。腹部剔刻 2 组对称海棠花卉图案，每组图案两侧圈以连弧纹，中间饰云水纹，图案上下各饰 2 道弦纹。口多处微损，口沿和肩部各 1 处、足 2 处残损。1958 年入藏内蒙古博物院，一级文物。

褐釉剔花海棠纹梅瓶

酱釉剔花瓶

### 酱釉剔花瓶

1986 年内蒙古伊金霍洛旗白圪针窖藏遗址出土。口径 6.6 厘米，腹径 16 厘米，底径 9 厘米，高 39.5 厘米。小口，圆唇，束颈，折肩，长腹微鼓，卧足。施酱釉，足部露胎。腹部剔刻 2 组对称牡丹花纹，近底部刻划回首吐云鹿图案。现藏鄂尔多斯市博物馆，一级文物。

### 褐釉剔花瓷瓶

甘肃省武威市东大街出土。残口径 5.5 厘米，腹围 56 厘米，底径 9.4 厘米，高 22.5 厘米。圆丰肩，腹下渐收，暗圈足。肩部剔刻覆莲纹一周，腹部剔刻卷草纹一周，两组花卉间以一道宽弦纹相隔。内外施褐釉，釉色暗淡。器表釉仅及下腹，胎灰白色。口、颈、足有修复痕迹。现藏武威市博物馆。

褐釉剔花瓷瓶

酱釉刻花瓷瓶

### 酱釉刻花瓷瓶

采集品。高 32.8 厘米，口径 5.7 厘米，底径 8 厘米，腹径 14.4 厘米。保存完整。小口圆唇，束颈折肩，长腹微鼓，卧足。施酱釉，肩部、足部露胎。腹部上下各饰两道凹弦纹，中间剔划有鱼纹和圆圈纹。现藏青海湟中县博物馆。

### 白釉瓷净瓶

1984 年宁夏灵武窑出土。残高 19.5 厘米，腹径 16 厘米，足径 11 厘米。白釉，口部残缺，细

白釉瓷净瓶

颈，扁圆腹，喇叭状足。现藏中国社会科学院考古研究所。

### 白釉花口瓷瓶

1987 年宁夏灵武窑出土。残损。灰白胎。施白釉。口径 8.7 厘米，腹径 12 厘米，底径 7.7 厘米，高 18.8 厘米。花口五瓣，口沿外侈，斜肩，圆鼓腹，长束颈，喇叭状圈足。现藏宁夏博物馆，三级文物。[①]

白釉花口瓷瓶

### 白釉花口长颈瓶

1956 年由内蒙古扎萨克旗文教科移交。口径 5.6 厘米，腹径 8.9 厘米，底径 6.2 厘米，高 19.5 厘米。花口，细长颈，球形腹，喇叭形圈足，通体施白釉。2009 年入藏内蒙古博物院，三级文物。

### 褐釉剔花莲花口瓷瓶

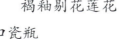

1982 年内蒙古准格尔旗敖包梁窖藏遗址出土。口径 5.4 厘米，腹径 11.9 厘米，底径 9.9 厘米，高 21.5 厘米。莲花口，束颈，折肩，鼓腹，高圈足。轮制，通体施褐釉，腹部剔刻牡丹花卉图案。完整。同年入藏鄂尔多斯市博物馆，一级文物。

褐釉剔花莲花口瓷瓶

白釉花口长颈瓶

---

① 中国社会科学院考古研究所另藏 1 件同形制瓷瓶。

### 褐釉剔刻花玉壶春瓷瓶

1985 年宁夏灵武窑出土。高 31.7 厘米，口径 7 厘米，腹径 17 厘米，足径 10.3 厘米。喇叭口，长细颈，长圆腹，圈足，最大腹部接近圈足。施褐釉，器身刻划 4 组 3 道弦纹。肩部剔刻花缠枝牡丹纹，下腹部剔刻一周花叶纹。足部露胎。现藏中国社会科学院考古研究所。

褐釉剔刻花玉壶春瓷瓶

### 白釉玉壶春瓶

1991 年甘肃省武威市塔儿湾西夏瓷窑遗址出土。口径 6.5 厘米，最大腹围 38 厘米，底径 7.5 厘米，高 24 厘米。撇口，长颈，鼓腹，圈足。内外施白釉。器表釉不及底，胎灰白色。轮修痕迹明显。重残，有修复粘接痕迹。现藏武威市博物馆。

### 白釉玉壶春瓷瓶

白釉玉壶春瓷瓶

白釉玉壶春瓶

1985 年宁夏灵武窑出土。口残。灰白胎。通体白黑釉。腹径 10.37 厘米，底径 6.4 厘米，残高 15.39 厘米。束颈，鼓腹，溜肩，圈足。现藏中国社会科学院考古研究所。

### 黑釉西夏文瓶

高 32.6 厘米，口径 5.5 厘米，腹径 24.1 厘米，足径 10.9 厘米。斜唇口，口部由下向上内敛，束颈，溜肩，深腹，小圈足。黑釉，釉色不纯，为黑色和酱色之间，施釉不到底，肩部有涩圈。涩圈中有一道刻划旋纹。腹中部刻划两道双旋纹，粗细不均。旋纹间刻草书汉字"斗斤"和 3 个西夏字，汉译为"廉凤室"。现藏上海市博物馆。

黑釉西夏文瓶

### 褐釉刻花瓷瓶

1985 年宁夏灵武窑出土。残高 49.8 厘米，口径 9 厘米，腹径 37.2 厘米，足径 13.5 厘米。小口外翻，短束颈，溜肩，深曲腹，暗圈足。肩部以上施酱黄釉，肩部以下施褐釉，芒口，肩部有涩圈。腹上部有两道凹弦纹，腹部刻一周送葬狩猎图。图中一马，鞍上立有旗幡，马前一狗似为前导，狗左前侧为一猛禽抓扑一鹅，右前方有一奔跑小兔；马后有一高靴内插长杆前挑一灯。现藏中国社会科学院考古研究所。

褐釉刻花瓷瓶

### 白釉双耳瓷瓶

2002 年银川市西夏陵区管理处征集自宁夏银川市。完整。通体施白釉，底无釉。腹径 13 厘米，口径 3 厘米，底径 7.5 厘米，高 17 厘米。尖

白釉双耳瓷瓶

唇，侈口，矮束颈，窄沿下折，双耳置于肩，圆
溜肩，深腹微鼓，小平底，圈足。局部釉面有褐
色斑点，腹部饰两组凹弦纹，肩部有涩圈。现藏
银川市西夏陵区管理处，二级文物。

### 白釉瓷经瓶

1987 年宁夏灵武窑出土。残损。灰白胎。施
白釉。通体无纹。腹径 16 厘米，口径 9.5 厘米，
底径 10.4 厘米，高 34 厘米。直口，平折沿，直
颈，方唇，宽折肩，长弧腹下收，假圈足。现藏
宁夏博物馆，三级文物。

白釉瓷经瓶

### 白釉黑花猴鹿纹瓶

高 42.5 厘米、口径 7.8 厘米。口外撇，短束
颈，丰肩，直腹，肩以下渐收，暗圈足，砂底无
釉。通体以白釉黑花为饰。肩部绘变形莲瓣纹一
周，两侧绘两组下垂卷叶枝。腹部一面绘一猴与
一鹿在草丛中嬉戏，另
一面绘两只大雁盘旋于
芦草上空。现藏北京故
宫博物院。

白釉黑花猴鹿纹瓶

### 黑釉瓷经瓶

1987 年宁夏灵武窑出土。残损。施黑釉，底
无釉。口径 4.5 厘米，腹径 15.5 厘米，底径 11 厘米，
高 28 厘米。微束颈，小直口，圆肩，深弧腹下收，

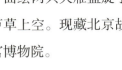

黑釉瓷经瓶

暗圈足外撇。口下一道凸棱，颈至腹部饰 4 组 3 条刻划弦纹带。现藏宁夏博物馆，三级文物。

## 4. 瓷罐

### 白釉剔刻花瓷罐

2001 年银川市西夏陵区管理处征集自宁夏银川市。施白釉。残损。腹径 26.5 厘米，口径 17.4 厘米，底径 15.5 厘米，高 27 厘米。圆唇，侈口窄沿平卷，宽圆肩，短束颈，平底，暗圈足，鼓腹下收，肩部刻卷草纹；腹部三开光剔刻折枝牡丹花纹、弧线及花叶纹。腹下部刻卷云纹。现藏银川市西夏陵区管理处，二级文物。①

白釉剔刻花瓷罐

### 褐釉剔缠枝番莲纹瓷罐

1991 年甘肃省武威市塔儿湾西夏瓷窑遗址出土。口径 22 厘米，底径 15 厘米，高 46 厘米。直口，平沿，溜肩，纺锤形腹，矮圈足外凸。黄白胎褐釉，施釉至腹下部。颈肩处剔留一圈褐色卷草纹，腹部剔刻出五朵缠枝带叶西番莲，上下分别刻细、粗两道褐色带纹。现藏武威市博物馆，一级文物。

褐釉剔缠枝番莲纹瓷罐

### 白釉剔刻牡丹纹罐

甘肃省博物馆征集自甘肃兰州市。口径 14.4 厘米，底径 13.3 厘米，高

---

① 灵武市文物管理所另藏 1 件同形制瓷罐。

白釉剔刻牡丹纹罐

40.9 厘米。直口，圆唇外翻，溜肩，腹微鼓，下腹内收，暗圈足。口沿下有一圈凸弦纹。肩部剔刻忍冬纹一周，腹部剔刻缠枝牡丹纹。轮修痕迹明显。内外施白釉。胎呈灰白色。口沿处有两处磕伤。现藏甘肃省博物馆，二级文物。

### 白釉剔花罐

1985 年青海省乐都县瞿昙寺斜沟村出土。高 42 厘米，口径 14 厘米，底径 12 厘米。直口，短颈，溜肩，鼓腹，斜收，暗圈足。口沿露胎，器表施白釉，灰白胎。肩部一周剔刻牡丹叶，腹部剔刻牡丹花枝轮廓与筋脉，沿花、叶周围剔地。现藏青海乐都县博物馆。

白釉剔花罐

### 黑釉剔刻牡丹纹四系罐

1992 年甘肃省武威市塔儿湾西夏瓷窑遗址出土。口径 22 厘米，腹围 117 厘米，底径 15 厘米，高 46 厘米。直口，圆唇，短颈，溜肩，鼓腹，斜收，圈足。肩附 4 系，宽扁耳形，上饰凹槽 2 道。肩部剔刻带状波浪纹一周，腹部剔刻衬叶折枝牡丹纹，纹饰间弦纹相隔。内外施黑釉。腹部以下、口沿内壁露胎，胎灰白色。轮修痕迹明显。残损，有修复粘接痕迹。现藏武威市博物馆，一级文物。

黑釉剔刻牡丹纹四系罐

褐釉剔刻缠枝牡丹纹罐

### 褐釉剔刻缠枝牡丹纹罐

1992 年甘肃省武威市塔儿湾西夏瓷窑遗址出土。口径 24 厘米，腹围 127 厘米，底径 16 厘米，高 48.5 厘米。直口，圆唇，短直颈，溜肩，鼓腹，斜收，圈足。肩部剔刻卷草纹一周，腹部剔刻 5 朵衬叶缠枝牡丹，纹饰间弦纹相隔。内外施褐色釉。口沿内壁及腹部以下露胎，胎灰白色，胎质较细。器身中部一处鼓凸变形。轮修痕迹明显。残损，已修复。现藏武威市博物馆，一级文物。[①]

### 褐釉剔刻牡丹纹罐

1992 年甘肃省武威市塔儿湾西夏瓷窑遗址出土。口径 12 厘米，腹围 58 厘米，底径 6 厘米，高 19 厘米。直口，斜沿，短颈，溜肩，鼓腹，斜收，圈足。腹部剔刻缠枝牡丹纹一周，剔面较大。内外施褐釉。器表腹部以下及口沿内壁露胎，胎灰白色。残损，已修复。现藏甘肃省文物考古研究所，二级文物。

褐釉剔刻牡丹纹罐

### 褐釉剔刻牡丹纹罐

1992 年甘肃省武威市塔儿湾西夏瓷窑遗址出土。口径 22 厘米，腹围 113 厘米，高 46 厘米，底残缺。直口，平沿，短颈，溜肩，鼓腹，斜收。腹部两面剔刻如意状开光，各饰折枝牡丹 3 朵，开光之间饰水波纹。内外施褐釉。

---

① 武威市博物馆另藏 1 件同形制瓷罐。

褐釉剔刻牡丹纹罐

腹部以下及口沿露胎，胎灰白色。残损，已修复。现藏甘肃省文物考古研究所，二级文物。

### 黑釉剔花瓷罐

1980 年甘肃省武威市北关出土。口径 18 厘米，腹围 95 厘米，底径 14.5 厘米，高 35.2 厘米。

黑釉剔花瓷罐

敛口，平沿，短直颈，溜肩，鼓腹，下腹斜收，暗圈足。肩部剔刻覆莲瓣纹一周，腹部剔刻衬叶缠枝花卉纹两组，两组纹饰间以一道弦纹相隔。内外施黑釉，釉较厚。口沿及底露胎，胎灰白色。残损，已修复。现藏武威市博物馆，二级文物。

绿釉剔刻牡丹纹瓷罐

### 绿釉剔刻牡丹纹瓷罐

甘肃省华亭县文化馆移交。口径 17.4 厘米，腹围 8 厘米，底径 11 厘米，高 31.5 厘米。直口，圆唇，溜肩，腹微鼓，斜收，暗圈足。腹部剔刻衬叶缠枝牡丹纹，纹饰上下辅双弦纹。内外施绿釉。口沿内壁及腹部以下露胎，胎红色，胎质较粗。轮修痕迹明显。口沿一处裂纹。现藏甘肃华亭县博物馆，二级文物。

### 褐釉剔刻缠枝花卉纹瓷罐

甘肃省华亭县文化馆移交。口径 15 厘米，腹围 73.5 厘米，底径 10.5 厘

褐釉剔刻缠枝花卉纹瓷罐

米，高 19 厘米。直口，圆唇，溜肩，球形腹，暗圈足。腹部剔刻缠枝花卉纹，上下辅双弦纹。内外施褐釉。足底施釉，口沿内壁露胎，胎黄色。轮修痕迹明显。肩部一处粘釉。完整。现藏甘肃华亭县博物馆，三级文物。

### 黑釉剔刻莲花纹罐

1995 年甘肃华亭县博物馆征集自甘肃省华亭县西华镇。口径 12.7 厘米，腹围 58.5 厘米，底径 9.9 厘米，高 23.4 厘米。直口，圆唇，溜肩，腹微鼓，下腹斜收，暗圈足。腹部剔刻衬叶缠枝花卉纹一周，纹饰上下辅双弦纹。内外施黑釉。足底施釉，胎灰白色。轮修痕迹明显。口沿略变形。现藏甘肃华亭县博物馆，二级文物。

黑釉剔刻莲花纹罐

### 黑褐釉剔花罐

1989 年内蒙古准格尔旗刘家塔遗址出土。口径 15.7 厘米，腹径 24.4 厘米，底径 10 厘米，高 28.9 厘米。敛口圆唇，沿微外侈，鼓腹，圈足。轮制，施黑褐釉，腹部以下露胎，胎质白色较细。腹部剔刻 2 组对称牡丹花卉图案。口沿和腹部残损。1989 年入藏鄂尔多斯市博物馆。2007 年被定为三级文物。

黑褐釉剔花罐

### 黑釉剔刻牡丹纹罐

1995 年甘肃省博物馆征集自甘肃兰州市。口径 20.5 厘米，腹围 96 厘米，底径 15.4 厘米，高 26.5 厘米。广口微敛，溜肩，圆腹，下腹斜收，圈足。口沿外两道凸弦纹，腹部剔刻 3 朵缠枝牡丹纹，纹饰上下各饰宽弦纹一道。内外施黑釉。内壁口沿及腹部以下露胎。现藏甘肃省博物馆，一级文物。

黑釉剔刻牡丹纹罐

### 褐釉剔刻花深腹瓷罐

1985 年宁夏灵武窑出土。残损。施褐釉。口径 15.2 厘米，底径 11.2 厘米，高 22.7 厘米。双唇口，宽沿，束颈，溜肩，圈足。通体肩部上下刻两道弦纹，中间剔刻一周卷草纹。腹部下收，开光，内部剔刻 3 朵牡丹纹。现藏中国社会科学院考古研究所。①

褐釉剔刻花深腹瓷罐

### 黑釉剔花牡丹纹罐

高 30.2 厘米，口径 15.8 厘米，底径 16.6 厘米。短束颈，鼓腹，胫部渐收，低圈足。通体施微泛褐色的黑釉，肩、腹部刻有 3 组一道弦纹，肩部和腹部都剔刻缠枝牡丹纹。现藏江苏省南通市南通博物苑。

黑釉剔花牡丹纹罐

---

① 中国社会科学院考古研究所另藏 1 件同形制瓷罐，花纹略异。

### 褐釉剔花双耳盖瓷罐

1985 年宁夏灵武窑出土。罐高 29.6 厘米，口径 21 厘米，腹径 24 厘米，足径 20 厘米。修复品。双唇口，宽沿，束颈，深鼓腹，暗圈足。通体施褐釉，施釉不到底，颈肩部有对称双耳。腹部有 4 组 2 道弦纹。上腹部和下腹部弦纹中间分别剔刻一周卷叶纹。盖高 8.6 厘米，直径 20 厘米，圆形，正中有塔型钮，施褐釉，盖器表剔刻一周卷叶纹。现藏中国社会科学院考古研究所。

褐釉剔花双耳盖瓷罐

### 白釉褐彩缠枝花卉纹四系罐

1992 年甘肃省武威市塔儿湾西夏瓷窑遗址出土。口径 22.2 厘米，腹围 117 厘米，底径 20 厘米，高 46 厘米。直口，短颈，溜肩，鼓腹，斜收，圈足，足底有旋凸。肩附四系，宽扁耳形，上饰凹槽两道。颈部饰凸弦纹两道，肩部绘褐彩卷草纹一周，腹部绘褐彩缠枝花卉纹一周，纹饰上下褐彩各绘弦纹一道。器表施白釉，内壁施褐釉。下腹部、口沿内壁露胎，胎灰白色。残损，已修复。现藏甘肃省文物考古研究所，二级文物。

白釉褐彩缠枝花卉纹四系罐

### 草书白釉绘缠枝牡丹纹罐

1992 年甘肃省武威市塔儿湾西夏瓷窑遗址出土。口径 22 厘米，腹围 82 厘米，底径 15 厘米，高 46.5 厘米。直口，平沿，短颈，溜肩，鼓腹，斜收，圈足。颈部饰粗凸弦纹两周，肩部饰褐彩卷草纹一周，腹部绘四组褐彩缠枝

草书白釉绘缠枝牡丹纹罐

牡丹纹。腹下露胎处墨书西夏文草书二字，译为"芦五"，人名。内外施乳白釉。口沿刮釉，腹部以下露胎，胎灰白色。轮修痕迹明显。腹残，已修复。现藏武威市博物馆，一级文物。

### "光定四年"铭褐釉残罐

1992年甘肃省武威市塔儿湾西夏瓷窑遗址出土。残高43厘米，底径14.5厘米。鼓腹，斜收，圈足。下腹近底有1孔，直径1.2厘米。内外施褐釉。器表腹部以下露胎，胎灰白色。露胎处墨书汉字"光定四年四月卅日郭善狗家瓮"。轮修痕迹明显。残件，仅存腹、底，为瓷片粘接修复而成。1992年入藏武威市博物馆。1996年被定为一级文物。

"光定四年"铭褐釉残罐

### 褐釉双耳瓷罐

1987年宁夏灵武窑出土。残损。灰白胎，施褐釉。腹径16.9厘米，口径12.2厘米，底径8.9厘米，高23.4厘米。平沿，粗长颈，口微敛，圈足，深曲腹。现藏宁夏博物馆，三级文物。

褐釉双耳瓷罐

### 褐釉弦纹双耳敞口瓷罐

宁夏银川市鼓楼步行街工地出土。完整。施褐釉。芒口。腹径 18 厘米，口径 13.9 厘米，底径 9.2 厘米，高 19.4 厘米。圆唇，侈口，粗短颈，溜肩，平底，置对称带状耳，深腹微鼓，圈足。肩腹部饰两圈双弦纹。现藏银川市文物管理处，三级文物。

褐釉弦纹双耳敞口瓷罐

### 黑釉瓜棱瓷罐

1987 年宁夏灵武窑出土。残损。施黑釉。口径 12 厘米，底径 6.3 厘米，高 8 厘米。圆唇，矮束颈，侈口，丰肩，圆折腹下收，圈足。腹部施一周上宽下窄瓜棱纹。现藏宁夏博物馆，三级文物。

黑釉瓜棱瓷罐

### 白釉瓷罐

1997 年银川市西夏陵区管理处征集自宁夏银川市。施白釉。残损。腹径 27 厘米，口径 16.1 厘米，底径 14.5 厘米，高 27.5 厘米。侈口，宽圆肩，窄卷沿，短束颈，鼓腹下收，平底，暗圈足。现藏银川市西夏陵区管理处，三级文物。

白釉瓷罐

### 黑釉双耳瓜棱瓷罐

2015 年银川市西夏陵区管理处征集自宁夏银川市。完整。外壁施黑釉，腹底露胎。腹径 20.1 厘米，口径 11.2 厘米，底径 8.5 厘米，高 21.1 厘米。直

**黑釉双耳瓜棱瓷罐**

口，圆唇，粗长颈，溜肩，有崩口，平底，鼓腹，暗圈足。肩置双耳，腹部 10 道瓜棱。腹部有窑粘。现藏银川市西夏陵区管理处。

### 酱釉双系瓷罐

青海省大通回族土族自治县逊让乡出土。直口，双唇，直颈，溜肩，长腹微鼓，圈足，颈肩附对称双系。外部表面施酱色釉，施釉不到底。现藏青海大通回族土族自治县文物管理所。

**酱釉双系瓷罐**

### 褐釉瓷罐

1992 年甘肃省武威市塔儿湾西夏瓷窑遗址出土。口径 24 厘米，最大腹围 130 厘米，底径 12 厘米，高 52 厘米。直口，平沿，短颈，溜肩，鼓腹，斜收，圈足。内外施褐釉，流釉。腹部以下及口沿露胎，胎灰白色。轮修痕迹明显。肩部、腹部各 1 处粘胎。现藏甘肃省文物考古研究所。1996 年被定为二级文物。

**褐釉瓷罐**

### 褐釉单耳瓷罐

1986 年宁夏灵武窑出土。口径 6.1 厘米，底径 6.6 厘米，高 17.1 厘米。侈口，圆唇，窄卷沿，粗

**褐釉单耳瓷罐**

束颈，溜肩，瘦长腹微鼓，大平底，圈足。肩置单耳。口沿及外壁施褐釉，下腹露胎。口沿有磕损。现藏中国社会科学院考古研究所。

### 褐釉单耳瓷罐

1984 年宁夏灵武窑出土。口径 8.7 厘米，底径 6.3 厘米，高 12.2 厘米。广口，方唇，窄平沿，粗长颈，颈下部逐渐内收，斜折肩，深弧腹，圈足。肩置单耳。口沿及外壁施褐釉，下腹露胎。残损，已修复。现藏中国社会科学院考古研究所。①

褐釉单耳瓷罐

### 白釉双耳瓷罐

1985 年宁夏灵武窑出土。高 23.2 厘米，口径 13.5 厘米，腹径 17 厘米，足径 7 厘米。大喇叭口，长束颈，深鼓腹，圈足，颈腹间有对称双耳。通体施白釉，部分釉色脱落。现藏中国社会科学院考古研究所。

白釉双耳瓷罐

## 5. 瓷缸

### 褐釉剔刻花瓷缸

2013 年银川市西夏陵区管理处征集自宁夏银川市。残损。施褐釉。腹径 31.5 厘米，口径 26.8 厘米，底径 17.8 厘米，高 44.9 厘米。直口

褐釉剔刻花瓷缸

---

① 中国社会科学院考古研究所另藏同形制瓷罐 1 件。

微敛，平底，窄折沿，深弧腹，暗圈足。通体腹部剔刻双凹纹间隔重叶纹和卷草纹。现藏银川市西夏陵区管理处。

### 黑釉剔花缸

1997年甘肃省肃南裕固族自治县大河区出土。口径57厘米，底径27厘米，高75厘米。敞口，圆唇，深腹，下腹渐收，平底。上腹剔刻辅叶花卉纹一周，类大叶海棠；上下饰弦纹一道。器表近口沿处刻划楷书汉文"三月廿二日"5字。内外施黑釉，釉色黑亮匀净。口沿露胎，胎浅褐色，粗缸胎，胎质较粗。完整。现藏甘肃肃南裕固族自治县博物馆，一级文物。

黑釉剔花缸

### 黄绿釉剔花缸

1987年甘肃省武威市韩佐乡五坝山征集。口径17厘米，底径13.2厘米，高30厘米。敛口，宽平沿，深弧腹，腹下部有流口，平底，暗圈足。灰白胎，内外壁施黄釉，唇沿及腹下部露胎。肩部饰覆莲瓣，肩腹之间为带纹，腹部剔刻缠枝牡丹及卷叶纹。现藏武威市博物馆，一级文物。

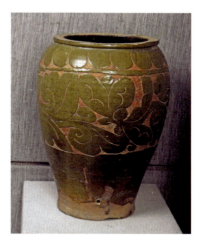

黄绿釉剔花缸

### 黄釉剔花缸

2005年西北民族大学博物馆征集自宁夏海原县中医院。口径21.5厘米，腹围110厘米，底径6.7厘米，高39厘米。广口，圆唇，短颈，溜肩，鼓腹，

黄釉剔花缸

下腹渐收，圈足。器身剔饰波浪卷叶纹一周，上下各饰弦纹两道。内外施酱黄釉。底部露胎，胎灰白色，胎质较粗。近底部裂纹一道，有修复痕迹。现藏西北民族大学博物馆。

### 白釉敞口鼓腹缸

1987年内蒙古额济纳旗绿城遗址采集。口外径 19.3 厘米，内径 16.2 厘米，腹径 21.1 厘米，底外径 13.3 厘米，内径 10.6 厘米，高 30.5 厘米。侈口台唇，束颈溜肩，鼓腹斜壁，卧足平底。轮制，内外施灰白釉，口沿露胎。近底部有 1 处小孔。完整。1987 年入藏额济纳旗文物保护管理所。

白釉敞口鼓腹缸

褐釉刻花缸

### 褐釉刻花缸

1987 年内蒙古额济纳旗绿城遗址出土。口径 27.3 厘米，腹径 34.8 厘米，底径 22.5 厘米，高 42.5 厘米。大口，方唇，弧腹，浅圈足，平底。通体施褐釉，口唇露胎。口沿下周刻卷草纹，腹部剔刻花卉图案。2009 年入藏内蒙古博物院，一级文物。

## 6. 瓷瓮

### 褐釉剔刻花瓷瓮

2015 年银川市西夏陵区管理处征集。完整。芒口。外壁施褐釉。腹径 27 厘米，口径 12.5 厘米，底径 13.5 厘米，高 45 厘米。直口，矮束颈，圆溜肩，方唇，小平底，长鼓腹，下腹减收，暗圈足。肩部两处开光剔刻卷草纹，腹部一周开光剔刻折枝牡丹花纹，辅以弧线纹，下腹部饰一道凹弦纹。现藏银川市西夏陵区管理处。

褐釉剔刻花瓷瓮

### 缠枝牡丹纹酱釉瓮

采集品。高 43.8 厘米，口径 12.6 厘米，底径 14.5 厘米，腹径 29.2 厘米。直口方唇，平沿，短颈，溜肩，鼓腹，斜收，圈足。口沿有凹槽一道。下腹部有 1 洞孔。外施酱釉。腹部剔刻牡丹花纹。保存完整。现藏青海湟中县博物馆，一级文物。

缠枝牡丹纹酱釉瓮

褐釉剔刻花六系大瓷瓮

### 褐釉剔刻花六系大瓷瓮

2015 年银川市西夏陵区管理处征集。残损。施褐釉。腹径 34 厘米，口径 13 厘米，底径 14 厘米，高 60 厘米。方唇，侈口，溜肩，长束颈，深曲腹，下腹减收，暗圈足，小平底，肩腹处置对称 6 系。6 系之间剔刻花叶纹。6 系下至下腹部饰两组双弦纹，弦纹之间有开光剔刻花折枝牡丹纹，下腹部饰凹弦纹。现藏银川市西夏陵区管理处。

### 酱釉剔牡丹花纹四系瓷

酱釉剔牡丹花纹四系瓷

1991 年甘肃省武威市塔儿湾西夏瓷窑遗址出土。口径 15 厘米，腹径 40 厘米，足径 16 厘米，高 57 厘米。侈口，斜唇外撇，唇饰两道弦纹，束颈，溜肩，肩颈间饰堆塑纹，长圆腹，下内收，腹上部四系，暗圈足，足腹间有流口。内外满釉，肩部刮釉，腹两侧剔刻有菱形开光，开光内剔刻折枝牡丹，开光两侧刻划花瓣浅纹作装饰。保存完整。现藏武威市博物馆，一级文物。

### 绿釉剔刻牡丹纹四系瓷

绿釉剔刻牡丹纹四系瓷

1993 年甘肃省武威市塔儿湾西夏瓷窑遗址出土。口径 14 厘米，腹围 119 厘米，高 60 厘米。盘口，斜唇外撇，唇饰两道弦纹，束颈，溜肩，肩颈间饰堆塑纹，长圆腹，下内收，腹上部四系，足残。肩颈处饰波浪状堆塑纹一周，腹部剔刻缠枝牡丹纹一周。内外施绿釉。口沿露胎，胎色微红。肩部有涩圈。轮修痕迹明显。残损，已修复。现藏甘肃省文物考古研究所，二级文物。

### 黑釉剔刻牡丹纹六系瓷

1995 年甘肃省博物馆征集自兰州市掬宝阁。口径 14.5 厘米，底径 16.6 厘米，高 58.5 厘米。溜肩，长腹微鼓，圈足。肩附对称 6 系，宽扁耳形，上

**黑釉剔刻牡丹纹六系瓮**

饰凹槽数道。肩部剔刻 6 组梯形开光，内剔刻折枝牡丹纹各 1 枝；腹部剔刻 3 组菱形开光，内剔刻逆向牡丹花各 2 枝，开光外饰水波纹并牡丹花叶纹，花纹上下各饰弦纹 1 道。内外施黑釉。胎灰白色。残。现藏甘肃省博物馆，一级文物。

### 黑釉剔刻牡丹纹六系瓷瓮

2005 年西北民族大学博物馆征集自宁夏海原县中医院。口径 11.9 厘米，底径 14.9 厘米，高 60.7 厘米。直口，高颈，溜肩，鼓腹，下腹斜收，圈足，近足 1 孔，直径 1.3 厘米。颈肩交接处附波浪状堆纹 1 周。肩均布 6 系，宽扁耳形，上饰凹槽 3 道。颈、肩刻划卷草纹 1 周，腹部开光 2 处，剔刻牡丹纹，开光间以卷草纹衬水波纹相隔。内外施黑釉，釉薄厚不匀。胎灰白色，胎质较粗。现藏西北民族大学博物馆。

**黑釉剔刻牡丹纹六系瓷瓮**

### 白釉褐彩花鸟纹六系瓮

1992 年甘肃省武威市塔儿湾西夏瓷窑遗址出土。口径 17 厘米，腹围 126 厘米，底径 17 厘米，高 55 厘米。侈口，翻唇沿，束颈，圆肩，斜收，暗圈足。肩附 6 系，宽扁耳形。肩部褐彩绘饰牡丹纹，余 6 朵，上下各辅弦纹 1 道。腹部

**白釉褐彩花鸟纹六系瓮**

绘同向展翼天鹅 10 只，周围辅祥云饰。器表施白釉，腹部以下露胎；内壁施褐釉，口、颈露胎。胎藏灰白色。现藏武威市博物馆，一级文物。

### 白釉褐彩牡丹纹四系瓮

1992 年甘肃省武威市塔儿湾西夏瓷窑遗址出土。口径 16.5 厘米，腹围 123 厘米，底径 16 厘米，高 62 厘米。盘口，束颈，溜肩，鼓腹，斜收，暗圈足。颈部堆纹 1 周。肩附 4 系，缺失。颈部褐彩绘卷草纹 1 周，腹部褐彩绘对称辅叶牡丹花 2 组。表面施白釉。内壁及腹部以下露胎，胎灰白色。肩部有涩圈。轮修痕迹明显。残损，已修复。现藏武威市博物馆，一级文物。

白釉褐彩牡丹纹四系瓮

酱釉剔莲花纹残瓷瓮

### 酱釉剔莲花纹残瓷瓮

1991 年甘肃省武威市塔儿湾西夏瓷窑遗址出土。高 51 厘米，口径 15 厘米，腹径 38 厘米，足径 17 厘米。侈口，卷沿，束颈，溜肩，肩、颈部饰堆塑纹，圆鼓腹，颈腹部置二系，圈足。内外釉，肩部刮釉，腹下部露胎。腹部露胎的花、叶之间，用墨竖书西夏文四行十字，汉译为"斜毁，发酵有（裂）伤，下速斜，小。"现藏武威市博物馆，一级文物。

### 白釉剔划开光牡丹纹瓮

1982 年青海省互助土族自治县东沟出土。高 41 厘米。直口，短束颈，溜肩，鼓腹，斜收，暗圈足。器表施白釉，口部及足部不施釉。肩部一周刻划牡丹叶纹，腹部连弧菱形开光内左右各剔刻一朵盛开的折枝牡丹。开光外四边刻划牡丹叶及半圆弧波纹。现藏青海省文物考古研究所。

**白釉剔划开光牡丹纹瓮**

**褐釉四系瓷瓮**

### 褐釉四系瓷瓮

青海省湟中县维新乡下马申出土。高 67.5 厘米。盘口，长束颈，溜肩，鼓腹，斜收，暗圈足，颈肩链接处塑一圈螺旋纹，肩部附宽扁耳四系，系上饰 3 道凹槽，器表通体施褐釉。现藏青海省文物考古研究所。

### 酱釉四耳瓷瓮

采集品。高 52.5 厘米，口径 11.3 厘米，底径 13.4 厘米，腹径 24.4 厘米。两耳残缺，部分损腐。束颈，溜肩，鼓腹，斜收，圈足。下腹近底处有一孔。肩附 4 系，宽扁耳形，上饰凹槽 4 道，余 2 系。通体施酱釉，口沿露胎。肩部有涩圈，轮修痕迹明显。现藏青海省湟中县博物馆。

**酱釉四耳瓷瓮**

褐釉四系瓷瓮

青海省大通回族土族自治县桥头镇出土。盘口，长束颈，溜肩，鼓腹，斜收，暗圈足，肩部附宽扁耳四系，系上饰3道凹槽，施褐釉，施釉不均匀，口部不施釉，颈肩部半施釉。现藏青海大通回族土族自治县文物管理所。

褐釉四系瓷瓮

## 7. 瓷盆

内青外褐釉鱼纹瓷盆

### 内青外褐釉鱼纹瓷盆

1987年宁夏灵武窑出土。残损。内青釉外褐釉。口径39.2厘米，底径22.6厘米，高15.6厘米。方唇，斜直腹，平折沿，平底略凹。内口下刻一周水波纹，其下刻划水波鱼纹。现藏宁夏博物馆，三级文物。

### 内白外褐釉鱼纹瓷盆

1987年宁夏灵武窑出土。残损。口径46.5厘米，底径22.2厘米，高13厘米。方唇，斜直腹，平折沿，平底略凹。内白外褐釉，内壁刻划水波鱼纹。现藏宁夏博物馆。

内白外褐釉鱼纹瓷盆

### 黑釉瓷盆

1987 年宁夏灵武窑出土。残损。灰白胎。内外施黑釉。口径 36.5 厘米，底径 22.5 厘米，高 18 厘米。方唇，敞口，窄沿平折，深腹斜直缓收，大平底。现藏宁夏博物馆，三级文物。

黑釉瓷盆

### 褐釉瓷盆

1987 年宁夏灵武窑出土。残损。内外施褐釉，圈足无釉，芒口。口径 35.5 厘米，底径 18.4 厘米，高 18.5 厘米。方唇，敞口，弧腹，窄平沿，平底，圈足。外壁饰数周凹弦纹。现藏宁夏博物馆，三级文物。

褐釉瓷盆

### 黑釉深腹盆

1985 年内蒙古伊金霍洛旗乌尔吐沟窖藏遗址出土。口径 35.5 厘米，腹径 32 厘米，底径 23 厘米，高 20 厘米。敞口，平沿，鼓腹，平底。外施黑釉，足部和内部露胎。完整。1987 年入藏鄂尔多斯市博物馆。

黑釉深腹盆

## 黑釉瓷盆

1985 年内蒙古伊金霍洛旗乌尔吐沟窖藏遗址出土。口径 33.5 厘米，底径 17 厘米，高 11.3 厘米。敞口，沿面微鼓，唇缘向下卷曲，斜腹，平底。外施黑釉，近底部一圈露胎；内部露胎，盆壁和底部排列较规则锯齿形饰纹。有 3 道裂纹。1987 年入藏鄂尔多斯市博物馆。

黑釉瓷盆

## 白釉圈足盆

1989 年内蒙古准格尔旗石窑庙出土。口径 23 厘米，腹径 25 厘米，底径 9.2 厘米，高 14.7 厘米。敞口，圆唇，束颈，鼓腹，圈足。施白釉，腹部以下露胎。器身饰褐色花纹。腹至底部有 1 道裂纹。1989 年入藏鄂尔多斯市博物馆。

白釉圈足盆

## 内白外黑釉梅花点瓷盆

1986 年宁夏灵武窑出土。口径 32.4 厘米，底径 18.7 厘米，高 12.7 厘米。尖唇，窄沿平折，弧腹下缓收，圜底，圈足。内壁施白釉，规则装饰黑釉梅花点，外壁施黑釉，圈足内无釉。现藏中国社会科学院考古研究所。

内白外黑釉梅花点瓷盆

褐釉瓷盆

1986 年宁夏灵武市回民巷瓷窑出土。口径 28.8 厘米，底径 12 厘米，高 18 厘米。圆唇，窄沿平折，敞口，深腹斜曲内收，平底，圈足。内外施褐釉，底无釉。芒口。口沿多处残缺，后修复。1986 年入藏宁夏博物馆。

褐釉瓷盆

## 8. 瓷碗

白釉高足瓷碗

1987 年宁夏灵武窑出土。口径 11.4 厘米，底径 4.3 厘米，高 7.4 厘米。尖唇，撇沿，敞口，弧腹较深，下腹缓收，圜底，高圈足。内外施白釉，圈足内无釉。内外均有粉色晕散。口沿一处小磕损。残缺口沿至底一半。1987 年入藏宁夏博物馆。

白釉高足瓷碗

褐釉瓷碗

宁夏灵武窑出土。口径 20 厘米，底径 7.6 厘米，高 7.7 厘米。尖唇，敞口，斜直壁，平底，圈足。内壁施褐釉，素烧。内底有涩圈。口部磕损。基本完整。现藏灵武市文物管理所。

褐釉瓷碗

黑釉瓷碗

1997年宁夏海原县出土。口径
11.8厘米，底径4.9厘米，高5厘米。
尖圆唇，窄卷沿，弧腹，平底，圈
足，足较高略外撇，挖足过肩。黄褐
胎。内外施黑釉，底无釉。内底有涩
圈。残为两块，后粘接。1997年入藏
宁夏博物馆。

黑釉瓷碗

黑釉六棱瓷碗

1987年宁夏博物馆征集自宁夏
灵武市。口径20.1厘米，底径7厘米，
高7.5厘米。尖唇，敞口，斜直腹，
平底，圈足，挖足过肩。内壁6条竖
棱将腹部均匀分为六瓣。灰白胎。内

黑釉六棱瓷碗

外施黑釉，底无釉。内底有涩圈，芒口。口沿多处磕损，残为两块，已粘合。
1987年入藏宁夏博物馆。

乳白釉梅花纹碗

1990年甘
肃省合水县文
化馆征集自庆
阳市陇东古石
刻艺术博物馆。
口径15.8厘米，

乳白釉梅花纹碗

底径 5.5 厘米，高 6.5 厘米。撇口，斜壁，圈足，呈"挖足过肩"特征，足底有旋凸。内底饰褐色梅花点纹。内外施乳白釉。腹部以下露胎，胎黄色。内底有涩圈。2002 年被定为三级文物。

### 青釉瓷碗

1990 年甘肃省合水县文化馆征集自庆阳市陇东古石刻艺术博物馆。口径 16.5 厘米，底径 6 厘米，高 7.5 厘米。敞口，曲腹，圈足，足底有旋凸。内外施青釉，釉色温润。腹部以下露胎，胎色微红。内底有涩圈。2002 年被定为三级文物。

青釉瓷碗

### 白釉瓷碗

1978 年甘肃省武威市青咀湾窖藏遗址出土。口径 18.3 厘米，底径 6.8 厘米，高 8.2 厘米。口微侈，深腹，斜收，圈足，呈"挖足过肩"特征，足底有旋凸。内外施白釉。器表釉仅及口沿，胎灰白色。轮修痕迹明显。内底留叠烧痕迹。口沿 2 道裂纹。同年入藏武威市文物考古研究所。2003 年移交武威市博物馆。2002 年被定为三级文物。

白釉瓷碗

### 白釉褐彩菱形点纹碗

1978 年甘肃省武威市青咀湾窖藏遗址出土。口径 18.7 厘米，底径 6.6 厘

**白釉褐彩菱形点纹碗**

米，高 7.2 厘米。敞口，斜腹，圈足。内饰 5 组菱形褐彩九点纹，内底 1 组，内壁均布 4 组。内施白釉，外施褐釉。

圈足及底露胎，胎灰白色。轮修痕迹明显。内底留叠烧痕迹。口沿 1 处磕伤。同年入藏甘肃省武威市文物考古研究所。2003 年移交武威市博物馆。1996 年被定为一级文物。

### 青白釉瓷碗

1992 年甘肃省武威市塔儿湾西夏瓷窑遗址出土。口径 13 厘米，底径 4 厘米，高 4.8 厘米。敞口，曲腹，圈足，呈"挖足过肩"特征。内外施白釉，内壁釉不均匀，白釉上积青釉，流釉。器表口沿以下露胎，胎灰白色。内壁口沿有 1 处粘胎。同年入藏甘肃省文物考古研究所。1996 年被定为三级文物。

**青白釉瓷碗**

### 白釉高足瓷碗

1998 年银川市西夏陵区管理处征集自宁夏银川市。残损，内外壁施白釉，圈足露胎。口径 12.2 厘米，底径 4.9 厘米，足高 1.8 厘米，高 7.5 厘

**白釉高足瓷碗**

米。敞口，尖唇，小平底，深曲腹，高圈足。现藏银川市西夏陵区管理处，二级文物。

### 白釉瓷碗

白釉瓷碗

1974 年宁夏银川市西夏陵区出土。黄灰胎。内外施化妆土罩白釉，外壁口沿下施釉，流釉。口径 15.5 厘米，底径 5 厘米，高 6.3 厘米。敞口，尖圆唇，小平底，弧腹下收，挖足过肩，圈足。内底有沙圈，芒口。现藏宁夏博物馆，三级文物。

### 黑釉瓷碗

黑釉瓷碗

1987 年宁夏灵武窑出土。灰白胎。内外施黑釉，外壁口沿下施釉，流釉。口径 20 厘米，底径 8 厘米，高 7.5 厘米。圆唇，敞口，平底，圈足，斜直腹下收，挖足过肩。内底有涩圈。现藏宁夏博物馆，三级文物。

### 白釉瓷碗

白釉瓷碗

1982 年内蒙古准格尔旗敖包梁窖藏遗址出土。口径 16.6 厘米，底径 7 厘米，高 6.8 厘米。敞口，平沿，深腹，圈足。通体施白釉，腹部饰弦纹。口至腹部有裂纹。同年入藏鄂尔多斯市博物馆。2007 年被定为三级文物。

### 白釉高足碗

1985 年内蒙古鄂尔多斯市征集。口径 28 厘米，底径 9.5 厘米，高 15 厘米。敞口圆唇，斜壁曲腹，高圈足。施白釉，釉面光滑，胎细壁薄，圈足露胎。口沿 1 处残损，修补完整，口至腹部有 3 道裂纹。2009 年入藏内蒙古博物院。

白釉高足碗

### 褐釉剔刻花棱足瓷碗

1986 年宁夏灵武窑出土。残损。灰白胎，施褐釉。高 14.3 厘米，口径 24.1 厘米，底径 10.6 厘米。敛口，折唇，高圈足，深曲腹，足侧有 2 道凸棱。中间剔刻花叶纹，口沿与下腹部分别刻划 2 道弦纹。现藏中国社会科学院考古研究所。[①]

褐釉剔刻花棱足瓷碗

### 青釉梅花点瓷碗

1985 年宁夏灵武窑出土。瓷质。高 6.6 厘米，口径 15.5 厘米，足径 4 厘米。敞口，斜沿，曲腹，圈足。内壁及外壁上部施青釉，内有褐色梅花点。现藏中国社会科学院考古研究所。

青釉梅花点瓷碗

①  中国社会科学院考古研究所另藏 1 件同形制瓷碗。

褐釉"高"字弦纹瓷碗

1985 年宁夏灵武窑出土。高 8.4 厘米，口径 24 厘米，足径 4.2 厘米。敛口，斜屈腹，圈足，内壁上下各有两道弦纹，施褐釉，施釉不到底。碗内壁底刻汉字"高"。现藏中国社会科学院考古研究所。

褐釉"高"字弦纹瓷碗

## 9. 瓷盘

褐釉剔刻花瓷盘

1986 年宁夏灵武窑出土。残损。内外施褐釉，外壁施半截釉。口径 16.5 厘米，底径 6.4 厘米，高 4.5 厘米。圆唇，曲腹，直口，小圈足，大平底，挖足过肩，足壁内削。盘底刻两组同心圆弦纹，外圆单周，内圆双周。内外圆之间剔刻草叶纹。内底有涩圈。现藏中国社会科学院考古研究所。

褐釉剔刻花瓷盘

### 褐釉刻梵文瓷盘

1986 年宁夏灵武窑出土。残损。口径 20 厘米，底径 7.3 厘米，高 4.6 厘米。浅腹、直口，坦底，圈足较深。盘内施褐釉，底有涩圈，外施釉不到底。内口沿下及近涩圈处各有弦纹两道，中间刻 8 个大莲瓣，每个莲瓣内及底心各有 1 个梵文字，共 9 字，呈中台八叶院式。内底中央梵文字为"吽"，腹部 8 字有 4 字与内底心同，另 4 字为"唵"，相间排列一周。现藏中国社会科学院考古研究所。

褐釉刻梵文瓷盘

### 白釉小瓷盘

1987 年宁夏灵武窑出土。残损。内外施白釉，外壁施半截釉。口径 11.2 厘米，底径 5.3 厘米，高 2.6 厘米。敞口，弧腹下收，圈足。现藏宁夏博物馆，三级文物。

白釉小瓷盘

### 褐釉瓷盘

1987 年宁夏灵武窑出土。施褐釉，外壁施半截釉，内底有涩圈。口径 16.5 厘米，底径 7 厘米，高 4.3 厘米。圆唇，弧腹，敞口，平底，圈足较高。现藏宁夏博物馆。

褐釉瓷盘

### 青釉六棱瓷盘

1987 年宁夏灵武窑出土。内外施青釉，外壁施半截釉。口径 16.2 厘米，底径 6.1 厘米，高 3.9 厘米。尖唇，浅腹微弧，敞口，平底，圈足。6 道竖向条棱将内壁均匀分为六瓣。内底有涩圈。现藏宁夏博物馆。

青釉六棱瓷盘

### 白釉瓷盘

1974 年宁夏银川市西夏陵区出土。内外施白釉，圈足无釉。口径 9.5 厘米，底径 5 厘米，高 1.7 厘米。圆唇，平底，浅斜腹，圈足。内底有涩圈。现藏宁夏博物馆，三级文物。

白釉瓷盘

### 白釉折沿瓷盘

1986 年宁夏灵武市回民巷瓷窑出土。口径 13.8 厘米，底径 6.3 厘米，高 2.7 厘米。宽折沿，圆唇，敞口，斜直腹，下腹向内平折，大平底，圈足，挖足过肩。黄白胎。内及口沿施白釉。内底有涩圈。口沿一处磕损。同年入藏宁夏博物馆。

白釉折沿瓷盘

白釉高足瓷盘

### 白釉高足瓷盘

1987年宁夏银川市西夏陵区北端建筑遗址出土。残损。施白釉。口径18.8厘米，底径5.2厘米，高7.2厘米。敞口，尖唇，斜沿，浅斜腹微弧，喇叭状高足。内底中一孔。现藏宁夏博物馆。

白釉刻花瓷碟

### 白釉刻花瓷碟

2011年由陕西省神木县文物管理办公室移交。口径18.8厘米，足径6.6厘米，高4厘米。敞口，斜折腹，圈足。通体施白釉，内底有涩圈，内壁刻划莲瓣纹。外壁施釉不及底。现藏陕西神木县博物馆，三级文物。

### 白釉瓷盘

白釉瓷盘

1978年甘肃省武威市青咀湾窖藏遗址出土。口径15.5厘米，底径6厘米，高3.5厘米。敞口，浅腹，圈足，呈"挖足过肩"特征，足底有旋凸。内外施白釉。器表釉仅及口沿，胎灰白色。轮修痕迹明显。内底留叠烧痕迹。口沿有1道裂纹。1978年入藏武威市博物馆。

白釉高足盘

1990 年甘肃省古浪县寺沟山西夏寺院遗址出土。口径 9.3 厘米，底径 4 厘米，足高 2 厘米，通高 4.6 厘米。敞口，斜壁，高圈足，足外撇。内外施乳白釉。腹部以下露胎，胎灰白色。圈足 1 处磕缺。1990 年入藏甘肃古浪县博物馆。

白釉高足盘

白釉莲花瓷盏托

1998 年银川市西夏陵区管理处征集。内外壁施白釉，白釉中泛姜黄色，圈足露胎。口径 4.1 厘米，底径 3 厘米，托径 8.5 厘米，高 5 厘米。口微敛，高圈足，深曲腹。腹下部与高足间装饰莲花瓣托盘。现藏银川市西夏陵区管理处。

白釉莲花瓷盏托

## 10. 瓷壶

黑釉瓷执壶

1987 年宁夏灵武窑出土。施黑釉，底无釉。腹径 10.4 厘米，口径 8 厘米，底径 7 厘米，高 14 厘米。侈口，束颈，窄折沿，颈下逐渐内收，

黑釉瓷执壶

圆肩，深腹下收，矮圈足。肩部置一长直流，另一侧颈腹部置带状耳。现藏宁夏博物馆。

### 酱釉执壶

1989 年青海省大通回族土族自治县拉浪台出土。高 22 厘米，口径 10 厘米。内抹唇盂形口，束颈，颈两侧分设扁方形柄及卷舌状流，直腹修长，圈足外侈。施酱釉，外不至足。口边无釉。现藏青海大通回族土族自治县文物管理所。

酱釉执壶

### 茶叶末釉瓷执壶

1985 年宁夏灵武窑出土。口径 8.1 厘米，底径 7.2 厘米，高 16.3 厘米。侈口，宽沿下卷，粗束颈，肩微折，深腹微鼓，大平底，圈足。口沿至肩部一侧置一竖耳，肩另一侧置斜直流。腹部以上施褐釉，下腹及足无釉。下腹两处残损。现藏中国社会科学院考古研究所。

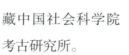

茶叶末釉瓷执壶

### 黑釉执壶

1982 年甘肃省武威市塔儿湾西夏瓷窑遗址出土。口径 6.5 厘米，最大腹围 29.3 厘米，底径 6 厘米，高 14.5 厘米。侈口，方唇，束颈，斜肩，长腹，圈足。口沿 1 流，流相对口肩附 1 执，宽扁耳形，上饰凹槽 5 道。肩腹交接处有棱。内外施黑釉，流釉。棱部釉面较薄，内壁釉仅及腹

黑釉执壶

部，器表腹部以下露胎，胎灰白色。轮修痕迹明显。口沿 1 处磕伤。1990 年入藏武威市博物馆，三级文物。

### 黄釉执壶

1982 年甘肃省武威市塔儿湾西夏瓷窑遗址出土。口径 6 厘米，最大腹围 27 厘米，底径 5.8 厘米，高 13.5 厘米。侈口，长束颈，溜肩，长圆腹，圈足，足底有旋凸。口沿带流。流对侧颈肩附宽扁耳形执，略变形，上饰凹槽 1 道。内外施黄釉，两次蘸釉。釉不及底，下腹近足及底足露胎，口沿削釉，胎灰白色。轮修痕迹明显。器身多处脱釉。现藏武威市博物馆。

黄釉执壶

### 白釉瓜棱形瓷执壶

2013 年征集自陕西省神木县收藏家胡文高处。口径 6.5 厘米，底径 5.6 厘米，高 19.5 厘米。喇叭口，细长颈，折肩，瓜棱形腹，圈足，肩附曲柄、短流。通体施白釉不到底，肩部饰 3 周弦纹。现藏陕西神木县博物馆。

白釉瓜棱形瓷执壶

## 11. 瓷釜

### 褐釉瓷釜

1987 年宁夏灵武窑出土。黄胎。内施褐釉，外施釉至窄沿下。芒口。口径 16.5 厘米，腹径 18.9 厘米，底

褐釉瓷釜

径 6.5 厘米，高 13.7 厘米。敛口，斜腹下弧，凹底，腹上部出窄平沿。口沿外剔刻两周弦纹。宽沿边缘有磕损。现藏宁夏博物馆，三级文物。

### 青釉瓷釜

1987 年宁夏灵武窑出土。灰褐胎。芒口。腹径 24.8 厘米，口径 19.9 厘米，底径 8.1 厘米，出沿宽 2.5 厘米，高 17 厘米。敛口，斜腹下弧，腹上部出宽平沿，凹底。内壁及外壁出沿以上施青釉。现藏宁夏博物馆，三级文物。

青釉瓷釜

### 白釉小瓷釜

1987 年宁夏灵武窑出土。口径 8 厘米，腹径 9.8 厘米，高 4.2 厘米。直口，斜腹下弧，腹中部一周凸棱，平底。外壁施白釉至凸棱下。底呈褐色。芒口。口沿一道裂缝，凸棱周边重损。1987 年入藏宁夏博物馆。

白釉小瓷釜

### 褐釉瓷釜

1987 年宁夏灵武窑出土。口径 10.5 厘米，腹径 15.4 厘米，底径 5.5 厘米，高 5.3 厘米。敛口，浅斜腹下弧，腹上部出宽平沿，平底。内壁及口沿外无釉，宽沿下至底施褐釉。口

褐釉瓷釜

沿磨损，宽沿边缘残缺一块，多处磕损，底有一道"S"形裂纹。1987 年入藏宁夏博物馆。

### 褐釉瓷釜

1985 年宁夏灵武窑出土。高 4.5 厘米，口径 6 厘米，足径 2.5 厘米。直口，斜唇，凸沿，曲腹，凹足，内及外沿施褐釉，腹部半施釉。现藏中国社会科学院考古研究所。

褐釉瓷釜

### 褐釉小瓷釜

1987 年宁夏灵武磁窑堡出土。口径 6.4 厘米，腹径 8.1 厘米，底径 3 厘米，高 4.6 厘米。直口，斜腹下弧，腹中上部出宽平沿，假圈足。内施褐釉，外壁施半截釉。黄白胎，芒口。口沿多处磕伤，宽沿边缘严重磕伤，底部一道裂口。1987 年入藏宁夏博物馆。

褐釉小瓷釜

## 12. 瓷炉

### 褐釉高足瓷炉

1987 年宁夏灵武窑出土。残损。黄褐胎。内口沿及外壁施褐釉，底无釉。口径 5.9 厘米，底径 5.3 厘米，

褐釉高足瓷炉

高 8.3 厘米。直口，宽沿，下腹向内平折，深直腹外撇，柱状足下撇，足上部两周凸棱。现藏宁夏博物馆。

### 白釉瓷炉

2013 年宁夏博物馆征集自宁夏灵武市。残损。灰白胎。施白釉，足部无釉。最宽 9 厘米，高 8.4 厘米。直口，深直腹外撇，宽沿下弧，下腹向内平折，柱状足，足底外撇，足上部一周凸棱。现藏宁夏博物馆。

白釉瓷炉

### 三足瓷炉

1987 年宁夏灵武窑出土。残损。口沿内侧及外壁腹部以上施白釉，底及足施褐釉。口径 14.3 厘米，底径 9 厘米，高 6.4 厘米。宽沿，直口，浅直腹略内凹，下腹斜收，凹底，下承 3 矮足。现藏宁夏博物馆，三级文物。

三足瓷炉

### 褐釉瓷香炉

宁夏灵武窑出土。残损。通体褐釉，下腹部及圈足露胎，肩部有窑粘。腹径 13 厘米，口径 11.1 厘米，底径 6.2 厘米，高 8.7 厘米。侈口，斜肩，粗束颈，扁鼓腹下收，平底，圈足。现藏灵武市文物管理所。

褐釉瓷香炉

### 白釉瓷炉

1997 年银川市西夏陵区管理处征集。口径 3 厘米，底径 2.3 厘米，足高 0.8 厘米，高 3.7 厘米。侈口，窄卷沿，折腹，高柱足，足跟圆台形。内外壁施白釉，内底及圈足露胎。1998 年入藏银川市西夏陵区管理处。

白釉瓷炉

### 素烧瓷炉

2005 年银川市西夏陵区管理处征集自宁夏灵武市。口径 4.9 厘米，腹径 6 厘米，底径 5.5 厘米，足高 2.7 厘米，高 8 厘米。直口，尖唇，宽沿下卷，深腹略内曲下折，柱状高柄，圆饼形实心足。通体无釉。残损。同年入藏银川市西夏陵区管理处。

素烧瓷炉

### 褐釉花口瓷尊

1987 年宁夏灵武窑出土。残损。褐釉，圈足无釉。口径 14.6 厘米，底径 7.8 厘米，高 17.3 厘米。六瓣花口，窄圆肩，短粗颈，圈足，深腹下收。腹部 3 条凸带，带上有弦纹。同年入藏宁夏博物馆。2006 年被定为三级文物。

褐釉花口瓷尊

## 13. 文具

褐釉凤首砚滴

1985 年宁夏灵武窑出土。残高
6.4 厘米，褐釉，足部残缺，凤型，
凤首为双模合制，双翅与尾部相连，
背部有环形提梁。现藏中国社会科学
院考古研究所。

褐釉凤首砚滴

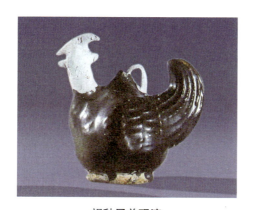

褐釉凤首砚滴

褐釉凤首砚滴

1985 年宁夏灵武窑出土。残高
7.6 厘米，褐釉，凤首和背部提梁残
缺，修复。整体呈凤型，凤首为双模
合制，双翅与尾部相连，背部有环形
提梁，足部不施釉，有流釉现象。现
藏中国社会科学院考古研究所。

素烧圆形砚台

1985 年宁夏灵武
窑出土。高 2.1 厘米、
直径 8 厘米。圆形，
砚面为桃形，四周刻
槽为墨池，素烧，底

素烧圆形砚台

面平，底部刻有"黑砚台"三个字。其中"台"为简化字。现藏中国社会科学院考古研究所。

### 青釉瓷方砚台

1974 年宁夏银川市西夏陵区出土。残损。残长 14.3 厘米，宽 9.8 厘米，高 4 厘米。长方形。砚面圆形略凹，墨池呈三瓣花状，斜坡面，底凹为圆弧状。砚面与墨池外刻划一周双线方栏。现藏宁夏博物馆，三级文物。

青釉瓷方砚台

### 黑釉辟雍瓷砚

1987 年宁夏灵武窑出土。口径 10.4 厘米，底径 6.2 厘米，高 3.4 厘米。敞口，圆唇，斜腹，中间圆形砚面隆起，四周沟槽为墨池，砚堂与墨池相连，较浅，高圈足。黑釉，砚面及圈足无釉。同年入藏宁夏博物馆。

黑釉辟雍瓷砚

### 白色素烧瓷围棋子

1987 年宁夏灵武窑出土。黄白胎，素烧。直径 1.6 厘米，厚 0.3 厘米。圆饼形，较薄。现藏宁夏博物馆。

白色素烧瓷围棋子

### 黑色素烧瓷围棋子

1987 年宁夏灵武窑出土。黑胎，素烧。直径 1.7 厘米，厚 0.4 厘米。圆饼形，较薄。现藏宁夏博物馆。

黑色素烧瓷围棋子

### 素烧宝相花纹瓷围棋子

2007 年银川市西夏陵区管理处征集自宁夏灵武市。灰胎，素烧。直径 1.7 厘米，厚 0.3 厘米。扁圆饼形。两面有相同的阳纹印宝相花。完整。现藏银川市西夏陵区管理处。

### 素面瓷棋子

1985 年宁夏灵武窑出土。若干件。直径 1.1—2.6 厘米，厚 0.3—1 厘米。分别呈圆形及半球状，有褐釉、黑釉、白釉、素烧。现藏中国社会科学院考古研究所。

素烧宝相花纹瓷围棋子

素面瓷棋子

### 印花瓷棋子

1985 年宁夏灵武窑出土。若干件。直径 1.4—1.8 厘米，厚 0.3—0.6 厘米。呈扁圆形，两面平，有相同阳文印花，中间一圆点，呈辐射或六瓣、八瓣、十瓣三角形花瓣状。现藏中国社会科学院考古研究所。

印花瓷棋子

刻字瓷棋子

### 刻字瓷棋子

1985 年宁夏灵武窑出土。若干件。直径 1.7 厘米，厚 0.5 厘米。扁圆型，两面平，上面刻有天干地支"丙""丁""巳""庚""寅"以及"火""抱"等字。现藏中国社会科学院考古研究所。

### 青釉瓷盒

1987 年宁夏灵武窑出土。残损。内外壁施青釉，圈足无釉。芒口。腹径 12.4 厘米，口径 10.6 厘米，底径 6.3 厘米，高 4.5 厘米。尖唇，直腹，弇口，大平底，圈足。现藏宁夏博物馆。

青釉瓷盒

### 黑釉瓷漏斗

1987 年宁夏灵武窑出土。施黑釉，外壁窑粘青瓷片。口径 11 厘米，斗

**黑釉瓷漏斗**

长 3.2—5 厘米，宽 1.8—2.6 厘米。形制基本相同。顶部扁平，无釉，中间有圆孔；下部为圆形钩状。现藏宁夏博物馆。

### 褐釉瓷纺轮

1987 年宁夏灵武窑出土。完整。施褐釉。口径 2.3 厘米，腹径 3.2 厘米，底径 2.7 厘米，高 2.4 厘米。鼓形。周身饰瓜棱纹，中间有孔。现藏宁夏博物馆。①

## 14. 窑具

### "工" 字形瓷支钉

2013 年宁夏博物馆征集自宁夏灵武市。12 件。有磕损。施护胎釉，多为褐色，少量黑釉或青釉。上径 2.4—

嘴径 1.4 厘米，残高 9.7 厘米。圆形棱口，曲腹下收，圆锥状流。现藏宁夏博物馆。

### 褐釉瓷钩

2013 年宁夏博物馆征集自宁夏灵武市。33 件。施褐釉。基本完整。

**褐釉瓷钩**

**褐釉瓷纺轮**

---

① 另有 5 件同形制瓷纺轮。1 件藏宁夏博物馆，4 件藏灵武市文物管理所。

"工"字形瓷支钉

4.7 厘米，下径 2.4—5.5 厘米，高 3.8—7 厘米。手制。"工"字形，中间柱状，两端圆饼状。现藏宁夏博物馆。①

素烧瓷垫圈

1987 年宁夏灵武窑出土。直径 17.3 厘米，高 2.2 厘米。圆环形。轮制。顶面较平，底面有轮齿形支钉，轮齿较宽。灰白胎。无釉。同年入藏宁夏博物馆。

素烧瓷垫圈

素烧瓷垫圈

1986 年宁夏灵武窑出土。直径 2.6 厘米，高 5.3 厘米。圆圈形。轮制，下平，上有锯齿形支钉，齿距较密。残损。现藏中国社会科学院考古研究所。

素烧瓷垫圈

素烧瓷匣钵盖

1986 年宁夏灵武窑出土。直径 16.9 厘米，高 3.7 厘米。圆盘形。直壁，平顶。粘有沙粒。完整，有

素烧瓷匣钵盖

① 中国社会科学院考古研究所另藏 1 件同形褐釉制瓷支钉。

裂缝。现藏中国社会科学院考古研究所。

### 褐釉瓷顶碗

1983 年宁夏灵武窑出土。底径 15.3 厘米，高 8.2 厘米。喇叭形，口小底大，口沿齐平，斜直壁，轮修痕明显，无底，足沿齐平。灰白色胎。外壁施褐釉，近上口处有两周凸弦纹。内壁露胎。两端粘沙粒和碎瓷渣。现藏中国社会科学院考古研究所。

褐釉瓷顶碗

### 素烧瓷顶碗

1985 年宁夏灵武窑出土。上口径 5.1 厘米，下口径 9.2 厘米，高 4.8 厘米。轮制。喇叭状，斜壁微弧，上下开口，上口小，下口大。灰胎。素烧。外壁有窑汗。下口粘沙粒。完整。现藏中国社会科学院考古研究所。

素烧瓷顶碗

### 素烧圆形瓷垫饼

1986 年宁夏灵武市回民巷瓷窑出土。直径 28.4 厘米，厚 1.5 厘米。轮制，圆饼形，中心略凹，顶面存有

素烧圆形瓷垫饼

轮旋线，底面密布线割痕。黄灰胎。素烧。一侧有烟炱痕。边缘多处磕损。1987 年入藏宁夏博物馆。

### 素烧牡丹花纹瓷碗印模

1997 年宁夏灵武市回民巷瓷窑出土。壁厚 1.8 厘米，底厚 3.3 厘米，底径 7.5 厘米。碗形，弧壁，平底，外壁阴刻缠枝牡丹花纹，底心刻菊花

**素烧牡丹花纹瓷碗印模**

纹。土黄色胎。未施釉。同年入藏宁夏文物考古研究所。

### 素烧瓷垫条

1997 年宁夏灵武市回民巷瓷窑出土。长 10.5 厘米，宽 2.2 厘米，厚 1 厘米。扁条形。两端圆角，捏塑。一面较平整，一面按压出 6 个圆窝，直径 1.5 厘米，深 0.2 厘米左右。灰白色胎。同年入藏宁夏文物考古研究所。

### 素烧瓷匣钵

**素烧瓷匣钵**

**素烧瓷垫条**

1987 年宁夏灵武窑出土。口径 18 厘米，底径 16.5 厘米，高 16.7 厘米。圆筒状。直口方唇，平折沿，大平底，器壁近底处一排 3 个圆孔。无釉。残为数块，已粘接修复。同年入藏宁夏博物馆。

### 瓷匣钵

2013 年宁夏博物馆征集自宁夏灵武市。直径 20.3 厘米，高 27.5 厘米。长筒状。直圆口，直腹，平底，器壁近底处一排 3 个圆孔。灰白胎。无釉。外壁一侧大量烟炱痕。同年入藏宁夏博物馆。

瓷匣钵

### 褐釉瓷匣钵

2013 年宁夏博物馆征集自宁夏灵武市。灰胎，外壁施褐釉。口径 25.8 厘米，底径 26.5 厘米，高 35.6 厘米。圆形长筒状。平沿内折，圆唇，开底，器壁近底处两排 6 个圆孔底和腹部磕损，一道裂纹。现藏宁夏博物馆。

褐釉瓷匣钵

### 素烧瓷匣钵

2013 年宁夏博物馆征集自宁夏灵武市。顶径 2 厘米，底径 16.4 厘米，高 9.4

素烧瓷匣钵

厘米。谷仓形。上部平顶锥形，斜面略弧；下半部圆筒形，壁略内斜，无底，壁上一排两圆孔。黄白色胎，胎质紧密，素烧。完整。同年入藏宁夏博物馆。

素烧研磨杵

1986 年宁夏灵武窑出土。上口径 3.3 厘米，下部直径 7.5 厘米，高 14.66 厘米。整体如蘑菇，灰白胎，上部柱状，下部扁圆状。未施釉。残损，已修复。现藏中国社会科学院考古研究所。

素烧研磨杵

素烧瓷支钉

1987 年宁夏灵武窑出土。完整。红褐色，胎质较粗，未烧熟。顶径 0.7 厘米，底径 2.6 厘米，高 2 厘米。圆锥形体。扁圆形座，器体上印竖条纹。现藏宁夏博物馆。

素烧瓷支钉

素烧瓷垫圈

1987 年宁夏灵武窑出土。残损。轮制。黄灰胎。无釉。直径 9 厘米，高 1.8 厘米。盖状，中空，弧壁下折。现藏宁夏博物馆。

素烧瓷垫圈

素烧瓷钩窑托

1987 年宁夏灵武窑出土。残损。手制。灰胎。无釉。长条形。残长 13.8 厘米，宽 2.5 厘米，高 1.3 厘米。上有一排 10 个扁圆形窝眼。现藏宁夏博物馆。

素烧瓷钩窑托

**素烧"工"字形瓷窑具**

### 素烧"工"字形瓷窑具

1987年宁夏灵武窑出土。完整。长12.4厘米。扁平"工"字形。捏制。一端呈"Y"形，一端呈"一"形。现藏宁夏博物馆。

**褐釉瓷挡箍**

### 褐釉瓷挡箍

1987年宁夏灵武窑出土。残损。灰胎。外壁施褐釉。直径15.5厘米，高2.7厘米。圆环形。内壁凸，外壁凹。现藏宁夏博物馆。

**褐釉瓷蒺藜**

### 褐釉瓷蒺藜

1986年宁夏隆德县粮食局大楼工地出土。施浅褐色釉。残损。2件，形制基本相同。一件重880克，另一件重705克。圆球状。直径10.5厘米。中空，器表通体有短柱状钉刺、小孔。现藏宁夏隆德县文物管理所。

**瓷匣钵**

### 瓷匣钵

2013年宁夏博物馆征集自宁夏灵武市。灰白胎。无釉。直径20.3厘米，高27.5厘米。长筒状。直圆口，直腹，平底，器壁近底处一排3个圆孔。外壁一侧大量烟炱痕。现藏宁夏博物馆。

# （九）建筑构件

出土的西夏建筑装饰构件有砖、瓦、瓦当、滴水等砖瓦，鸱吻、摩羯、四足兽、立鸽、迦陵频伽等屋脊兽，雕龙栏柱、莲花座、石柱头、石螭首等石材。这些建筑构件多与宋同，有的体形硕大，如西夏陵出土的绿釉琉璃鸱吻，高 152 厘米，宽 92 厘米，厚 32 厘米。呈龙首鱼身状，双目怒睁，张口吞脊；尾出两鳍，翻卷上翘，为目前国内出土最大的鸱吻。

西夏的瓦当和滴水有灰陶和琉璃两种，瓦当宽缘，边饰连珠纹，内饰兽面纹和花卉纹。灵武窑出土兽纹瓦当，大眼，宽鼻，阔嘴，上有犄角、卷毛，突出面部刻画，龇牙咧嘴、双目圆睁，形象似卷毛狮。滴水呈三角形，纹饰有兽面纹和花卉纹。灵武窑出土素面花草纹滴水，轮模合制，沟滴略呈三角形，沟滴两周边为花瓣形，内印莲花、莲叶、小花等花叶纹。出土的西夏砖主要有长方砖、梯形砖和方砖。长方砖和梯形砖主要用于包砌夯土墩台、建筑台基的砖壁，方砖用于建筑台基铺墁地面。方砖有素面砖和花纹砖，花纹砖以莲花纹为多，西夏陵和敦煌莫高窟西夏窟的铺地方砖多是形态多样的莲花纹砖。

## 1. 屋顶装饰构件

### 绿釉鸱吻

1974 年宁夏银川市西夏陵区西碑亭遗址出土。陶质。高 152 厘米，宽 92 厘米，厚 32 厘米。龙首鱼尾，身首系分别烧制而成。通体装饰鳞纹，施绿釉。现藏中国国家博物馆，一级文物。

### 灰陶鸱吻

2001 年宁夏银川市西夏陵区 3 号陵出土。陶质。高 150 厘米，宽 95 厘米，尾厚 13 厘米，头厚 34 厘米。龙首鱼尾，分上下两部分，下部方筒形，呈张口吞脊之势。上腭顶突出一桥钮形兽鼻，其后两侧各有一圆孔，用于插双角，鸱身上部两侧边缘预留有一对长 4 厘米、宽 3 厘米的长方形卯孔，尾出两鳍，翻卷上翘，尾下部边缘有两个与鸱身相连接的卯孔，圆孔上方刻有"也花江"3 字。2003 年入藏银川市西夏陵区管理处。2013 年被定为二级文物。

绿釉鸱吻

灰陶鸱吻

### 琉璃龙首套兽

2001 年宁夏银川市西夏陵区 3 号陵出土。陶质。高 26 厘米，长 37.5 厘米；筒径长 16 厘米，宽 14 厘米。整体呈龙首形。头部夸张，大嘴满张，上腭上翘，上下颌内各有一对尖牙，舌尖翘，上唇两侧有一对弯曲獠牙紧贴于鼻两边，两腮外有长须和腮鳞纹，颈部呈方形直口套筒，头顶有孔插长角。施绿釉，釉面光润，釉层较薄，角、牙、腭、舌不施釉。2005 年入藏银川市西夏陵区管理处。2013 年被定为二级文物。

琉璃龙首套兽

### 琉璃龙首套兽

1990 年宁夏贺兰县宏佛塔出土。陶质。长 49 厘米，宽 24 厘米，高 22 厘米。整体呈龙首形，头部夸张，大嘴满张，上腭上翘，以弧状横纹饰腭板，上下颌内各有一对尖牙，舌尖翘，绳状眉，椭圆形眼球大而前突，眼珠圆凹，眉后贴小耳，两腮外有

琉璃龙首套兽

短须和腮鳞纹，颈部呈方形直口套筒，头顶留孔插长角。施绿釉，釉面光润，釉层较薄。牙、眼、腭、舌不施釉，红绿相间。同年入藏宁夏博物馆。2003 年被定为二级文物。

### 红陶龙首套兽

2000 年宁夏银川市西夏陵区 3 号陵出土。陶质。高 30 厘米，长 38 厘米；筒径长 17 厘米，宽 15 厘米。整体呈龙首形。头部夸张，大嘴满张，上下颌

内各有一对尖牙，舌尖翘，上唇两侧有一对弯曲獠牙紧贴于鼻两边，眉后竖小耳，两腮外有长须和腮鳞纹，颈部呈方形直口套筒，头顶有孔插长角。2003年入藏银川市西夏陵区管理处。2013年被定为二级文物。

红陶龙首套兽

灰陶龙首套兽

2001年宁夏银川市西夏陵区3号陵出土。陶质。高30厘米，长45厘米；筒径长19厘米，宽16厘米。整体呈龙首形。上下颌内各有一对尖牙，舌尖翘，上唇两侧有一对弯曲獠牙紧贴于

灰陶龙首套兽

鼻两边，颈部呈方形直口套筒，头顶留孔插长角。2003年入藏银川市西夏陵区管理处。2013年被定为三级文物。

琉璃五角花冠迦陵频伽

2001年宁夏银川市西夏陵区3号陵出土。陶质。高47.5厘米，宽13厘米；基座长21厘米，宽21厘米。人首鸟身，面相浑圆，脸颊丰腴，细长眼，高鼻准，厚嘴唇，

琉璃五角花冠迦陵频伽

大耳垂；平胸，双手合十于胸前，戴无花饰的双环手镯；双翅展开，长尾高翘，双腿连爪跪骑于贴云纹的方形基座上。器座空心，底部和后端开口。施绿釉，釉层不均。2003 年入藏银川市西夏陵区管理处。2013 年被定为二级文物。

### 绿釉四角花冠迦陵频伽

绿釉四角花冠迦陵频伽

2001 年宁夏银川市西夏陵区 3 号陵出土。陶质。高 45.6 厘米，宽 14 厘米；基座高 10 厘米。人首鸟身。头戴四角叶纹花冠，面形丰腴，细眉长眼，小嘴厚唇，眼珠饱满，呈俯视状，溜肩丰胸，双手合十于胸前，戴手镯，长尾上翘，双翅展开，双肋及尾部条形榫孔内插装双翼和长尾。施绿釉。2003 年入藏银川市西夏陵区管理处。2013 年被定为三级文物。

### 红陶五角花冠迦陵频伽

红陶五角花冠迦陵频伽

2001 年宁夏银川市西夏陵区 3 号陵出土。陶质。高 40 厘米，宽 12 厘米；基座长 16 厘米，宽 14 厘米。人首鸟身。额髻饰五角花冠，边饰连珠纹；面相长圆，脸颊丰腴，细长眼，高鼻准，厚嘴唇，大耳垂，宝缯垂肩，颈佩宝珠项圈；平胸，双手合十于胸前，戴手镯；长尾高翘，双腿连爪跪骑于贴云纹的方形基座上。2003 年入藏银川市西夏陵区管理处。2013 年被定为二级文物。

灰陶迦陵频伽

### 灰陶迦陵频伽

2000 年宁夏银川市西夏陵区 3 号陵出土。陶质。高 45 厘米，宽 16 厘米，基座高 9 厘米。人首鸟身。头戴四角叶纹花冠，面形丰腴，细眉长眼，小嘴厚唇，双颌丰腴，眼睑低垂，溜肩丰胸，双手合十于胸前，戴手镯，双肋及尾部条形榫孔内插装双翼和长尾。2003 年入藏银川市西夏陵区管理处。2013 年被定为二级文物。

### 琉璃四足兽

2001 年宁夏银川市西夏陵区 3 号陵出土。陶质。高 36.3 厘米，长 39.5 厘米。狮首形。额顶分叉式单犄角，眼耳较小，昂首张嘴，鬃毛后拢，长尾上翘，四肢做奔跑状。腹下出柱状支柄连接脊瓦，为屋脊装饰。施绿釉。2003 年入藏银川市西夏陵区管理处。2013 年被定为二级文物。

琉璃四足兽

### 琉璃摩羯

2001 年宁夏银川市西夏陵区 3 号陵出土。陶质。高 30.5 厘米，长 41.5 厘米。兽首鱼身，引颈翘首，额顶有分叉式犄角，颈部羽毛丰满，遍

琉璃摩羯

体饰鱼鳞纹。背出双翼，做展翅欲飞状，尾鳍分叉。腹部空心柱形柄下连接脊瓦，为饯脊饰物。施绿釉，釉层较浓厚。2003 年入藏银川市西夏陵区管理处。2013 年被定为二级文物。

### 琉璃鸽残件

1986 年西夏陵北端建筑遗址出土。陶质。身长 35 厘米、高 34 厘米、宽 15 厘米，下连脊瓦，瓦长 24 厘米、高 15 厘米、宽 10 厘米。残高 9 厘米。通体施绿釉，鸽子引颈挺胸，顶冠有高大突出的瘤子，长尾扁平，双

琉璃鸽残件

翼贴于两侧，双腿直立，凝神端立，神态祥和。颈后有一圆孔，腹部伸出一空心柱形柄与脊瓦相连，原为建筑上的脊兽。同年入藏宁夏博物馆。

### 琉璃花叶纹建筑残件

1990 年宁夏贺兰县宏佛塔出土。陶质。长 48.5 厘米，宽 26 厘米，厚 6.5 厘米。长方形，上下边有素缘，中间印有花叶纹，花叶自然舒展。外施绿釉。同年入藏宁夏博物馆。

琉璃花叶纹建筑残件

### 绿釉宝瓶

2001 年宁夏银川市西夏陵区 3 号陵出土。陶质。腹径 26 厘米，底径 12.5 厘米，高 67.5 厘米。器身为圆柱形，中部呈空心圆盘形。束颈，颈部上连塔

刹构件；鼓腹，底部与腹部收分较大。胎呈橙红色，施绿釉。2002 年入藏银川市西夏陵区管理处。2013 年被定为二级文物。

**琉璃宝珠**

1987 年宁夏银川市西夏陵区北端建筑遗址出土。陶质。通高 36.5 厘米，底径 9 厘米。瓶状，

绿釉宝瓶

琉璃宝珠

顶部球状，下部渐内收，平底，空心薄壁。乳白色胎，通体施翠绿色釉，釉面光亮润泽。同年入藏银川市西夏陵区管理处。2013 年被定为二级文物。

琉璃刹顶宝瓶

**琉璃刹顶宝瓶**

1991 年宁夏贺兰县拜寺口塔群遗址出土。陶质。高 31 厘米，口径 6.8 厘米，直径 30.5 厘米。下部呈盘状，八角莲瓣形，莲瓣为贴塑，两莲瓣间有花饰。中心有一榫口，接喇叭形宝瓶。通体黄绿色琉璃釉。1991 年入藏宁夏博物馆。

**琉璃屋脊兽**

2007 年宁夏银川市西夏陵区 6 号陵出土。陶质。高 31 厘米，长 47 厘米，

**琉璃屋脊兽**

宽 20 厘米。底面呈覆瓦状，上贴塑兽首，兽嘴大张在 90 度以上，两侧有兽须，獠牙外挑。脊兽两侧施墨绿色釉，内侧和底部等处露红胎。2013 年入藏银川市西夏陵区管理处。同年被定为二级文物。

### 红陶龙脊首

2004 年宁夏海原县西安州故城遗址出土。陶质。长 40.5 厘米，中宽 15 厘米，厚 15 厘米。口微合，上唇长突上翘，眼球凸出，龙角已失。面部及颈部刻饰鱼鳞纹，耳毛卷曲，下颌处龙须纹飘逸。颈部有一正方形榫孔，连接龙体。同年入藏宁夏海原县文物管理所。

**红陶龙脊首**

### 灰陶脊兽

2001 年宁夏银川市西夏陵区 4 号陵出土。陶质。高 19 厘米，长 30 厘米，宽 20 厘米。底面呈覆瓦状，上贴塑兽首，兽嘴大张在 90 度以上，两侧有兽须，宽长舌，舌后部卷曲，獠牙外

**灰陶脊兽**

挑，吻部阴刻"王"字。同年入藏银川市西夏陵区管理处。2013 年被定为二级文物。

### 琉璃覆莲座

2000 年宁夏银川市西夏陵区 3 号陵出土。陶质。直径 24 厘米，高 12 厘米。覆钵形，建筑装饰构件底座。内胎为束腰式圆筒，外壁贴塑莲瓣，蕉叶纹与菊花纹莲瓣交错排列。施绿釉。2003 年入藏银川市西夏陵区管理处。

琉璃覆莲座

### 红陶覆莲座

2001 年宁夏银川市西夏陵区 3 号陵出土。陶质。直径 22 厘米，高 14.5 厘米。覆钵形，建筑装饰构件底座。内胎为束腰

红陶覆莲座

式圆筒，外壁贴塑莲瓣，蕉叶纹与菊花纹莲瓣交错排列。2003 年入藏银川市西夏陵区管理处。2013 年被定为三级文物。

### 红陶铺首

1990 年宁夏贺兰县宏佛塔出土。陶质。宽 5 厘米，高 5.4 厘米。中间模印一兽面，椭圆形眼外凸，眉毛粗壮，宽鼻，阔嘴，

红陶铺首

獠牙外露，上颌八字胡上卷。额上斜生两短角。[①]同年入藏宁夏博物馆。

### 红陶当模

红陶当模

1990 年宁夏贺兰县宏佛塔出土。陶质。长 11 厘米，宽 9.5 厘米，厚 2.5 厘米。呈扇形。正面凹，背面凸，正面宽缘，缘内凸弦纹，内印 5 条放射状叶形线条，线条底部一圆形凹点。同年入藏宁夏博物馆。

### 灰陶垂兽

2001 年宁夏永宁县闽宁村西夏墓出土。陶质。长 36 厘米，宽 22.2 厘米，高 16 厘米。外涂灰白色陶衣，系手工分件制作粘合而成。底面覆瓦状，有一直径 4 厘米的圆孔圆角，四角各有一獠牙，长卷舌，鹿角，眼圆突；两角间饰一刻划的"王"字牌饰，牌饰扁圆形。同年入藏宁夏文物考古研究所。

灰陶垂兽

①　于存海、雷润泽、何继英：《宁夏贺兰县宏佛塔清理简报》，《文物》1991 年第 8 期。

## 2. 瓦当

### 琉璃兽面纹瓦当

1972 年宁夏银川市西夏陵区 7 号陵出土。陶质。筒长 35 厘米，直径 13 厘米。圆形，兽面纹，面部狰狞凶猛，眉弓粗壮，双目怒睁，鼻孔硕大，龇牙咧嘴，造型独特。通体绿釉。完整。1975 年入藏宁夏博物馆。

琉璃兽面纹瓦当

### 琉璃兽面纹筒形瓦当

2001 年宁夏银川市西夏陵区 3 号陵出土。陶质。直径 12.9 厘米，筒长 11.2 厘米，厚 1.6 厘米。当面模印兽面纹，主体纹饰外有一周连珠纹，后连接圆形套筒，后端削切成"V"形。外施深绿色釉，内壁露胎，印有布纹。残损。2002 年入藏银川市西夏陵区管理处。

琉璃兽面纹筒形瓦当

### 琉璃菊花纹瓦当

2001 年宁夏银川市西夏陵区 4 号陵出土。陶质。直径 15.3 厘米，厚 2.2 厘米。当面模印菊

琉璃菊花纹瓦当

花纹图案，主体图案与外郭间一周凹凸圆圈纹，外郭饰一周连珠纹。胎质呈橙红色，外施深绿釉，釉层不均。残损。同年入藏银川市西夏陵区管理处。

### 灰陶兽面纹瓦当

2000 年宁夏银川市西夏陵区 3 号陵出土。陶质。直径 13 厘米，厚 1.1 厘米，筒瓦长 35.7 厘米，厚 2.5 厘米。当面模印兽面纹，形象狰狞。主体纹饰外有一周连珠纹，后接筒瓦。完整。2002 年入藏银川市西夏陵区管理处。2013 年被定为三级文物。

灰陶兽面纹瓦当

### 灰陶花草纹瓦当

2001 年宁夏银川市西夏陵区 3 号陵出土。陶质。直径 12.4 厘米，厚 2.1 厘米。当面为模印一枝花卉，花瓣细长，主体图案

灰陶花草纹瓦当

外有宽凸轮，轮上装饰一周连珠纹。残损。2002 年入藏银川市西夏陵区管理处。

### 灰陶菊花纹筒形瓦当

2001 年宁夏银川市西夏陵区 4 号陵出土。陶质。直径 15.6 厘米，筒长 13.4 厘米；筒径 10.8 厘米，厚 2.45 厘米。当

灰陶菊花纹筒形瓦当

面为范印菊花纹图案和瘦叶状花瓣，主体图案与外郭间一周凸圆圈纹，外郭饰一周连珠纹；瓦当后连接筒瓦，内印有布纹，后端斜切削成"V"字形。完整。同年入藏银川市西夏陵区管理处。

灰陶莲花纹花卉瓦当

## 灰陶莲花纹花卉瓦当

1990年宁夏贺兰县宏佛塔出土。陶质。直径12厘米。当面圆形，平沿，沿内模印一枝莲花，花瓣饱满圆润。左右各伸出一枝马蹄莲和荷叶。周围有水草、花朵等装饰。当面边沿磕损，筒瓦残。1990年入藏宁夏博物馆。

## 灰陶连珠纹兽面纹瓦当

1990年宁夏贺兰县宏佛塔出土。陶质。直径13.1厘米。兽面纹，长角短眉，瞠目立耳，两腮圆鼓，外饰连珠纹。残损。同年入藏宁夏贺兰县文物管理所。

灰陶连珠纹兽面纹瓦当

灰陶兽面纹长筒瓦当

## 灰陶兽面纹长筒瓦当

宁夏石嘴山市博物馆采集自宁夏平罗县大水沟遗址。陶质。直径11.2厘米，全长25.5厘米，宽11.5厘米。兽面纹，长角短眉，瞠目立耳，两腮圆鼓，外饰连珠。残损。现藏石嘴山市博物馆。

红陶兽面纹筒瓦

2001年宁夏银川市西夏陵区3号陵出土。陶质。直径13.5厘米，全长27.5厘米。兽面纹，凸起，眉弓粗壮，双目怒睁，阔嘴鼓腮，龇牙咧嘴。额顶与面部外侧鬃毛连为一体，呈火焰状，外缘饰一周连珠纹，后接筒瓦。现藏银川市西夏陵区管理处。

红陶兽面纹筒瓦

红陶兽面纹瓦当

1985年宁夏灵武窑出土。陶质。直径13厘米，厚1.4厘米。模制，素烧。兽面纹，大眼，宽鼻，阔嘴，上有犄角、卷毛。现藏中国社会科学院考古研究所。

红陶兽面纹瓦当

红陶兽面纹筒形瓦当

2001年宁夏银川市西夏陵区3号陵出土。陶质。直径12.7厘米，筒残长11厘米，厚2.3厘米。当面模印兽面纹，主体纹饰外有一周连珠纹，后连接圆形套筒。残损。2002年入藏银川市西夏陵区管理处。

红陶兽面纹筒形瓦当

## 3. 滴水

### 素面莲花纹滴水

1985 年宁夏灵武窑出土。陶质。宽 22.5 厘米，高 10.6 厘米，残长 27.3 厘米。轮模合制，素烧，沟滴略呈三角形，沟滴两周边为花瓣形，内印莲花、莲叶、小花等花叶纹。现藏中国社会科学院考古研究所。

**素面莲花纹滴水**

### 琉璃石榴纹滴水

1987 年宁夏银川市西夏陵区北端建筑遗址出土。陶质。宽 19.5 厘米，高 7.8 厘米，厚 1.2 厘米，板瓦残长 15.2 厘米。滴水面呈连弧三角形，两斜边为连弧状，模印石榴纹图案，红色胎体，外壁施翠绿色釉。边缘残损。1998 年入藏银川市西夏陵区管理处。2013 年被定为三级文物。

**琉璃石榴纹滴水**

### 灰陶兽面滴水

1974 年宁夏银川市西夏陵区出土。陶质。宽 17 厘米，高 2 厘米。连弧形滴水，正面模印兽面纹图案，圆眼，阔鼻，三角

**灰陶兽面滴水**

形大口，龇牙咧嘴，绳索状斜眉，眉心上方线刻"王"字。现藏宁夏博物馆。

### 灰陶兽面纹滴水

1997 年宁夏银川市西夏陵区 3 号陵出土。陶质。宽 22.4 厘米，高 8.3 厘米，厚 1.7 厘米。连弧形滴水，正面模印兽面纹图案，毛发向两侧展开。残损。1998 年入藏银川市西夏陵区管理处。

灰陶兽面纹滴水

### 灰陶莲花纹滴水

1977 年宁夏银川市西夏陵区三区 107 号陪葬墓出土。陶质。宽 20.5 厘米，高 10.8 厘米，厚 1.3 厘米；板瓦残长 20.5 厘米。连弧形滴水，正面模印莲花纹图

灰陶莲花纹滴水

案，盛开莲花居中，枝叶向两侧展开，后连接板瓦，瓦残损。1998 年入藏银川市西夏陵区管理处。2013 年被定为三级文物。

### 灰陶婴戏莲纹滴水

1994 年宁夏平罗县大水沟遗址出土。陶质。宽 19.6 厘米，高 9 厘米，厚 4 厘米。滴水下沿呈连弧三角形，模印凸起婴儿侧卧及荷叶莲花纹图案，纹饰生

灰陶婴戏莲纹滴水

动。滴水背面有手指印纹。残损后拼对完整，板瓦残失。1998 年入藏银川市西夏陵区管理处。

灰陶荷叶莲蕾纹滴水

### 灰陶荷叶莲蕾纹滴水

陶质。宽 18 厘米，高 6.5 厘米，厚 1.7 厘米。滴水下沿呈连弧三角形，荷叶莲花花蕾纹。完整。现藏银川市文物管理处。

## 4. 板瓦

### 素烧板瓦

陶质。长 32.2 厘米，上宽 21.5 厘米，下宽 18.7 厘米，厚 1.5 厘米。素烧，梯形，浅黄色。现藏中国社会科学院考古研究所。

素烧板瓦

### 白釉瓷板瓦

1974 年宁夏银川市西夏陵区出土。瓷质。长 16.2 厘米，宽 12.3 厘米，厚 1.1 厘米。呈长方形，横面弧度较小，黄白胎，凸面施白釉。边缘残损，凸面有粘连物、掉釉。1974 年入藏宁夏博物馆。2004 年被定为三级文物。

白釉瓷板瓦

### 褐釉瓷脊瓦

1987 年宁夏银川市西夏陵区北端建筑遗址出土。瓷质。最长处 31.8 厘米，最宽处 10.6 厘米。长条形，左右起脊。灰白胎，胎体厚重。正面施褐釉。边缘磕损。1987 年入藏石嘴山市博物馆。

褐釉瓷脊瓦

### 素烧瓷板瓦

1987 年宁夏灵武窑出土。长 36 厘米，宽 22.4—26 厘米，厚 1.2 厘米，拱高 5.7 厘米。素烧。瓷质。平面呈梯形，横面弧度较大。凸面有数道横向弦纹。边沿多处磕损。1987 年入藏宁夏博物馆。

素烧瓷板瓦

### 琉璃条形瓦

1986 年宁夏银川市西夏陵区北端建筑遗址出土。陶质。长 19.3 厘米，宽 5.8 厘米，厚 2 厘米。瓦身微隆起，内壁印有布纹。砖红色胎体，一侧施青釉。完整。1998 年入藏银川市西夏陵区管理处。

琉璃条形瓦

### 灰陶重唇板瓦

2001 年宁夏银川市西夏陵区 3 号陵出土。陶质。宽 24.2 厘米，高 6.7 厘米，厚 1.6 厘米，长 32.6 厘米。瓦身隆起，布满土锈，一侧有锥刺纹和模印水波纹，并有捏塑痕迹。完整。2002 年入藏银川市西夏陵区管理处。

灰陶重唇板瓦

### 彩绘灰陶板瓦残块

1997 年宁夏银川市西夏陵区 3 号陵出土。陶质。残长 12.8 厘米，宽 6.1 厘米，厚 1.7 厘米。板瓦外表用墨线和朱红颜料绘制花卉图案。1998 年入藏银川市西夏陵区管理处。

彩绘灰陶板瓦残块

## 5. 筒瓦

### 琉璃筒瓦

1975 年宁夏银川市西夏陵区 7 号陵出土。陶质。长 33 厘米，宽 13.3 厘米，高 7 厘米，厚 2 厘米。瓦身隆起，内壁印有布纹。砖红色胎体，外壁施墨绿色釉。残损。1998 年入藏银川市西夏陵区管理处。

琉璃筒瓦

### 素烧筒瓦

1985年宁夏灵武窑出土。陶质。长34厘米，宽14.2厘米，厚1.3厘米。素烧，唇沿抹成斜面，与瓦身有明显分界。现藏中国社会科学院考古研究所。

素烧筒瓦

### 灰陶筒瓦

1974年宁夏银川市西夏陵区出土。陶质。长34厘米，宽20厘米，高10厘米。套接头和瓦面呈沟槽状。筒瓦两侧有斜向弧状刀痕。一端伸出宽舌。内壁印有布纹。唇、底、表面3处磕损。1974年入藏宁夏博物馆。

灰陶筒瓦

### 灰陶筒瓦

1986年宁夏灵武窑出土。陶质。长33.5厘米，宽14.5厘米。套接头和瓦面呈沟槽状。筒瓦两侧有斜向弧状刀痕。一端伸出宽舌。内壁印有布纹。1987年入藏宁夏博物馆。

灰陶筒瓦

## 6. 方砖

### 琉璃花纹方砖

1975 年宁夏银川市西夏陵区 7
号陵出土。陶质。长 33 厘米，宽
34 厘米，厚 5.5 厘米。正方形。四
周有边框，中间饰莲花蔓草卷叶
纹。表层施绿釉，釉面磨损。完整。
1975 年入藏宁夏博物馆。1996 年被
定为一级文物。

### 红陶手印纹方砖

1984—1985 年宁夏同心县康济
寺塔出土。陶质。长 34 厘米，宽
35 厘米，厚 6.5 厘米。近方形，青
砖。一面压印左右两个手掌印。另

琉璃花纹方砖

红陶手印纹方砖

尖角重瓣莲花纹方砖

一面平素无纹。完整。1985 年入藏宁夏同
心县文物管理所。

### 尖角重瓣莲花纹方砖

1981 年甘肃省敦煌莫高窟出土。陶
质。边长 29 厘米，厚 5 厘米。方形，青灰
色。模印莲花纹，中间饰 2 层 8 瓣尖头莲
花，花心凸起为圆形，花瓣纹饰厚重分明，

外围饰 4 组云头纹。现藏敦煌市博物馆。

### 灰陶莲花纹方砖

1974 年宁夏银川市西夏陵区 5 号陵出土。陶质。边长 34 厘米，厚 6.5 厘米。方形，中间饰圆圈纹，四角对向伸出枝叶上托莲花纹和 3 层莲瓣纹。边缘多处磕损。现藏宁夏博物馆。

灰陶莲花纹方砖

### 灰陶莲花纹方砖

1987 年宁夏银川市西夏陵区 3 号陵出土。陶质。边长 29.3 厘米，厚 6.5 厘米。方形，模印莲花纹，图案中心置一莲蓬。主体图案外有凸棱状边框，上缀连珠纹。残损。1998 年入藏银川市西夏陵区管理处。2013 年被定为二级文物。

灰陶莲花纹方砖

### 灰陶莲花纹方砖

1987 年宁夏银川市西夏陵区 3 号陵出土。陶质。边长 26.6 厘米，厚 5.5 厘米。方形，模印莲花纹，图案中心置一莲蓬，四方及方砖四角各置一组荷叶和中心莲瓣相接。主

灰陶莲花纹方砖

灰陶宝珠火焰纹方砖

十二瓣左旋花纹方砖

体图案外有凸棱状边框，上缀连珠纹。残损。现藏银川市西夏陵区管理处。

### 灰陶宝珠火焰纹方砖

1981年采集自甘肃省敦煌市三危山观音井。陶质。边长28厘米，厚6.5厘米。方形，青灰色。模印宝珠火焰纹。下部为一莲花基座，上下各3珠，上部为火焰纹，两侧围饰卷草纹，边缘饰一周连珠纹，现藏敦煌市博物馆。

### 十二瓣左旋花纹方砖

1981年采集自甘肃省敦煌市三危山老君堂。陶质，边长28厘米，厚5.5厘米。方形，青灰色。模印十二瓣左旋花纹。中间一凸起环状饰，环内饰4柿蒂纹，外围12瓣左旋翘尖莲花纹，四角饰云头纹，制作规整，花纹清晰。现藏敦煌市博物馆。

### 连珠纹方砖

1982年征集自甘肃省敦煌市郭家堡六号桥。陶质。边长30厘米，厚5厘米。方形，青灰色。模印连珠纹。正面饰凸边框，框外饰一周连珠纹。框内正中两圆相套，两圆间饰连珠纹，圆心饰5粒小珠环绕1粒大珠，周围饰4组卷草纹，纹饰清

连珠纹方砖

晰。现藏敦煌市博物馆。

### 灰陶菱格纹方砖

1987 年宁夏银川市西夏陵区 3 号陵出土。陶质。边长 34.9 厘米，宽 17.8 厘米，厚 5.4 厘米。砖体正面模印菱格纹，外饰六边形凸棱，背面有制坯痕迹。残损。1998 年入藏银川市西夏陵区管理处。

灰陶菱格纹方砖

### 灰陶龟背纹方砖

2007 年宁夏银川市西夏陵区 6 号陵出土。陶质。长 33.4 厘米，残宽 22.5 厘米，厚 5.6 厘米。砖体正面模印六边形菱格纹，四周饰以六边形凸棱，四角各饰莲花纹。残损。2013 年入藏银川市西夏陵区管理处。同年被定为三级文物。

灰陶龟背纹方砖

## 7. 长砖

### 灰陶忍冬纹长条砖

2001 年宁夏银川市西夏陵区 3 号陵出土。陶质。长 35.4

灰陶忍冬纹长条砖

厘米，宽 13.3 厘米，厚 6.5 厘米。砖体正面模印缠枝忍冬纹，主体纹饰外饰以长方形凸棱边框。2005 年入藏银川市西夏陵区管理处。2013 年被定为三级文物。

### 陶印押绳纹砖

宁夏银川市西夏陵区出土。陶质。残长 17 厘米，宽 20.7 厘米，厚 6.5 厘米。长方形，刻划细密横向弦纹，中间有一长方形画押，内刻一"王"字。存一半。现藏宁夏博物馆。

陶印押绳纹砖

### 灰陶云纹砖

1974 年宁夏银川市西夏陵区出土。陶质。残长 15.5 厘米，宽 11.5 厘米，厚 5 厘米。长方形，近缘处堆塑一周凸弦纹，内残存两角堆塑乳钉纹，中间饰两组连续祥云纹。残存大半。同年入藏宁夏博物馆。

灰陶云纹砖

灰陶卷草纹长条砖

### 灰陶卷草纹长条砖

2002 年宁夏银川市西夏陵区 4 号陵出土。陶质。残长 16.5 厘米，宽 12.7 厘米，厚 6.1 厘米。砖体正面模印卷草纹，四周饰单线凸棱边框。残损。2005 年入藏银川市西夏陵区管理处。

灰陶槽形砖

1999 年宁夏银川市西夏陵区出土。陶质。长 36 厘米，宽 19.5 厘米，厚 6.6 厘米，槽口宽 14.3 厘米。长方形，槽状，一端留有卯榫凹口，两侧有突棱。残损。2015 年入藏银川市西夏陵区管理处。

灰陶槽形砖

墨书西夏文方砖

西夏文残砖

墨书西夏文方砖

1984—1985 年宁夏同心县韦州康济寺塔出土。陶质。长 35 厘米，宽 33.5 厘米，厚 5.5 厘米。青砖，边缘略残。纵书两行 10 个行书西夏文字，内容为人名。1985 年入藏宁夏同心县文物管理所。

西夏文残砖

1990 年宁夏贺兰县宏佛塔出土。陶质。残长 13.5 厘米，宽 10.5 厘米，厚 7 厘米。长方形。存中间一段，右侧竖向刻划西夏文"文字"2 字。1990 年入藏宁夏博物馆。

灰陶戳印纹长条砖

1990 年宁夏贺兰县宏佛塔出土。陶

质。长 30 厘米，宽 17 厘米，厚 5 厘米。长方形。正面中央印有一委角长方形印迹，居中印阳刻一字。边缘多处磕损。同年入藏宁夏博物馆。

灰陶戳印纹长条砖

### 灰陶压印手掌纹长条砖

1999 年银川市西夏陵区管理处采集自西夏陵区北端建筑遗址。陶质。长 34.3 厘米，宽 18.5 厘米，厚 6.9 厘米。砖体正面压印手掌纹，背面有制坯痕迹。完整。同年入藏银川市西夏陵区管理处。

灰陶压印手掌纹长条砖

### 灰陶荷花纹长条砖

1986 年宁夏灵武窑出土。陶质。长 29 厘米，宽 21.5 厘米。长方形。正面模印荷花纹，自然弯曲枝叶上，伸出一盛开花朵，两层花瓣舒展，中央伫立一锥状花苞。1987 年入藏宁夏博物馆。

灰陶荷花纹长条砖

## 8. 柱础

### 莲花纹石柱础

1974 年宁夏银川市西夏陵区 6 号陵出土。石质。高 22 厘米，底径 58 厘

莲花纹石柱础

米，孔径 17.6 厘米。双层圆台形，上小下大。上层周边浅浮雕复瓣仰莲纹，莲瓣肥厚，线条粗壮；下层粗凿轮廓，未修磨。柱础中心有 1 圆形柱洞。残损。1998 年入藏银川市西夏陵区管理处。2013 年被定为三级文物。

### 莲花石柱础

1978 年宁夏银川市西夏陵区出土。石质。上径 30.5 厘米，底径 45.5 厘米，高 11 厘米。中间有圆形柱孔，孔径 16 厘米，周边雕刻覆莲花瓣，叶面隆起，叶瓣肥硕。完整。同年入藏宁夏博物馆。2006 年被定为二级文物。

莲花石柱础

### 龙纹石柱础

2000 年宁夏永宁县闽宁村西夏墓地出土。石质。厚 20 厘米，长 56 厘米，宽 54 厘米。方形，一角浅浮雕龙纹，正中以单线纹刻出圆圈，四周有凿刻痕迹。完整。同年入藏银川市西夏陵区管理处。2013 年被定为三级文物。

龙纹石柱础

## 9. 石构件

### 雕龙石栏柱

1974 年宁夏银川市西夏陵区 6 号陵出土。石质。残高 123 厘米，边宽 33 厘米。柱身三面浅浮雕盘龙戏珠图案，双龙自下而上在云海中盘旋翻腾，神态逼真。柱身一面朴素无纹，上部侧面有一长 6.5 厘米、宽 5.5 厘米的长方形卯孔。柱顶有莲瓣形束腰座。残断。1996 年入藏银川市西夏陵区管理处。同年被定为一级文物。

雕龙石栏柱

### 石螭首

1974 年宁夏银川市西夏陵区 6 号陵出土。石质。长 64 厘米，宽 23 厘米，高 25 厘米。通体呈长方形，分前后两部分：前端为螭首，用螺旋纹饰表现上唇卷曲的形状。螭口衔珠，眉骨突出，双目圆睁，两角用浮雕手法刻出；后端为楔形榫头，可套嵌在建筑物上。1974 年入藏宁夏博物馆。1996 年被定为一级文物。

石螭首

### 石经幢

1974年宁夏银川市西夏陵区6号陵出土。石质。高48厘米，凸榫直径15厘米，长7厘米。灰砂岩，幢身八棱，上下有榫头突出，每面分别刻有"观世音菩萨摩诃萨""大势至菩萨摩诃萨""越三界菩萨摩诃萨""无边身菩萨摩诃萨""药王菩萨摩诃萨"等佛教经咒。略残。1998年入藏银川市西夏陵区管理处。2013年被定为二级文物。

石经幢

### 圆雕石兽首

1974年宁夏银川市西夏陵区6号陵出土。石质。长22厘米，宽13.5厘米，高12.8厘米。双目斜扬，眉骨突出，怒目前视，吻部前凸，鬃毛后飘。残断。1998年入藏银川市西夏陵区管理处。2013年被定为三级文物。

圆雕石兽首

### 圆雕石螭兽残块

1987年宁夏银川市西夏陵区北端建筑遗址出土。石质。残长16.4厘米，残宽12.6厘米，残高13.9厘米。1998年入藏银川市西

圆雕石螭兽残块

夏陵区管理处。

莲花石座

1987 年宁夏银川市西夏陵区
出土。石质。残高 17 厘米，直径
35 厘米。呈双层圆台形，上层周
边浮雕复瓣仰莲纹；下层素面，修
磨平整。基本完整。1999 年入藏
银川市西夏陵区管理处。

莲花石座

# （十）绘画

西夏的绘画有壁画、木板画、佛经卷首版画、卷轴画以及唐卡等，大部分为宗教题材，也有少量世俗人物画和花鸟画、单幅动物画等。这些绘画艺术品是解读西夏社会历史、政治制度、经济、民族关系、宗教信仰、生活风俗的形象史学材料。

莫高窟、榆林窟、东千佛洞、旱峡石窟、五个庙石窟、文殊山石窟等敦煌石窟群和宁夏贺兰山山嘴沟石窟中保存大量西夏壁画。木板画主要是甘肃武威西夏墓出土的彩绘和墨绘人物和动物画，此外，俄罗斯藏有几幅黑水城出土的坛城木板画。唐卡、卷轴画以黑水城出土为大宗，主要收藏在俄罗斯艾尔米塔什博物馆。另外，武威亥母洞石窟寺、宁夏拜寺沟双塔、贺兰县宏佛塔、青铜峡寺一百零八塔也有出土。

西夏绘画前期以中原传统为主，同时吸收了回鹘、契丹和女真等周边民族的绘画艺术，晚期又汲取"藏密"艺术风格，形成多元汇聚。即使唐卡艺术，也是吸收吐蕃唐卡绘制技艺的基础上，借鉴中原绘画技艺，吸收来自印度、尼泊尔等波罗风格艺术，呈现出多元并存、汉藏杂糅的艺术风格。

## 1. 木板画

### 蒿里老人

1977 年甘肃省武威市西郊林场西夏墓出土。柏木质。长方形，长 28 厘米，宽 10.5 厘米。土红色底，彩绘一老者，头戴黑漆高冠，穿交领右衽宽袖灰色长袍，束黑腰带，手持一细长竹杖。墨线描绘画面轮廓。木板侧面墨书汉文"蒿里老人"。基本完整，木板上下端有五道裂缝，右下端边缘略有残朽。2003 年入藏武威市博物馆。1996 年被定为一级文物。

蒿里老人

### 彩绘"二童子"

1977 年甘肃省武威市西郊林场西夏墓出土。柏木质。木板呈长方形，长 16.2 厘米，宽 7.1 厘米，厚 1.6 厘米。土红色底。竖向彩绘一捧物童子图，墨线描绘轮廓。童子头梳双环髻，目视前方，双手捧一黄色大盘，盘中有一红色包裹，身着交领右衽长袍，束腰带。木板左侧墨书汉文"二童子"3 字。基本完整。木板中间有长约 7.5 厘米线状蛀孔，色彩有剥落。另有一件墨书汉文"童子"木板画，头梳带单环饰的童髻，脸侧向左边，身穿交领长衫，束腰带，双手捧唾壶，下垫长巾。2003 年入藏武威市博物馆。1996 年被定为一级文物。

彩绘"二童子"

### 彩绘牵马"大六"

1977 年甘肃省武威市西郊林场西夏墓出土。柏木质。长方形，长 14 厘米，宽 8 厘米，厚 1.7 厘米。土红色底。彩绘一牵马人物图。牵马人披发，着浅绿色交领短衣，束黑色腰带，一手执鞭，一手牵马；马昂首扬尾作奔腾状，背负黄色马鞍。木板

彩绘牵马"大六"

背面墨书汉文"大六"二字。基本完整。木板右下端约五分之一部分有残朽，画面色彩有剥落。2003 年入藏武威市博物馆。1996 年被定为一级文物。

### 彩绘五女侍

1977 年甘肃省武威市西郊林场西夏墓出土。柏木质。长方形，长 21.5 厘米，宽 11.5 厘米，土红色底。横向彩绘五女侍图，墨线勾画轮廓后填彩，人物形象逼真。前四人梳高发髻，身穿红、褐、绛紫等不同色彩的交领右衽窄袖长袍，双手托举脸前，

彩绘五女侍

分别持奁盒、托盘、拂尘、包袱；第五人年纪较小，披发，身着红色圆领窄袖长袍，束腰带，右肩披巾。木板右下端约五分之一部分有残朽，画面基本完整，色彩有剥落。2003 年入藏武威市博物馆。1996 年被定为一级文物。

## 彩绘五男侍

　　1977 年甘肃省武威市西郊林场西夏墓出土。柏木质。长方形，长 21.6 厘米，宽 13 厘米。完整。五男侍脸左向，穿蓝、赭、绯、黄、灰色圆领窄袖长袍，腰束带。分别拱手佩剑、拱手背包袱、双手捧盆、双手捧

彩绘五男侍

唾壶、拱手肩披长浴巾。木板左下端约五分之一部分有开裂，画面基本完整，色彩有剥落。2003 年入藏武威市博物馆。1996 年被定为一级文物。

## 彩绘抱剑武士

　　1977 年甘肃省武威市西郊林场西夏墓出土。柏木质。长方形，长 17 厘米，宽 9 厘米。竖向彩绘一武士立像。脸侧向左边，头戴毡盔，盔顶红结绥；身着宽袖战袍，肩披掩膊，胸腹有甲片保护。双手执一宝剑。木板背面墨书汉文"南柏人呼北柏人"七字。局部残。木板下端残朽，画面部分残缺，色彩部分有剥落。另有一武士木板画，武士侧坐，左手执一月牙铲，残存墨书汉文"柏人"二字。另有二幅抱拳武士，右手握拳举于胸前，拱手站立，背面有墨书汉文题记，其中

彩绘抱剑武士

一幅残存"闗"字。色彩大部分剥落，糟朽严重。2003 年入藏武威市博物馆。1996 年被定为一级文物。

### 彩绘男侍

彩绘男侍

1977 年甘肃省武威市西郊林场西夏墓出土。柏木质。长方形，长 10.1 厘米，宽 6 厘米，厚 1 厘米。土红色底。竖向绘一男侍从，墨线勾画人物轮廓。头戴幞头，着蓝色圆领宽袖长衫，双手拱举胸前，侧身而立。木板边缘残朽，上、下端有 7 条裂缝，裂缝最长达 5 厘米，画面基本完整，色彩部分剥落，表面反碱。另有一男侍木板画，脸向左，戴幞头，着圆领宽袖长衫，画面褪色严重。2003 年入藏武威市博物馆。2002 年被定为二级文物。

### 彩绘老仆

彩绘老仆

1977 年甘肃省武威市西郊林场西夏墓出土。柏木质。长方形，长 13.8 厘米，宽 6.9 厘米，厚 1.3 厘米。以土红色打底。表面竖向彩绘一老年侍者。头着黑色方巾，向脑后下垂，面侧向右臂，身穿圆领长衫，拱手，鼻头尖钩，眼、耳较大。基本完整。木板表面略有糟朽，画面基本完整，褪色严重，表面泛碱严重。2003 年入藏武威市博物馆。2002 年被定为二级文物。

### 彩绘屈腰人

1977 年甘肃省武威市西郊林场西夏墓出土。柏木质。长方形，土红色底。竖向绘一负袱男子。头着黄色方巾，圆脸，大耳，高鼻小嘴红唇。身穿宽袖灰色长衫，弯腰弓背，头上扬，面带微笑，拱手，背负一包袱。基本完

彩绘屈腰人

整。木板表面上端和右下角糟朽，画面基本完整，色彩部分剥落，表面泛碱。现藏武威市博物馆。

### 彩绘太阳

1977 年甘肃省武威市西郊林场西夏墓出土。柏木质。长方形，长 15 厘米，宽 7 厘米。土红色底。竖向彩绘太阳图案。太阳中间绘一三足乌，太阳下绘卷云。太阳和云彩均为红色，三足乌为黑色。侧面墨书汉文"太阳" 2 字。木板下端糟朽严重，残缺，画面基本完整，色彩部分有剥落。2003 年入藏武威市博物馆。1996 年被定为一级文物。

彩绘太阳

### 彩绘金鸡

1977 年甘肃省武威市西郊林场西夏墓出土。柏木质。长方形，长 8.5 厘米，宽 6 厘米。土红色底，彩绘一金鸡，羽毛为黄色，作行走的姿态，木板侧面墨书汉文"金鸡" 2 字。局部残。木板右下角残缺，边缘部分腐朽，画面基本完整，色彩有剥落，表面泛碱。2003 年入藏武威市博物馆。2002 年被定为三级文物。

彩绘金鸡

### 彩绘双首龙

1977 年甘肃省武威市西郊林场西夏墓出土。柏木质。长 9.5 厘米，宽 4.5 厘米，土红色底，以青、红、黄、白、粉五色绘一 U 形双头连体龙，龙头分别处于 U 形上端，左右相对而视，龙体

**彩绘双首龙**

连为一体，龙首有耳无角，发须披散。眼突出，张嘴吐舌。木板左、右下角略有残朽，左上端微朽，画面基本完整，色彩部分有剥落。2003 年入藏武威市博物馆。1996 年被定为一级文物。

### 墨绘五男侍

1990 年甘肃省武威市公安局移交武威市博物馆。长方形，长 59.3 厘米，宽 4—17 厘米，厚 1 厘米。正面墨绘线描五男侍，立姿，面均向左，高颧骨，鼻高而尖，头顶髡发，脑后发髻垂于颈

**墨绘五男侍**

部，两鬓角发或少而飘散，或多而成绺。着圆领窄袖长袍，腰部束腰带，双手握举胸前，右高左低。内侧刻划西夏文 6 字，前 2 字不清楚，后 4 字翻译为"九年四月"。左边和下部残缺，边缘糟朽，表面泛碱。1990 年入藏武威市博物馆。1996 年被定为一级文物。

### 墨绘女侍

1992 年甘肃省武威市公安局移交武威市博物馆。长方形，右边缘和下边

墨绘女侍

缘朽裂。残长 22—26.5 厘米，宽 2.5—10.8 厘米。正面仅残存墨绘两侍女半身像，面朝左，双手握举胸前，面容清秀，梳桃形高发髻，簪饰翘立。束发下垂至肩，身着右衽长袍，是典型的少数民族妇女形象，根据左帮长度，右帮壁应该是会有五女侍。右边和下部残缺，边缘糟朽，表面泛碱。1992 年入藏武威市博物馆。1996 年被定为一级文物。

## 墨绘五男侍

1997 年甘肃省武威市西关西夏砖室墓出土。柏木质。长方形，长 54.2 厘米，宽 22.8 厘米，厚 1.6 厘米。淡白色底，横向墨绘五男侍。五人站成一字形，头向各不一致，有的正面，有

墨绘五男侍

的略侧向一边，有的完全侧向一边。基本上都是短发（第二人头发蓬松隆起），后两侧各有一条短辫垂于肩部。除第四人外均有胡须，有的络腮胡，有的八字胡，有的似五绺长须。身上均穿圆领束袖长袍，腰系丝带，双手多拱举胸前，第四人双手拊腹。右边和下部残缺，边缘糟朽，表面泛碱。2003 年入藏武威市博物馆。1996 年被定为一级文物。

## 顶髻尊胜佛母曼荼罗木板画（X.2406）

1908—1909 年内蒙古额济纳旗黑水城遗址出土。木质。高 130 厘米，宽 108 厘米。曼荼罗由金刚环、金刚墙和内坛城三部分组成。金刚环系由红色

火轮、蓝色金刚杵和杂色莲花瓣三圈构成。环内为方形金刚墙，墙上四面正中设门，门楼最上一层置一宝瓶，两侧各卧一羊，门楼两侧有张着血盆大口的摩羯鱼和八吉祥物（宝伞、金鱼、莲花、宝结、尊胜幢、香炉、白海螺和法轮）。金刚墙内是内坛城，中心为主尊

顶髻尊胜佛母曼荼罗木板画

顶髻尊胜佛母像，结跏趺坐于莲花座上，身白色，三面八臂。彩绘板画的右下角，有一西夏男供养人，髡发，身穿青色搁衫，合掌于胸。在供养人的右上角有西夏文榜题，汉译为"发愿者耶呐松柏山"。

第二件高 111 厘米，宽 113 厘米。画面内容与第一幅基本一致，唯一右下角为女供养人，梳高髻，系丝带，双颊涂红，身穿镶红边棕色交领褙子，双手合十持一朵莲花。右上角西夏文榜题汉译为"发愿者梁氏上阿口"。[①] 现藏俄罗斯艾尔米塔什博物馆。

### 佛顶尊胜（X.2469）

1908—1909 年内蒙古额济纳旗黑水城遗址出土。木质。高 18.5 厘米，宽 12 厘米。主尊佛顶尊胜，白身，高发髻，戴头

佛顶尊胜

① 孙昌盛：《黑水城出土顶髻尊胜曼荼罗木板画考》，《敦煌研究》2001 年第 2 期。

冠，冠内有一化佛；三面八手，右主手执金刚杵，左主手拿白色套索，右侧手从上至下分别持佛像、持箭、掌心向外置于膝，左侧手从上至下持套索、持弓和持金瓶；袒胸，着红裙；白色头光，绿色身光，饰卷草纹，红色背光；结莲花坐坐于莲花座。现藏俄罗斯艾尔米塔什博物馆。

## 2. 绢画

### 观音菩萨（X.2448）

观音菩萨

1908—1909年内蒙古额济纳旗黑水城遗址出土。绢质。高70厘米，宽55.5厘米。主尊观音，白身，蓝发；佩耳环、项链、臂钏和璎珞；着红色上衣，绿色内衬，绿裙白裤；双手持如意，结莲花坐坐于绿色莲花上。圆形头光、身光和背光，有红色光圈。绿、蓝、红色身光。现藏俄罗斯艾尔米塔什博物馆。

### 玄武大帝（X.2465）

玄武大帝

1908—1909年内蒙古额济纳旗黑水城遗址出土。绢质。画芯高71厘米，宽47厘米。玄武大帝形象高大，披发光脚，着黑色大氅，披绿色飘带，右手拄剑，左手置于左膝，坐于岩石。画面上方，右侧有一男一女置于云中，男人头上扎巾成束，着武官服，腰围抱肚和护碑，双手擎黑旗；女子发髻束红巾，着绿袍，红色披肩，双手持剑鞘看向男子。左侧有两男子双腿置于云中，仅露出上半身，前面男子跪姿，后面男子站姿。画面下方，右下有一绿龟和蛇缠在一起；左下有一男子手持文书跪在草地。① 现藏俄罗斯艾尔米塔什博物馆。

### 禽鸟花卉（X.2521）

禽鸟花卉

1908—1909 年内蒙古额济纳旗黑水城遗址出土。绢质。高 79 厘米，宽 34 厘米。右侧绘一雄鸡，漫步于花草、树林间，回首看向身后，注视着小河里迎面游来的两只鸭。两鸭一只回首，一只注视水中。周围蒲草摇曳，蜀葵盛开，古柳垂青。画面下方有石头与水草，一只母鸡带着小鸡在草丛中觅食。② 现藏俄罗斯艾尔米塔什博物馆。

### 水月观音菩萨（X.2439）

1908—1909 年内蒙古额济纳旗黑水城遗址出土。绢质。高 101.5 厘米，宽 59.5 厘米。主尊水月观音，男身像，高发髻，头顶宝冠，冠中有化佛；上着红色披肩，下穿白色长裙，腰佩绿色丝带，坐于岩石上。观音左侧绘一

水月观音菩萨

---

① 陈育宁、汤晓芳：《西夏艺术史》，上海三联书店 2010 年版，第 98 页；萨玛秀克：《俄藏黑水城艺术品 2》，上海古籍出版社 2008 年版，第 287 页。

② 王胜泽：《俄藏黑水城出土〈禽鸟花卉〉解读》，《西夏学》第十六辑，甘肃文化出版社，2018 年第 1 期。

插满柳枝的净瓶和 1 株盛开的红白色牡丹花。画面右上方为善财童子，立于云团上。画面左下立两人，右下 4 个党项人在奏乐跳舞，4 人旁还有一白一黑两匹马，马上有一杆枪，缠着收卷的旗子，顶系红缨。现藏俄罗斯艾尔米塔什博物馆。[①]

### 文殊菩萨（X.2447）

1908—1909 年内蒙古额济纳旗黑水城遗址出土。绢质。高 96 厘米，宽 60 厘米。主尊文殊菩萨面朝左，披青色外衣，袒胸，胸前垂璎珞；右手持如意，左手放于膝，呈自由式坐于莲花座。莲花座下是坐骑青狮子，身上缀满青色璎珞，张口伸舌。驭狮人头戴冠，着甲胄，红衣绿裤和黑靴，手牵缰绳。菩萨右侧是双手拄拐的文殊老人，左侧是善

文殊菩萨

财童子，梳蒲桃髻，挂红绿色披帛。画面上方残。该图和 X.2444 普贤菩萨是一对，绘画风格相同，颜色相像。画面顶部缺失，颜色磨损。现藏俄罗斯艾尔米塔什博物馆。[②]

### 大势至菩萨（X.2441）

1908—1909 年内蒙古额济纳旗黑水城遗址出土。绢质。高 125 厘米，宽 62.5 厘米。主尊大势至菩萨黄身，面朝左，蓝色盘发，头顶宝冠，两

大势至菩萨

---

① 此外，俄藏黑水城出土 X.2438、X.2437、X.2436 是水月观音卷轴画，形制有所差别。

② 此外，俄藏黑水城出土 X.2434、X.2446，也是绢质文殊菩萨，形制有所差别。

边有挂珠，着红色披帛，白裙，粉裤。结跏趺坐坐于莲花，蓝色头光，透明身光，上绘旋状火焰纹。画面顶部是一华盖，上有团云、树叶和粉花，下垂璎珞。现藏俄罗斯艾尔米塔什博物馆。

### 炽盛光佛与十一曜星神图（X.2424）

1908—1909 年内蒙古额济纳旗黑水城遗址出土。绢质。高 104 厘米，宽 67 厘米。该图像整体反映的是炽盛光佛与十一曜、二十八宿、十二宫的一幅静态图：画面中心主尊炽盛光佛身红色，圆顶髻，呈结跏坐；头光、背光均为绿色。十一曜星神分别在其左右前方环绕，左侧自上而下分别为月孛、紫炁、水星、日星、计都，右侧自上而下分别是火星、木星、金星、月星、罗睺，主尊座前正中央为土星。画面上方左右两侧为脚踩祥云的二十四宿神，左右各具十二像，对称分布。二十四宿上下环绕十二星宫，上方

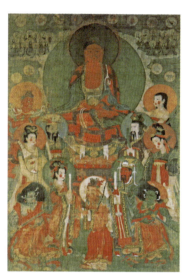

**炽盛光佛与十一曜星神图**

从左至右分别是：白羊、双鱼、宝瓶、双女、双子、狮子、摩羯、天蝎；下方从左至右分别是：金牛、巨蟹、天秤、人马。颜色有磨损。现藏俄罗斯艾尔米塔什博物馆。[①]

### 多闻天（X.2461）

1908—1909 年内蒙古额济纳旗黑水城遗址出土。绢质。高 62.5 厘米，宽

---

① 此外，俄藏黑水城出土的《炽盛光佛与十一曜星神图》还有编号 X.2425、X.2426、X.2428、X.2430 和 X.2431。画面人物内容配置与 X.2424 基本相似，仅人物细节和绘画构图、色彩、细致和完整程度不同。

54厘米。主尊多闻天王头戴金色冠,身着彩
色铠甲,坐于白马上奔驰,白马回头张望。
周围随从7个夜叉、1个将军,皆环绕主尊
按顺时针方向奔跑。上方红身夜叉举一面高
旗,旗中有鸟;旁边绿身夜叉持三股叉;主尊
左侧夜叉持物不清楚。背景绘山坡、树木等。
画面颜色磨损严重。现藏俄罗斯艾尔米塔什
博物馆。①

多闻天

骑士(X.2492)

1908—1909年内蒙古额济纳旗黑水城遗
址出土。绢本彩绘,高40.5厘米,宽26.5厘
米。骑士黄身,双目圆睁,着彩色铠甲;右
手持刀,跨坐于马上。马身白色,低首,身
上装饰红色璎珞。整体被团云包裹。画面颜
色磨损。现
藏俄罗斯艾
尔米塔什博
物馆。

骑士

彩绘绢质大日如来坐像图

彩绘绢质大日如来坐像图

1990年宁夏贺兰县宏佛塔出土。绢质。
通长143厘米,宽41.3厘米;画面长48.5厘米,
宽31.7厘米。大日如来饰低螺髻,面相方圆,

① 此外,俄藏黑水城出土X.2460、X.2462,也是绢
质多闻天,形制有所差别。

五官用墨线勾勒，面部以浅红色晕染；着朱红交领袈裟，结跏趺坐于莲花座上，莲花座下为束腰须弥台。残损。1996 年入藏宁夏博物馆。同年被定为一级文物。

### 彩绘绢质黄财神图

1990 年宁夏贺兰县宏佛塔出土。绢质。图长 63.5 厘米，宽 46.5 厘米。黄财神端坐于镶嵌珠宝的莲花须弥座上，头戴珠饰宝冠，上身裸露，下着红色短裙，佩戴项圈、璎珞、臂钏、手镯等。画面污染，局部残破。2004 年入藏银川市西夏陵区管理处。

彩绘绢质黄财神图

1996 年被定为一级文物。

### 彩绘绢质月孛图

1990 年宁夏贺兰县宏佛塔出土。绢质。图长 80 厘米，宽 51.5 厘米。南方增长天王身青色，长发后扬，头戴骷髅冠，身披红色云肩，腰束长带，右手握长把两股叉法器，左手于胸前托一物。画面右上角榜题"□皇真君" 4 字，残损。2004 年入藏银川市西夏陵区管理处。1996 年被定为一级文物。

彩绘绢质月孛图

### 彩绘绢质大日如来图

1990 年宁夏贺兰县宏佛塔出土。绢质。图长 115 厘米，宽 64 厘米。佛

**彩绘绢质大日如来图**

戴冠，着通领袈裟，结跏趺坐于莲瓣须弥台上，有圆形项光、背光和身光。法座两侧各侍立菩萨，右侧菩萨着通领长裙，饰项圈、腕钏等；左侧菩萨头部漫漶不清，身姿及服饰与右侧相同。残损。2004年入藏银川市西夏陵区管理处。1996年被定为一级文物。

### 彩绘绢质炽盛光佛图

1990年宁夏贺兰县宏佛塔出土。绢质。图长139厘米，宽80厘米。佛饰尖螺髻，着朱红色袈裟，坐于莲花须弥座上，身后有

**彩绘绢质炽盛光佛图**

圆形头光、背光、身光。须弥座绘盛开莲花和两扛荷裸体童子。主尊上方绘祥云、黄道十二宫和星宿图，每朵祥云内绘7尊人物立像。主尊左右两侧与下部绘金星、木星、火星、土星、日、月、罗睺、计都、月孛、紫炁星官。4尊武士长发后扬，手持法器。右下角绘一小和尚、一老翁和一辆牛车。左下角绘两和尚，其中一位结跏趺坐，一位直立。残损。2004年入藏银川市西夏陵区管理处。1996年被定为一级文物。

### 彩绘玄武大帝图

1990 年宁夏贺兰县宏佛塔出土。绢质。图长 87 厘米，宽 57 厘米。主尊玄武大帝披发搭肩，身穿黑色铠甲，腰束宽带，右手持剑，席地而坐，头后有圆形头光。两侧侍立持黑旗、剑鞘等文臣与侍女 12 人。文臣头戴冠，着宋代官服，侍女髻高耸，着红色交领长裙。2004 年入藏银川市西夏陵区管理处。1996 年被定为一级文物。

彩绘玄武大帝图

## 3. 纸本画

### 大黑天神图

1908—1909 年内蒙古额济纳旗黑水城遗址出土。纸本彩绘。高 30 厘米，宽 21 厘米。主尊大黑天王，蓝身，一面三眼，高发髻，头冠上有盘蛇；佩耳环、项链、臂钏，腰系虎皮裙；双脚踩象头神，站在莲花座上。红色火焰纹背光。整体画面残缺，有磨损。现藏俄罗斯艾尔米塔什博物馆。

大黑天神图

### 饿鬼图

1908—1909 年内蒙古额济纳旗黑水城遗址出土。纸本彩绘。高 112.5 厘米，宽 53 厘米。画中饿鬼蓝身，双

饿鬼图

眼瞪大，头发直立，红嘴大张，有胡须；手臂、腿和胸部骨骼和肌肉分明；右手持汤勺，左手持碗，坐毯上。整体画面残缺。现藏俄罗斯艾尔米塔什博物馆。

### 玉皇大帝像

1908—1909 年内蒙古额济纳旗黑水城遗址出土。纸本彩绘。高 64.5 厘米，宽 35.5 厘米。主尊玉皇大帝，着蓝色长袍，红色腰带，戴冠冕，双手持笏板，坐于高背宝座上，宝座横木两侧绘龙头。现藏俄罗斯艾尔米塔什博物馆。

玉皇大帝像

玉皇大帝右胁侍像

### 玉皇大帝右胁侍像

1908—1909 年内蒙古额济纳旗黑水城遗址出土。纸本彩绘。高 55 厘米，宽 31 厘米。右胁侍，侧身，站姿，有胡须，着蓝色长袍，红色腰带，双手持笏板。青色晕染式头光。现藏俄罗斯艾尔米塔什博物馆。

### 玉皇大帝左胁侍像

1908—1909 年内蒙古额济纳旗黑水城遗址出土。纸本彩绘。高 53 厘米，宽 20 厘米。左胁侍，侧身，站姿，有胡须，着绿色长袍，红色腰带，双手持笏板。蓝色晕染式头光。现藏俄罗斯艾尔米塔什博物馆。

玉皇大帝左胁侍像

### 童子和沙弥像

1908—1909 年内蒙古额济纳旗黑水城遗址出土。纸本彩绘。高 38 厘米，宽 32 厘米。残片。红色供桌上摆放许多供品，有供果、金刚鞭和金刚伞等。供桌前有一童子和沙弥，右侧童子，左侧沙弥[①]。现藏俄罗斯艾尔米塔什博物馆。

童子和沙弥像

### 击钹僧人像

1908—1909 年内蒙古额济纳旗黑水城遗址出土。纸本彩绘。高 18.5 厘米，宽 8.8 厘米。画中僧人侧身，着红色长袍，绿色内衬，双手击钹，黄色头光。现藏俄罗斯艾尔米塔什博物馆。

击钹僧人像

西夏文牌记

### 西夏文牌记

1908—1909 年内蒙古额济纳旗黑水城遗址出土。纸本彩绘。高 29.5 厘米，宽 15 厘米。上端绿色荷叶，下端是仰覆瓣蓝色莲花。中间蓝边白色框中，

---

①　萨玛秀克:《俄藏黑水城艺术品 2》，上海古籍出版社 2008 年版，第 287 页。

题西夏字 7 个，释为"弥勒菩萨指引师"。现藏俄
罗斯艾尔米塔什博物馆。

### 金翅鸟图

1908—1909 年内蒙古额济纳旗黑水城遗址出
土。纸本彩绘。高 10.3 厘米，宽 8 厘米。画中金
翅鸟半蹲姿，红身，黄发直立，双脚踩蛇，双手捧
蛇身，嘴咬住蛇体，黑灰色翅膀。现藏俄罗斯艾尔
米塔什博物馆。

金翅鸟图

### 一佛二胁侍二僧人图

1908—1909 年内蒙古额济纳旗黑水城遗址出
土。绢本彩绘。高 74 厘米，宽 60 厘米。主尊身黄
色，高顶髻，着朱红袈裟，坐于莲花座上。主尊两
侧有两个胁侍，右侧为一僧人，跪姿，着红色袈
裟，双手合十，面向主尊；左侧是一少女，坐于莲
台，高发髻，披红色长袍，双手合十，面向主尊。
画面上方有建筑和华
盖。画面下方还有两个
僧人，均跪于毯，着红色袈裟，右肩披黄色披肩，
双手合十，中间有一供器。现藏俄罗斯艾尔米塔
什博物馆。

一佛二胁侍二僧人图

贵人像

### 贵人像

1908—1909 年内蒙古额济纳旗黑水城遗址出
土。纸本彩绘。高 45 厘米，宽 34 厘米。画中老

人侧身，站姿，眉毛细长，鼻梁高挺，白色胡须；头戴黑色高帽，身穿圆领长袖长袍，双手拿着红色腰带。现藏俄罗斯艾尔米塔什博物馆。

### 山羊图

1908—1909 年内蒙古额济纳旗黑水城遗址出土。纸本彩绘。高 12.5 厘米，宽 11.2 厘米。画中山羊昂首，双目前视，嘴巴微张，鼻子露孔，双角向后角尖下弯，颔下长有长胡须。现藏俄罗斯艾尔米塔什博物馆。

山羊图

### 西夏皇帝和侍从图

1908—1909 年内蒙古额济纳旗黑水城遗址出土。纸本彩绘。高 45 厘米，宽 20 厘米。画中一男子，侧身，头戴高黑帽，身着团龙长袍，系腰带，双手拢于窄袖，黑色套鞋。一仆人立于身后。画面右后方有一桌子，铺桌布，桌上摆放花瓶，瓶中插菊花，桌前站一鹿；上方有一棵高挺的松树，下方有象征财富的珊瑚、火珠、犀牛角、串钱、银锭和一些画卷。① 现藏俄罗斯艾尔米塔什博物馆。

西夏皇帝和侍从图

### 文殊菩萨图

1908—1909 年内蒙古额济纳旗黑水城遗址出土。纸本黑墨线描。高 26.5

---

① 萨玛秀克：《俄藏黑水城艺术品 2》，上海古籍出版社 2008 年版，第 296 页；许洋主译：《丝路上消失的王国西夏黑水城的佛教艺术》，台北历史博物馆 1996 年版，第 242 页。

文殊菩萨图

厘米，宽 23 厘米。主尊文殊菩萨，头戴三叶冠，冠中有三尊化佛；高发髻，坦胸，身戴耳瑞、臂钏、脚环、项链和璎珞；衣褶丰富，饰花纹和流苏，右手持如意，左手放于左膝。现藏俄罗斯艾尔米塔什博物馆。

## 月孛图

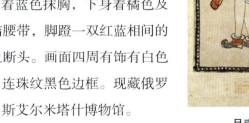

月孛图

1908—1909 年内蒙古额济纳旗黑水城遗址出土。纸本彩绘。高 63 厘米，宽 29 厘米。月孛星神，女相，面向左，眼神远眺；上身着蓝色抹胸，下身着橘色及膝裙裾，腰系白色蝴蝶结腰带，脚蹬一双红蓝相间的云卷鞋，右手提一只流血断头。画面四周有饰有白色连珠纹黑色边框。现藏俄罗斯艾尔米塔什博物馆。

土曜图

## 土曜图

1908—1909 年内蒙古额济纳旗黑水城遗址出土。纸本彩绘。高 65 厘米，宽 30 厘米。土曜星神，男相，老者，络腮胡，高发髻；内着绿色阔袖长袍，外搭黄色交领长袍，腰系蓝色带子打蝴蝶结，脚蹬白色鞋带的红底木屐；右手举长方形印，左手怀抱黑色细长手杖。现藏俄罗斯艾尔米塔什博物馆。

木曜图

1908—1909 年内蒙古额济纳旗黑水城遗址出土。纸本彩绘。高 64 厘米，宽 32 厘米。木曜星神，男相，左侧身呈站立状，面目饱满，头戴梁冠，双手持笏板捧于胸。内穿紫色绿边交领长袍，外披墨绿黑色镶边阔袖长袍，脚蹬卷云装饰鞋。画面四周有饰有黑色边框，上边框的中间位置有一莲花座，上有一圆圈，圈内有一西夏字，汉译"木"。现藏俄罗斯艾尔米塔什博物馆。

木曜图

月曜图

1908—1909 年内蒙古额济纳旗黑水城遗址出土。纸本彩绘。高 64 厘米，宽 32 厘米。月曜星神，女相，站姿，细眉长眼，盘元宝发髻，头上饰红色宝石；内着深红色交领长裙，外披浅棕色阔袖长袍，绿色云肩，胸下系白色蝴蝶结；左手端一盘，右手扶盘边，盘中祥云托一轮圆月，月中为玉兔捣药。画面四周有饰有白色连珠纹黑色边框。下边框外有梵文印章。现藏俄罗斯艾尔米塔什博物馆。

月曜图

计都图

计都图

1908—1909 年内蒙古额济纳旗黑水城遗址出土。纸本彩绘。高 55 厘米，宽 32 厘米，残件。此图像上半部分残缺，可见星神半裸上身，红绿色飘带缠绕过肩并打结于胸前，下半身为短裙，腰间系白色飘带，赤足站立，右手握剑柄，剑尖朝上，由此可以推断，此像应为罗睺星神。整个画面为竖长方形，四边有黑色边框，下边框外有梵文印章。现藏俄罗斯艾尔米塔什博物馆。

### 彩绘佛

彩绘佛

1987年甘肃省武威市新华乡缠山村亥母洞遗址出土。纸质。单页纵15厘米，横710厘米。多层棉纸合裱而成。折叠式，2页，每页均呈莲瓣状。页面中心彩绘佛像，跏趺坐，右手与愿印，左手禅定印。座椅背上，佛头左右各立两只白鸟。另一页描绘相同，仅佛身黑色。墨书西夏文字一行。现藏武威市博物馆。

### 雕版印纸本顶髻尊胜佛母画

雕版印纸本顶髻
尊胜佛母画

1991年宁夏贺兰县拜寺沟方塔出土。纸质。长55厘米，宽18.8厘米。木刻雕版印制。呈塔幢形，由宝盖、佛像和底座三部分组成。宝盖两侧流苏下垂，帷幔上有梵文六字真言。佛像居中，三面八臂，右面善相，左面忿怒相，正面圆满。束腰须弥底座，上承仰莲座，莲瓣中书有梵文。残损。同年入藏宁夏博物馆。1996年被定为一级文物。

### 五空行母图

1908—1909 年内蒙古额济纳旗
黑水城遗址出土。纸板彩绘。每块
约高 13.5 厘米，宽 11 厘米。头冠
由五块桃形纸板组成，每个桃形里
面均有一个跳舞的空行母，一面四
手，白色头光，佩耳环、项链、臂

五空行母图

钏、手镯和白色飘带，腰系红色半裙和绿色飘带。从右至左分别是：1. 绿身，
右手攥拳和持金刚铃，左手掌心向外置于胸前和持金刚杵；2. 红身，右手拿
鼓，左手持颅骨碗，第二双手高举向上；3. 黄身，双手拿笛，另一双手拿金
刚铃和金刚杵；4. 白身，右手持莲花和鼓，左手持骷髅杖和颅骨碗；5. 黄身，
右手持鼓和钹，左手持颅骨碗和骷髅杖。[①] 现藏俄罗斯艾尔米塔什博物馆。

## 4. 唐卡画

### 上师图

1986 年宁夏贺兰县拜寺口双塔出土。绢
质。长 135 厘米，轴宽 94.5 厘米。深绿色
绸缎装裱，顶端装竹质扁细轴，外裹绿色绸
缎，轴杆上挂 3 条黄色幡带，上饰花卉图案；
底端装枣木圆轴杆，绘有描金卷云纹，轴杆
两端装塔式轴头。中间绘一上师，结跏趺坐
于仰覆莲花座上，施说法印。上师上方 7 个
小框内绘有 5 尊佛像和两尊祖师像，均结跏

上师图

① 萨玛秀克：《俄藏黑水城艺术品 2》，上海古籍出版社 2008 年版，第 288 页。

跌坐于莲台上，从左至右为降魔、说法、禅定、转法轮、说法、禅定、降魔。上师两侧对称竖列菩萨各五身，皆头戴宝冠，发簪高髻，髻顶饰珠宝，肩宽细腰，赤裸上身。下方7个小框内绘5尊供养女和两尊金刚，供养女皆头戴华冠，双腿舞立；金刚面部和身躯为蓝色，头戴宝冠，手执法器，双腿弓立。现藏宁夏博物馆。1996年被定为一级文物。

国师像

### 国师像

1908—1909年内蒙古额济纳旗黑水城遗址出土。麻布彩绘。高38.5厘米，宽27.5厘米。画中国师黄身，有胡须，着橘黄色长袍，褐色内衬，坐于彩色莲花座。白色头光、绿色身光，饰卷草纹，均镶金边。前有两位皇家供养人，右侧男子，侧身，头戴皇冠，着红色长袍，金色腰带，双手合十；左侧妇女，侧身，高发髻，着红色长袍，饰金色花纹，双手合十。现藏俄罗斯艾尔米塔什博物馆。

一面二臂胜乐金刚画

### 一面二臂胜乐金刚画

1986年宁夏贺兰县拜寺口双塔出土。绢质。图长85.5厘米，轴宽53.2厘米。主体画面绘胜乐金刚及金刚亥母双身像。胜乐金刚头戴五骷髅冠，肉身蓝色，双目圆睁，直鼻大耳，左手握金刚铃，右手握金刚杵，双脚各踩一仰伏状魔，身挂50个骷髅。金刚亥母头戴骷髅冠，颈部佩戴骷髅串珠，面向主尊，左臂搂抱主尊脖颈，右手上举执双叉勾刀。仰伏两魔下为仰覆莲花台。上方横置 5 个小框，每框内均绘一尊上乐金刚双身像，为主尊 5 种化身，代表五方佛。下方亦有 5 个小框，中间 3 个框内各绘一尊护法金刚，左右两侧小框内各绘一尊祖师像。现藏宁夏博物馆。1996 年被定为一级文物。

### 四面十二臂胜乐金刚画

1990 年宁夏贺兰县宏佛塔出土。绢质。图长 61.3 厘米，宽 40 厘米。四周装裱。主体画面绘胜乐金刚及金刚亥母双身像。胜乐金刚四面十二臂，头戴五骷髅冠，蓝色肉身，挂 50 个骷髅项链，腰围虎皮裙，胸前双手各持金刚铃与金刚杵，施金刚吽迦罗印，拥抱明妃。金刚亥母红色肉身，伸双臂持剥皮刀，双脚踏印度教神湿婆与明妃黑夜女神。现藏银川市西夏陵区管理处。1996 年被定为一级文物。

四面十二臂胜乐金刚画

### 释迦牟尼佛与三十五佛画

1990 年宁夏贺兰县宏佛塔出土。绢质。图长 123 厘米，宽 82.5 厘米。绢薄而柔软，表面光滑。正中主尊像身着朱红袈裟，施降魔印，结跏趺坐。主尊像上方绘一座覆钵式灵塔，周围分布 35 个塔龛。每塔龛内绘一尊结跏趺坐佛，身披朱红袈裟，面部与身体外露部分呈黄色，分施降魔、说法、禅定、转法轮等手印；上方绘一座覆钵式塔。画面整体色泽深沉，以朱红、黄、蓝色为主，有描金。完整。现藏银川

释迦牟尼佛与三十五佛画

市西夏陵区管理处。1996 年被定为一级文物。

### 塔龛千佛图

塔龛千佛图

1964 年宁夏青铜峡市一百零八塔出土。绢质。第一件通长 108 厘米，通宽 58 厘米。深绿色绸缎装裱，两端装木轴杆。画面以中央主尊结跏趺坐于仰覆莲座上，头戴宝冠，面相丰腴，上身裸露，下着红色描金长裙，装饰有头光与身光。佛两侧菩萨头戴冠，宽胸细腰，立于仰覆莲座上，有头光。主尊周围分割出 215 个小框，每框一龛，除下端 15 个小框各绘一尊供养天女像，其余 200 个小龛内各绘一坐佛。同年入藏宁夏博物馆。1996 年被定为一级文物。

### 文殊菩萨像

文殊菩萨像

1987 年甘肃武威市新华乡缠山村亥母洞遗址出土。绢质。高 67 厘米，宽 46 厘米。中心主尊为文殊菩萨，头戴三叶冠，黄身，坐于青鬃白狮子所驮莲座上，双手施说法印。主尊周围设上、下、左、右对称的 34 个方格，方格内分别安置佛教和世俗人物。画面基本完整，颜色有少量脱落。现藏武威市博物馆。

### 金刚坐佛画

1908—1909 年内蒙古额济纳旗黑水城遗址出土。麻布彩绘。高 80 厘米，

宽 52.5 厘米。画面中心主尊释迦牟尼身为黄
色，顶髻不高，着朱红袈裟，衣边饰黑底金
色卷花图案，结跏趺坐于彩色莲花座上，左
手结禅定印，右手作触地印，面前横放有一
金刚杵，这是藏传佛教造像触地印释迦牟尼
佛的特征之一。头光内侧为蓝色，周围饰有
红绿蓝相间头光条纹。红色背龛内绘有一镶
嵌珠宝的佛座，为波罗早期风格的东印度龛
门样式，横木左右两侧绘摩羯头。主尊右侧
是身白色的观音菩萨，左侧是身黄色的弥勒
佛，均高发髻，身戴耳珰、臂钏、脚环、项

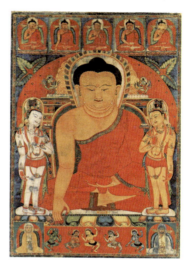

金刚坐佛画

链和璎珞。佛像上方绘有一排黄色身的五禅定佛，莲座下方绘有 5 个跳舞的
空行母，分别为绿、红、黄、白、蓝色。下方左右两角画有着白、黄色通肩
大衣的两僧人。现藏俄罗斯艾尔米塔什博物馆。①

金刚坐佛和八塔画

1908—1909 年内蒙古额济纳旗黑水城遗
址出土。麻布彩绘。高 49.2 厘米，宽 39.5 厘
米。主尊释迦牟尼佛通体黄色，着红色袒右
袈裟，结跏趺坐于莲花座上。右侧为白身观
音菩萨，左侧是黄身弥勒菩萨。在莲花座下，
是摆放在同一基座上的五佛塔，中间一座大
塔，两旁有 4 座小塔，小塔旁西夏文汉文对
照榜题是"降服外道名塔"。画面中间上方

金刚坐佛和八塔画

---

① 此外，俄藏黑水城出土 X.2323、X.2324、X.2325、X.2331，也是金刚坐佛唐卡，形制有所差别。

绘有云团，云中有手捧盘中装满水果供品的天女。天女旁边西夏文汉文对照榜题"菩提树下成道塔"。唐卡两侧为6座覆钵式佛塔，塔尖两侧有祥云围绕，云中各有一双手捧盘的童子。现藏俄罗斯艾尔米塔什博物馆。

药师佛画

### 药师佛画

1908—1909年内蒙古额济纳旗黑水城遗址出土。麻布彩绘。高110厘米，宽82厘米。主尊药师佛身蓝灰色，着朱红色袒右肩袈裟，袈裟饰以金线和褐色边框勾勒的田相格纹，格子里绘八吉祥；右手结施与印，两指捏有一粒淡黄色药丸，左手托药钵，双跏趺坐于莲台。主尊两旁是日光、月光两位胁侍菩萨，红色肤日光菩萨，手持红莲，莲内置三足乌，白色肤月光菩萨，手持白莲，莲花上置有月轮、桂树和玉兔捣药。主尊上方绘药师七佛，身金色，左右对称两列菩萨，下方绘有两排共16尊佛像。现藏俄罗斯艾尔米塔什博物馆。[①]

### 一佛二菩萨画

1908—1909年内蒙古额济纳旗黑水城遗址出土。绢本彩绘。高90.5厘米，宽68厘米。主尊释迦牟尼身为黄色，高发髻，顶部饰有白色宝珠，着朱红袈裟，坐于莲花座上。主尊右侧是身白色的观音菩萨，左侧是身黄色的弥勒佛。两菩萨（佛）均高发髻，身戴耳珰、臂钏、

一佛二菩萨画

---

① 此外，俄藏黑水城出土 X.2333、X.2334、X.2335、X.2336，也是药师佛唐卡，形制有所差别。

脚环、项链和璎珞。画面上方绘有四僧人，均左腿盘坐。现藏俄罗斯艾尔米塔什博物馆。①

### 禅定佛画

1908—1909 年内蒙古额济纳旗黑水城遗址出土。绢本彩绘。高 26.5 厘米，宽 17 厘米。主尊身黄色，着红色镶金边外衣，双手结三昧印，坐于莲花座上。头光为浅蓝色饰黄边，身光为深蓝色，上饰不规则卷草纹。现藏俄罗斯艾尔米塔什博物馆。

禅定佛画

### 四臂观音画

1908—1909 年内蒙古额济纳旗黑水城遗址出土。绢本彩绘。高 59.7 厘米，宽 46.3 厘米。主尊观音菩萨高发髻，头顶宝冠，一面四臂，中间双手合十，坐于蓝色的莲花台上。画面下方左右两侧有两个黄衣僧人，右下角还有一供养人，身着长袍，双手举香炉。现藏俄罗斯艾尔米塔什博物馆。②

四臂观音画

### 十一面观音画

1908—1909 年内蒙古额济纳旗黑水城遗址出土。绢本彩绘。高 132 厘米，宽 94 厘米。主尊十一面八臂观音，白身，结跏趺坐坐于莲花座上。画面最

---

① 此外，俄藏黑水城出土 X.2339、X.2340、X.2342、X.2345、X.3552，也是一佛二菩萨唐卡，形制有所差别。

② 此外，俄藏黑水城出土 X.2040，也是四臂观音唐卡，形制有所差别。

上方为一排五方如来，背光上方有两僧人；主尊两侧为四大天王，右侧白身双手持琵琶，是东方持国天王，绿身双手持旗，是北方多闻天王；左侧蓝身右手持剑，是南方增长天王，红身双手持蛇，是西方广目天王。画面下方坐在莲花座上的为红身马头金刚、白伞盖佛母、黄身摩利支天以及绿度母。现藏俄罗斯艾尔米塔什博物馆。[①]

十一面观音画

### 十一面观音及马头观音和度母画

1908—1909 年内蒙古额济纳旗黑水城遗址出土。绢本彩绘。高 41.5 厘米，宽 34 厘米。主尊十一面八臂观音，白身，坐于莲花座上。十一面摞成锥形，由下至上是三、三、三、一、一排列。主尊最上面为红色阿弥陀佛，右侧是马头观音，红身，金色头冠，着虎皮短裙，披绿色飘带，红色火焰形身光；左侧是绿度母，持蓝色莲花，披红色飘带，着红色短裤。整体画面磨损严重。现藏俄罗斯艾尔米塔什博物馆。

十一面观音及马头观音和
度母画

### 十一面观音及二菩萨画

1908—1909 年内蒙古额济纳旗黑水城遗址出土。麻布彩绘。高 73 厘米，宽 59 厘米。主尊十一面八臂观音，白身，结莲花坐坐于莲花座。十一面摞成

---

① 此外，俄藏黑水城出土 X.2356，也是十一面观音唐卡，形制有所差别。

锥形，由下至上是三、三、三、一、一排列。主尊最上面面像为红色阿弥陀佛，左右两侧站有两菩萨，右侧白身，左侧红身，均无持物。佛座下方侧面立一供养人，着长袍，双手捧香炉或花。前方一圆圈里有梵文字。现藏俄罗斯艾尔米塔什博物馆。

十一面观音及二菩萨画

### 胜乐金刚双修像

1908—1909 年内蒙古额济纳旗黑水城遗址出土。麻布彩绘。高 98 厘米，宽 69 厘米。主尊胜乐金刚及金刚亥母双身像。胜乐金刚深蓝身，三只眼，四面，十二手；主双手拥抱金刚亥母，右手持金刚杵，左手持金刚铃，最上面双手撑象皮于身后，其余手臂从上至下，右手分别持鼓、斧、钺刀和三叉戟，左手分别持天杖、头骨碗、金刚索和四面梵天头；额上戴一串骷髅冠，颈上戴一串人骨项链和由 50 颗人头编成的花环；右脚踩在粉色时阴女身上，左脚踩在蓝身伏卧毁坏魔身上。金刚亥母红色身，

胜乐金刚双修像

三只眼，头戴骷髅头冠和 50 颗人头串；一面二手，右手持钺刀，左手拥抱胜乐金刚；左腿踩向时阴女，右腿屈起跨在主尊左膝上。两尊绿色头光，饰黄边，红色背光，站于莲花座上。画面四周环绕主尊的伴神被安置在 38 个神龛内。有磨损。现藏俄罗斯艾尔米塔什博物馆。[①]

---

① 此外，俄藏黑水城出土 X.3556、X.2371、X.2342、X.2372、X.2365、X.2368，也是胜乐金刚双修像唐卡，形制有所差别。

### 胜乐金刚曼荼罗画

1908—1909 年内蒙古额济纳旗黑水城遗址出土。绢本彩绘。画心高 78 厘米，宽 65 厘米，全卷高 98 厘米，长 78 厘米。胜乐金刚曼荼罗是由 5 个同心圆组成，画在中央方城中。中心是主尊胜乐金刚及金刚亥母双身像。主尊下方是黑身，代表东方的空行母；上方是红身，代表西方的都杰玛；右侧是白身，代表南方的如皮尼；左侧是绿身，为正在练瑜伽的喇嘛。第三至五圈，每圈均有 8 个由主尊化生出来的神

胜乐金刚曼荼罗画

像。第五圈圆环外四角有东南、西南、西北、东北四门的守卫者，均是双色身。方城外面有四门守卫者，均是兽面人身，蓝身鸦面女守卫东方；红身狗面女守卫西方；黄身猪面女守卫南方；绿身枭面女守卫北方。宫殿有围墙和大门，大门上方有 11 层屋顶，最上有圆盘和鹿。外围是八尸林，有瑜伽师正在修炼。整体画面有磨损。现藏俄罗斯艾尔米塔什博物馆。①

### 金刚亥母画

1908—1909 年内蒙古额济纳旗黑水城遗址出土。麻布彩绘。高 110.5 厘米，宽 68.5 厘米。主尊金刚亥母，单人像，红身，三眼，脸右侧隐约可见颜色剥落的蓝色猪头面；头戴五骷髅

金刚亥母画

---

①　萨玛秀克：《俄藏黑水城艺术品 2》，上海古籍出版社 2008 年版，第 271 页。此外，俄藏黑水城出土 X.2409，也是胜乐金刚曼荼罗唐卡，形制相似，稍有差别。

头冠，颈戴 50 颗人头串，戴金耳环、金臂钏、金手镯、金臂环、金脚镯和白色骨饰璎珞；右手持钺刀、左手持颅骨碗，置于胸前，左臂挎一天杖，杖端有 3 颗骷髅和一金刚杵；右腿屈膝抬至左膝，左腿以舞蹈姿势站于莲花座，足下踩在黄身侧脸的怖畏夜叉身上。红色火焰纹背光内左右两侧绘金刚亥母的眷属被甲六佛母，6 位佛母也脚踩怖畏夜叉。画面最上方一行，绘 4 位不同身色的空行母，右侧为绿色和红色，左侧为蓝色和黄色，蓝色代表东方，黄色代表南方，红色代表西方，绿色代表北方。画面左右两侧各有 5 个方格，内绘高僧。画面最下方一行是 6 位持贡品的空行母，双腿姿势与主尊相同，红色背景。整体画面有磨损。现藏俄罗斯艾尔米塔什博物馆。[①]

### 大黑天神像

1908—1909 年内蒙古额济纳旗黑水城遗址出土。麻布彩绘。高 73 厘米，宽 56.3 厘米。主尊大黑天神，蓝身，一面三眼四手，头戴五骷髅头冠，发冠上有一化佛；胸前挂着金色项链、蛇璎珞和 50 颗人头串，身上饰绿色飘带，腰系虎皮裙；右手从上至下分别拿挂有两个金色果实的枝蔓和剑，左手分别持三股叉和颅骨碗。主尊周围四角有 4 个大黑天神的化身，均蓝身，一面两手三眼，右手持物各不相同。画面上方是五禅定佛，画面下方中间是 5 个持供品跳舞

**大黑天神像**

的空行母，分别是绿身、黄身、红身、蓝身和白身；左右两侧是两喇嘛，面前摆放供桌和画有曼荼罗的毯子。现藏俄罗斯艾尔米塔什博物馆。[②]

---

① 俄藏黑水城出土 X.2388、X.2394、X.2387、X.2389、X.2392、X.3550，也是金刚亥母唐卡，形制有所差别。

② 俄藏黑水城出土 X.2376、X.2379、X.2402、X.2389、X.2392、X.3550，也是大黑天神唐卡，形制有所差别。

### 不动明王画

1908—1909 年内蒙古额济纳旗黑水城遗址出土。麻布彩绘。高 61 厘米，宽 47 厘米。主尊不动明王，蓝身，一面三眼，黄发直立，头戴五骷髅头冠。身上戴金耳环、金臂钏、金手镯、金臂环、金脚镯，胸前挂着金色项链和蛇璎珞，腰系虎皮裙，半跪于莲花座。红色火焰纹背光中有 10 个不动明王的化身，赤裸，姿势与主尊一样。画面上方是五禅定佛，下方 5 个放有贡品的供桌，右侧一男一女两供养人，均跪姿，女子着红色长袍，男子着黑色长袍；左

不动明王画

侧是一僧人，白身，黄色长袍，前面放一供器。现藏俄罗斯艾尔米塔什博物馆。

耶弥空行母画

### 耶弥空行母画

1908—1909 年内蒙古额济纳旗黑水城出土。麻布彩绘。高 56.4 厘米，宽 27 厘米。主尊空行母，红身，一面三眼四手，头戴五骷髅头冠；胸前挂着项链和 50 颗人头串，腰系黄裙；右手从上至下分别拿着钺刀和鼓，左手分别持骷髅杖和颅骨碗；左腿盘起，右腿弯曲踩于水牛背，水牛卧在莲花座上。红色火焰纹背光。蓝色背景饰黄花。现藏俄罗斯艾尔米塔什博物馆。

### 佛陀空行母画

1908—1909 年内蒙古额济纳旗黑水城遗址出土。绢本彩绘。高 88 厘米，宽 58.5 厘米。主尊空行母，蓝身，一面三眼，高发髻，头戴五骷髅头冠，发冠上有一化佛；佩耳环、项链、臂钏、金项链、璎珞和 50 颗人头串；右手持金刚杵，左手持颅骨碗；左腿盘起，右腿踩在一屈腿的男人腹部。红色火焰纹背光。黑色背景，彩色点装饰。现藏俄罗斯艾尔米塔什博物馆。

**佛陀空行母画**

### 因陀罗空行母画

1908—1909 年内蒙古额济纳旗黑水城遗址出土。绢本刺绣。高 56 厘米，宽 32 厘米。主尊因陀罗空行母，一面三眼，高发髻，头戴五骷髅头冠；右手持钺刀，左手持颅骨碗，左臂置骷髅杖；右腿盘起，左腿踩一人，戴骷髅冠，半躺在莲花座上。金色火焰纹背光。莲花座旁是一着金色长袍的僧人。画面下方有 5 件供器，均设有供品。画面残缺，现藏俄罗斯艾尔米塔什博物馆。

**因陀罗空行母画**

### 多闻天王图

1908—1909 年内蒙古额济纳旗黑水城遗址出土。粗麻布彩绘。高 95.5 厘米，宽 64 厘米。主尊多闻天王，黄身，双目圆睁，头戴金色五面立式佛冠，

多闻天王图

着彩色铠甲，披绿色飘带；右手持胜幢，左手持红色吐宝鼠，跨坐于狮身上。唐卡上下方各绘 8 幅图像，有的骑马，有的骑狼，有的骑狮，有的骑羊，有的骑鹿，有的骑虎，有的坐于莲花，有的立于莲花，有的跏趺座，有的脚踩一仰伏女。每个人物周围都有红色的榜题框，文字漫漶不识。现藏俄罗斯艾尔米塔什博物馆。[1]

### 宝藏神图

宝藏神图

1908—1909 年内蒙古额济纳旗黑水城遗址出土。麻布彩绘。高 44 厘米，宽 43 厘米。主尊宝藏神，黄色，一面三眼，高发髻，佩耳环、项链、臂钏、金项链和蛇璎珞，着红裙；右手持庵摩勒果，左手持吐宝鼠；左腿盘坐，右腿垂于佛座下。红色背光内绘有一镶嵌珠宝的佛座，佛座横木左右两侧绘有两鹅和金色卷草纹。背景画五彩条和财宝。现藏俄罗斯艾尔米塔什博物馆。

### 咕噜咕咧佛母图

1908—1909 年内蒙古额济纳旗黑水城遗址出土。麻布彩绘。高 67 厘米，宽 53 厘米。主尊咕噜咕咧佛母，红身，三眼四手，巨齿外

咕噜咕咧佛母图

---

① 此外，俄藏黑水城出土 X.2382、X.2384、X.2385、X.2403，也是多闻天卷轴画，形制有所差别。

露，头戴5个人首，佩项链、手链和脚环，着虎皮裙；两手正拉开一张缠着花枝的弓弦，搭射一支带花的箭，另一只左手拿着花枝串连的3个人首，另一只右手持花枝和4个人首。画面上方是五禅定佛，周围饰满金色卷草莲花纹。画面下方第一排是七宝，第二排中央有3个跳舞的空行母，右侧有一喇嘛，褐色身，披黄色长袍，戴黄帽，面前有供器和供品；左侧有二供养人，双手合十，着红色上衣和绿色裤子。现藏俄罗斯艾尔米塔什博物馆。

### 纯陀图

1908—1909年内蒙古额济纳旗黑水城遗址出土。麻布彩绘。高73厘米，宽59厘米。主尊一面四臂，白身，结莲花坐坐于莲花座；两只主臂双手捧钵盂；头戴宝冠，身戴耳瑞、臂钏、项链和璎珞；着红色下装；白色头光，蓝色身光，红色背光。现藏俄罗斯艾尔米塔什博物馆。

纯陀图

### 摩利支天图

1908—1909年内蒙古额济纳旗黑水城遗址出土。麻布彩绘。画心高80厘米，宽53厘米，全卷高130厘米，宽64厘米。摩利支天正身站立，十手四脚，四脸，左面猪首。身披红色飘带，下着深红色短裙和裤装；主臂双手置于胸前，右手持金刚杵，左手持花。第二双手置于腹前，无持物；其余手臂，右侧由上至下分别

摩利支天图

为持日轮、持箭、持针，左侧由上至下分别为持月轮、持弓、持线。乘猪车，莲花座由 7 头猪拉着，中间是罗睺，头发直立，满面胡须，双手持日、月轮，车置于浮云上。画面下方右侧有一僧人；右侧有一女供养人，旁边有一童子。中间绘岩石、花草。现藏俄罗斯艾尔米塔什博物馆。

### 白伞盖佛顶图

1908—1909 年内蒙古额济纳旗黑水城遗址出土。棉布彩绘。高 81 厘米，宽 45 厘米。主尊白伞盖佛母黄身，高发髻，三面八手，每面皆为三眼，正面站在莲花座上；着绿色上装，红色下装；身戴耳璫、臂钏、项链和璎珞；右侧手臂由上至下分别为持金轮、持针、持针，左侧手臂由上至下分别为持伞、持金刚杵、持弓。画面四角是金刚手，深蓝色身，黄发，虎皮短裤。莲座下方

白伞盖佛顶图

是五位空行母，从左至右分别为深蓝身、黄身、绿身、白身、深蓝身，均持贡品。画面右下角有一喇嘛，褐色身，红内衣黄外衣。左下角有一供养人，褐色身，着灰黑色衣，双手持香炉。现藏俄罗斯艾尔米塔什博物馆。

### 缂丝绿度母图

1908—1909 年内蒙古额济纳旗黑水城遗址出土。彩色缂丝。高 101 厘米，宽 52.5 厘米。主尊绿度母，身戴头冠、耳璫、臂钏、项链和璎珞；着汉式镶几何边开襟坎肩，白裙，坐于蓝色莲花座；

缂丝绿度母图

白色头光，上绘对称金鹅和狮面，白色身光，周围是镶珍珠的拱门。画面上方五个佛龛中绘五方如来，均结跏趺坐，五佛上方有对称分布的6棵树。画面下方左右侧是主尊胁侍，均站在莲花座上，右侧是摩利支天，左侧是独髻母，即忿怒相的蓝度母。画面背景是深蓝色，周围饰满岩山。卷轴装裱的上下装饰有宝瓶、蓝色莲花、荷叶、树叶和4个分别奏长号、笛子、海螺和响板的空行母，边饰是卷草纹。现藏俄罗斯艾尔米塔什博物馆。

## 5. 卷轴画

阿弥陀佛净土世界图

阿弥陀佛净土世界图

1908—1909年内蒙古额济纳旗黑水城遗址出土。粗麻布彩绘。高130厘米，宽78厘米。主尊阿弥陀佛面部轮廓圆润，蓝色发髻，绿色头光，身着红色袈裟，端坐于莲花座上。白色背光外围的黄色身形中，绘有阿弥陀佛净土道接应往生正行者十景。主尊右侧为大势至菩萨，左侧为观音菩萨，两位胁侍菩萨头光为蓝色，戴璎珞、玛瑙等珠宝配饰。画面上方绘手印不同的8尊药师佛像，下方各角落铺满金色莲花纹，中间绘九品往生莲池，池中有8个化生信徒，身披霞光，坐于莲上。莲池四周分布鹤、孔雀和鹦鹉等珍禽瑞鸟。下方两侧坐两僧人，右侧袒右肩黑身者为西藏僧人，左侧着黄色袈裟者为汉僧像。整体画面描绘了西方极乐世界的繁华祥和、欢快。该唐卡人物造像、莲池、花卉等具有中原汉地风格，而画面色彩、乐器等则是藏传佛教风格的体现。现藏俄罗斯艾尔米塔什博物馆。[①]

---

　　① 此外，俄藏黑水城出土X.2421、X.2349、X.2422，也是阿弥陀佛净土世界卷轴画，形制有所差别。

### 阿弥陀佛来迎图

1908—1909 年内蒙古额济纳旗黑水城遗址出土。粗麻布彩绘。高 99 厘米，宽 63.8 厘米。主尊阿弥陀佛着红色田相长袍，紫红、蓝色内衬卷起塞在腰间。右侧大势至菩萨身着绿色田格长袍，左侧观音菩萨上身披五彩缠绕的披帛，露出背部，下衣为裙装饰以璎珞。均手捧金莲，莲花旁有一童子，秃发，着红背心和白鞋。画面上方云端飘浮着阿弥陀佛居住的宫

阿弥陀佛来迎图

殿，并且飞舞着各种不鼓自鸣的乐器。右下角有一党项人，着褐色长袍，双手合十作诵经状。现藏俄罗斯艾尔米塔什博物馆。[①]

### 阿弥陀佛像

1908—1909 年内蒙古额济纳旗黑水城遗址出土。麻布彩绘。高 12 厘米，宽 11 厘米。残片。主尊红色身，高发髻，着朱红袈裟，双手施禅定印，坐于彩色莲花座上。白色头光，绿色身光，饰卷草纹，深蓝色背光。画面周围是红、蓝、金、绿色不规则岩山。现藏俄罗斯艾尔米塔什博物馆。

阿弥陀佛像

### 观音菩萨像

1908—1909 年内蒙古额济纳旗黑水城遗址出土。麻布彩绘。高 98 厘米，

---

① 此外，俄藏黑水城出土 X.2410、X.2414、X.2415、X.2416，也是阿弥陀佛净土世界卷轴画，形制有所差别。

宽 59 厘米。主尊观音身金色，头顶宝冠，冠中有化佛，周围有彩色挂珠，与宋式头冠一样；着红色上衣，饰彩色团花纹，左手持书，右手手印漫漶，侧坐在金刚座上。金刚座上有红心蓝边的坐毯。[1]观音深蓝色头光，绿、蓝、红色身光，身光周围是红、白色团云。画面上方有华盖，华盖上有牡丹纹和莲纹，下方垂挂着宝珠和璎珞。现藏俄罗斯艾尔米塔什博物馆。

观音菩萨像

## 普贤菩萨图

普贤菩萨图

1908—1909 年内蒙古额济纳旗黑水城遗址出土。绢本彩绘。高 97.5 厘米，宽 59 厘米。主尊普贤菩萨，黄身，高髻，头戴宝冠，冠中有化佛；披红外衣，胸前垂有璎珞和斜挎红色披帛；右手持书，左手置于左膝，坐于白莲花上；绿色头光和身光，黄色边缘有红色火焰纹装饰。莲花下是正方形佛座，红色腿，画一普贤菩萨坐骑白象。佛座右侧站一僧人，着百衲衣，有头光。僧人前方是善财童子，立于莲上。佛座左侧是一老者，长须，着官衣，戴官帽。佛座左前方是两位女供养人，党项人，均高发髻，着红色长袍，左掩襟，饰有金色和白色碎花。右侧供养

① 萨玛秀克:《俄藏黑水城艺术品 2》，上海古籍出版社 2008 年版，第 224 页。此外，俄藏黑水城出土 X.3553 也是阿弥陀佛卷轴画，形制有所差别。

人双手捧供花,榜题是"白氏桃花";左侧供养人榜题是"新妇高氏引见香"。[1]
现藏俄罗斯艾尔米塔什博物馆。[2]

### 月孛图

**月孛图**

1908—1909 年内蒙古额济纳旗黑水城遗址出土。麻布彩绘。高 53 厘米,宽 37.7 厘米。主尊月孛星神,绿身,红色八字胡和须,头戴金色通天冠,冠下伸出数只小蛇;右手持剑,左手提断头,红绿色火焰纹缠绕剑刃;上身赤裸,披红色斗篷,下露出白色飘带,下半身着金色镶边红色及膝短裙,腰间系白色飘带,双脚蹬红色木屐。身前有竹林,身后有花草。画面左下角有一西夏供养人,秃发,着深色长袍,后上方有一列西夏字,汉译为"发愿者……"。长方形画框内的右上角有 3 个西夏字,汉译为"月孛星"。现藏俄罗斯艾尔米塔什博物馆。

### 金曜图

**金曜图**

1908—1909 年内蒙古额济纳旗黑水城遗址出土。卡纸彩绘。高 20.5 厘米,宽 14.4 厘米。该图主尊为金曜星神,女相,白身,左侧身,头顶金凤,梳牡丹头,成串宝珠缠绕发髻;内

---

① 萨玛秀克:《俄藏黑水城艺术品 2》,上海古籍出版社 2008 年版,第 226 页。
② 此外,俄藏黑水城出土 X.2444、X.2443、X.2445、X.2416,也是普贤菩萨卷轴画,形制有所差别。

着色红色缀花长裙，外披墨绿色缀黄花斗篷，蓝色头光；右手托琵琶，身后有黄色飘带，右边飘带为祥云状，祥云之上托一金牛宫。画面左上角有3个西夏字，后两字汉译为"金星"。画面左右下角分立一人像，二人头戴通天冠，双手持笏板于胸前。左边人物头顶有2个西夏字，汉译为"卯星"，应为该人物的身份，即二十四宿之一的卯星星神。整体画面以深红色为背景，底部饰卷云纹，画面色彩浓重。现藏俄罗斯艾尔米塔什博物馆。

### 火曜图

1908—1909年内蒙古额济纳旗黑水城遗址出土。卡纸彩绘。高21.2厘米，宽14.5厘米。该图主尊为火曜星神，红身，黄发，四手，正前方双手分别持弓、箭，并作拉弓状，右侧下手柄握红色细长柄。肩披绿色飘带，半裸上身，腰间系白色细腰带，打蝴蝶结，下身着绿色短裙。画面左右下角分别立一人，各披绿色罩衣，头上方均有西夏文字，但漫漶不清。现藏俄罗斯艾尔米塔什博物馆。

火曜图

# 附　　录

## （一）西夏遗址统计表

| 西夏遗址 | | | | | | |
|---|---|---|---|---|---|---|
| 地区 | 遗址类型 | 总数量 | 国家级文物保护单位 | 省、自治区级文物保护单位 | 市、县级文物保护单位 | 未核定 |
| 宁夏回族自治区 | 古城遗址类 | 4 | 0 | 2 | 0 | 2 |
| | 堡寨遗址类 | 10 | 1 | 7 | 0 | 2 |
| | 离宫与祭祀遗址类 | 20 | 0 | 1 | 1 | 18 |
| | 寺院佛塔类 | 8 | 6 | 1 | 0 | 1 |
| | 石窟遗址类 | 2 | 0 | 1 | 1 | 0 |
| | 瓷窑遗址类 | 8 | 1 | 1 | 1 | 5 |
| | 金银器窖藏类 | 3 | 0 | 0 | 0 | 3 |
| | 钱币窖藏类 | 12 | 0 | 0 | 0 | 12 |
| | 其他窖藏类 | 4 | 0 | 0 | 0 | 4 |
| | 陵寝墓葬类 | 17 | 1 | 0 | 3 | 13 |
| 甘肃省 | 古城遗址类 | 3 | 0 | 0 | 0 | 3 |
| | 堡寨遗址类 | 5 | 0 | 0 | 0 | 5 |
| | 寺院佛塔类 | 7 | 1 | 1 | 0 | 5 |
| | 石窟遗址类 | 9 | 6 | 1 | 0 | 2 |
| | 瓷窑遗址类 | 3 | 1 | 1 | 0 | 1 |

续表

| 地区 | 遗址类型 | 总数量 | 国家级文物保护单位 | 省、自治区级文物保护单位 | 市、县级文物保护单位 | 未核定 |
|---|---|---|---|---|---|---|
| 甘肃省 | 金银器窖藏类 | 1 | 0 | 0 | 0 | 1 |
| | 钱币窖藏类 | 11 | 0 | 0 | 0 | 11 |
| | 其他窖藏类 | 4 | 0 | 0 | 0 | 4 |
| | 西夏墓葬类 | 7 | 0 | 0 | 0 | 7 |
| 内蒙古自治区 | 古城遗址类 | 6 | 2 | 1 | 0 | 3 |
| | 堡寨遗址类 | 5 | 1 | 1 | 1 | 2 |
| | 寺院佛塔类 | 4 | 4 | 0 | 0 | 0 |
| | 石窟遗址类 | 2 | 1 | 1 | 0 | 0 |
| | 金银器窖藏类 | 1 | 0 | 0 | 0 | 1 |
| | 钱币窖藏类 | 10 | 0 | 0 | 0 | 10 |
| | 其他窖藏类 | 8 | 0 | 0 | 0 | 8 |
| | 西夏墓葬类 | 12 | 0 | 0 | 1 | 11 |
| 陕西省 | 古城遗址类 | 4 | 2 | 0 | 0 | 2 |
| | 堡寨遗址类 | 18 | 2 | 5 | 5 | 6 |
| | 钱币窖藏类 | 3 | 0 | 0 | 0 | 3 |
| | 党项西夏墓葬类 | 9 | 0 | 0 | 0 | 9 |
| 青海省 | 古城遗址类 | 2 | 0 | 1 | 0 | 1 |
| | 堡寨遗址类 | 4 | 0 | 3 | 0 | 1 |
| | 石窟遗址类 | 1 | 0 | 1 | 0 | 0 |
| 河南省 | 西夏遗民类 | 1 | 1 | 0 | 0 | 0 |
| 安徽省 | 西夏遗民类 | 2 | 0 | 0 | 1 | 1 |
| 福建省 | 西夏遗民类 | 1 | 0 | 0 | 0 | 1 |

## （二）西夏文物统计表

| 西夏文物 | | | | | | |
|---|---|---|---|---|---|---|
| 地区 | 文物类型 | 总数量 | 一级文物 | 二级文物 | 三级文物 | 未定级 |
| 宁夏回族自治区 | 金器类 | 8 | 1 | 2 | 0 | 5 |
| | 银器类 | 18 | 8 | 3 | 0 | 7 |

| 地区 | 文物类型 | 总数量 | 一级文物 | 二级文物 | 三级文物 | 未定级 |
|---|---|---|---|---|---|---|
| 宁夏回族自治区 | 铜器类 | 16 | 5 | 2 | 6 | 3 |
| | 铁器类 | 25 | 0 | 0 | 2 | 23 |
| | 官印类 | 2 | 1 | 1 | 0 | 0 |
| | 符牌类 | 1 | 1 | 0 | 0 | 0 |
| | 摩崖洞窟题刻类 | 4 | 0 | 0 | 0 | 4 |
| | 碑刻类 | 10 | 0 | 0 | 0 | 10 |
| | 石雕类 | 10 | 7 | 0 | 2 | 1 |
| | 木雕类 | 7 | 1 | 0 | 2 | 4 |
| | 泥塑类 | 27 | 8 | 1 | 4 | 14 |
| | 陶瓷雕塑类 | 6 | 0 | 0 | 0 | 6 |
| | 金属雕塑类 | 11 | 7 | 1 | 0 | 3 |
| | 木质家具类 | 2 | 2 | 0 | 0 | 0 |
| | 竹木生活用具类 | 3 | 2 | 0 | 0 | 1 |
| | 木质文献类 | 4 | 2 | 0 | 0 | 2 |
| | 棉麻纺织品类 | 1 | 0 | 1 | 0 | 0 |
| | 丝织品类 | 9 | 1 | 2 | 0 | 6 |
| | 瓷器类 | 87 | 2 | 7 | 23 | 55 |
| | 屋顶装饰构件类 | 25 | 2 | 12 | 3 | 8 |
| | 瓦当类 | 11 | 0 | 0 | 1 | 10 |
| | 滴水类 | 6 | 0 | 0 | 2 | 4 |
| | 板瓦类 | 6 | 0 | 0 | 1 | 5 |
| | 筒瓦类 | 3 | 0 | 0 | 0 | 3 |
| | 方砖类 | 7 | 1 | 1 | 1 | 4 |
| | 长砖类 | 10 | 0 | 0 | 1 | 9 |
| | 柱础类 | 3 | 0 | 1 | 2 | 0 |
| | 石构件类 | 6 | 2 | 1 | 1 | 2 |
| | 绢画类 | 6 | 6 | 0 | 0 | 0 |
| | 纸本画类 | 1 | 1 | 0 | 0 | 0 |
| | 唐卡画类 | 5 | 5 | 0 | 0 | 0 |

| 地区 | 文物类型 | 总数量 | 一级文物 | 二级文物 | 三级文物 | 未定级 |
|---|---|---|---|---|---|---|
| 甘肃省 | 金器类 | 10 | 3 | 1 | 0 | 6 |
| | 银器类 | 2 | 0 | 0 | 2 | 0 |
| | 铜器类 | 12 | 3 | 2 | 6 | 1 |
| | 官印类 | 3 | 2 | 0 | 0 | 1 |
| | 符牌类 | 1 | 1 | 0 | 0 | 0 |
| | 摩崖洞窟题刻类 | 3 | 0 | 0 | 0 | 3 |
| | 碑刻类 | 2 | 1（国家级） | 0 | 0 | 1 |
| | 西夏遗民石刻类 | 2 | 0 | 0 | 0 | 2 |
| | 泥塑类 | 2 | 0 | 0 | 2 | 0 |
| | 陶瓷雕塑类 | 4 | 0 | 2 | 1 | 1 |
| | 金属雕塑类 | 3 | 0 | 2 | 1 | 0 |
| | 木质家具类 | 4 | 1 | 1 | 0 | 2 |
| | 竹木生活用具类 | 10 | 1 | 2 | 5 | 2 |
| | 木质葬具类 | 4 | 1 | 2 | 0 | 1 |
| | 木质文献类 | 2 | 2 | 0 | 0 | 0 |
| | 毛纺织品类 | 2 | 0 | 0 | 0 | 2 |
| | 棉麻纺织品类 | 1 | 0 | 0 | 0 | 1 |
| | 丝织品类 | 2 | 0 | 0 | 0 | 2 |
| | 瓷器类 | 42 | 16 | 9 | 9 | 8 |
| | 方砖类 | 4 | 0 | 0 | 0 | 4 |
| | 木板画类 | 15 | 11 | 2 | 1 | 1 |
| | 纸本画类 | 1 | 0 | 0 | 0 | 1 |
| | 唐卡画类 | 1 | 0 | 0 | 0 | 1 |
| 内蒙古自治区 | 金器类 | 7 | 6 | 1 | 0 | 0 |
| | 银器类 | 2 | 0 | 0 | 0 | 2 |
| | 铜器类 | 2 | 1 | 0 | 0 | 1 |
| | 铁器类 | 26 | 0 | 2 | 12 | 12 |
| | 官印类 | 7 | 1 | 5 | 0 | 1 |

| 地区 | 文物类型 | 总数量 | 一级文物 | 二级文物 | 三级文物 | 未定级 |
|---|---|---|---|---|---|---|
| 内蒙古自治区 | 摩崖洞窟题刻类 | 2 | 0 | 0 | 0 | 2 |
| | 墓志铭与塔铭类 | 7 | 0 | 0 | 0 | 7 |
| | 石雕类 | 4 | 0 | 2 | 1 | 1 |
| | 泥塑类 | 7 | 2 | 1 | 0 | 4 |
| | 陶瓷雕塑类 | 1 | 0 | 1 | 0 | 0 |
| | 金属雕塑类 | 1 | 0 | 0 | 1 | 0 |
| | 丝织品类 | 2 | 0 | 0 | 0 | 2 |
| | 瓷器类 | 15 | 6 | 0 | 3 | 6 |
| 陕西省 | 官印类 | 4 | 1 | 0 | 1 | 2 |
| | 碑刻类 | 1 | 0 | 0 | 0 | 1 |
| | 墓志铭与塔铭类 | 12 | 0 | 0 | 0 | 12 |
| | 石契 | 1 | 0 | 0 | 0 | 1 |
| | 瓷器类 | 2 | 0 | 0 | 1 | 1 |
| 青海省 | 瓷器类 | 11 | 1 | 0 | 0 | 10 |
| 北京市 | 官印类 | 7 | 0 | 0 | 0 | 7 |
| | 符牌类 | 8 | 0 | 0 | 1 | 7 |
| | 西夏遗民石刻类 | 2 | 0 | 0 | 0 | 2 |
| | 陶瓷雕塑类 | 5 | 0 | 0 | 0 | 5 |
| | 瓦当类 | 1 | 0 | 0 | 0 | 1 |
| | 滴水类 | 1 | 0 | 0 | 0 | 1 |
| | 板瓦类 | 1 | 0 | 0 | 0 | 1 |
| | 筒瓦类 | 1 | 0 | 0 | 0 | 1 |
| | 瓷器类 | 39 | 0 | 0 | 0 | 39 |
| 天津市 | 官印类 | 10 | 0 | 0 | 0 | 10 |
| 河北省 | 西夏遗民石刻类 | 3 | 0 | 0 | 0 | 3 |
| 辽宁省 | 官印类 | 1 | 0 | 1 | 0 | 0 |
| 吉林省 | 官印类 | 3 | 0 | 0 | 0 | 3 |

续表

| 地区 | 文物类型 | 总数量 | 一级文物 | 二级文物 | 三级文物 | 未定级 |
|---|---|---|---|---|---|---|
| 上海市 | 官印类 | 3 | 0 | 0 | 0 | 3 |
| | 瓷器类 | 1 | 0 | 0 | 0 | 1 |
| 浙江省 | 官印类 | 1 | 0 | 0 | 0 | 1 |
| 江苏省 | 瓷器类 | 1 | 0 | 0 | 0 | 1 |
| 山东省 | 西夏遗民石刻类 | 1 | 0 | 0 | 0 | 1 |
| 河南省 | 西夏遗民石刻类 | 1 | 1（国家级） | 0 | 0 | 0 |
| | 题名类 | 1 | 0 | 0 | 0 | 1 |
| 俄罗斯 | 木雕类 | 3 | | | | |
| | 泥塑类 | 3 | | | | |
| | 竹木生活用具类 | 1 | | | | |
| | 木质文献类 | 1 | | | | |
| | 木板画类 | 2 | | | | |
| | 绢画类 | 9 | | | | |
| | 纸本画类 | 20 | | | | |
| | 唐卡画类 | 25 | | | | |
| | 卷轴画类 | 8 | | | | |

（说明：钱币类由于出土数量较大，根据不同钱文类型作了概述，未做详细统计。）

## （三）国内西夏文物主要收藏单位一览表

| 省、自治区、直辖市 | 收藏单位 | 省、自治区、直辖市 | 收藏单位 |
|---|---|---|---|
| 宁夏回族自治区 | 宁夏博物馆 | 甘肃省 | 甘肃省博物馆 |
| | 宁夏文物考古研究所 | | 甘肃省文物考古研究所 |
| | 银川市西夏陵区管理处 | | 武威市博物馆 |
| | 宁夏固原博物馆 | | 武威市西夏博物馆 |
| | 固原市原州区文物管理所 | | 敦煌市博物馆 |
| | 西吉县文物管理所 | | 敦煌研究院 |

续表

| 省、自治区、直辖市 | 收藏单位 | 省、自治区、直辖市 | 收藏单位 |
|---|---|---|---|
| 宁夏回族自治区 | 海原县文物管理所 | 甘肃省 | 甘州区博物馆 |
| | 同心县文物管理所 | | 定西市博物馆 |
| | 隆德县文物管理所 | | 西北民族大学博物馆 |
| | 银川市文物管理处 | | 西北师范大学博物馆 |
| | 中卫市博物馆 | | 西峰区博物馆 |
| | 青铜峡市文物管理所 | | 兰州市博物馆 |
| | 灵武市文物管理所 | | 景泰县博物馆 |
| | 贺兰县文物管理所 | | 古浪县博物馆 |
| | 石嘴山博物馆 | | 天祝藏族自治州博物馆 |
| | 平罗县文物管理所 | | 麦积山石窟艺术研究所 |
| | 吴忠市博物馆 | | 合水县博物馆 |
| | 中宁县文物管理所 | | 肃南裕固族自治县博物馆 |
| | 泾源县文物管理所 | | 山丹县博物馆 |
| | 彭阳县文物管理所 | | 民勤县博物馆 |
| | 盐池县博物馆 | | 瓜州县博物馆 |
| | 银川市佑启堂 | | 华池县博物馆 |
| 内蒙古自治区 | 内蒙古博物院 | | 甘肃钱币博物馆 |
| | 内蒙古自治区文物考古研究所 | | 临洮县博物馆 |
| | 鄂尔多斯博物院 | | 华亭县博物馆 |
| | 乌审旗文物管理所 | | 静宁县博物馆 |
| | 阿拉善盟博物馆 | | 庆阳市博物馆 |
| | 阿拉善右旗文物管理所 | | 炳灵寺文物保护研究所 |
| | 阿拉善额济纳旗文物管理所 | | 陇东石刻艺术博物馆 |
| | 托克托县博物馆 | | 宁县博物馆 |
| | 乌海市博物馆 | | 镇原县博物馆 |
| | 包头市博物馆 | | 肃州区博物馆 |
| | 巴林左旗博物馆 | | 安定区博物馆 |

| 省、自治区、直辖市 | 收藏单位 | 省、自治区、直辖市 | 收藏单位 |
|---|---|---|---|
| 陕西省 | 陕西历史博物馆 | 青海省 | 青海省博物馆 |
| | 西安博物院 | | 青海省文物考古研究所 |
| | 榆林市文物保护研究所 | | 湟中区博物馆 |
| | 榆阳区古城文物管理所 | | 大通回族土族自治县文物管理所 |
| | 榆阳区文物管理委员会 | | 乐都区博物馆 |
| | 横山区博物馆 | | 民和回族土族自治县档案馆 |
| | 横山县文物管理办公室 | 新疆维吾尔自治区 | 新疆维吾尔自治区博物馆 |
| | 定边市文物事业管理办公室 | | |
| | 靖边县文物管理所 | | 吐鲁番研究院 |
| | 神木县博物馆 | | 博乐市文物局 |
| | 绥德县博物馆 | | 昌吉回族自治州博物馆 |
| | 佳县文化馆 | | 和田地区博物馆 |
| | 清涧县文物管理所 | 山西省 | 山西博物院 |
| | 吴起县文物管理所 | | 太原晋祠博物馆 |
| | 米脂县文化馆 | 山东省 | 菏泽市博物馆 |
| | 吴堡县文物管理所 | | 曲阜市孔庙 |
| 北京市 | 中国国家博物馆 | | 济南市长清区灵岩寺 |
| | 中国国家图书馆 | 河南省 | 开封市博物馆 |
| | 故宫博物院 | | 河南大学博物馆 |
| | 中国社科科学院考古研究所 | | 中国文字博物馆 |
| | 中国社会科学院民族学与人类学研究所 | | 濮阳县东柳屯镇杨十八郎村 |
| | 中国钱币博物馆 | | 洛阳市博物馆 |
| | 首都博物馆 | | 新安县洞真观 |
| | 北京民族文化宫 | | 新安县千唐志斋博物馆 |
| | 北京市文物研究所 | | 巩义博物馆 |
| | 北京市文物局 | 辽宁省 | 辽宁省博物馆 |
| | 北京大学 | | 旅顺博物馆 |
| | 首都师范大学历史博物馆 | | |

续表

| 省、自治区、直辖市 | 收藏单位 | 省、自治区、直辖市 | 收藏单位 |
|---|---|---|---|
| 天津市 | 天津博物馆 | 吉林省 | 吉林省博物院 |
| | | | 吉林大学考古与艺术博物馆 |
| | 天津市文物局 | 黑龙江省 | 黑龙江省博物馆 |
| 河北省 | 河北省文物考古研究所 | | 哈尔滨市钱币博物馆 |
| | 河北大学博物馆 | 江苏省 | 南通市博物苑 |
| | 保定市莲花池公园 | 浙江省 | 宁波市文物局 |
| | 大名县石刻艺术博物馆 | | 杭州市文物研究所 |
| | 承德避暑山庄 | 福建省 | 厦门华侨博物院 |
| | 正定县隆兴寺 | 湖北省 | 湖北省博物馆 |
| 云南省 | 云南省博物馆 | 安徽省 | 马鞍山市采石风景区 |
| 重庆 | 中国三峡博物馆 | 台湾省 | 台湾"中央研究院"历史语言研究所 |
| 广西 | 广西钱币博物馆 | | 台北故宫博物院 |

## （四）国外西夏文物主要收藏单位一览表

| 国别 | 收藏单位 | 国别 | 收藏单位 |
|---|---|---|---|
| 俄罗斯 | 俄罗斯科学院东方文献研究所 | 日本 | 东京大学附属图书馆 |
| | 俄罗斯艾尔米塔什博物馆 | | 京都大学文学部文学研究科图书馆 |
| 美国 | 普林斯顿大学葛思德东方图书馆 | | 京都大学人文科学研究所东亚人文情报学研究中心 |
| | 哈佛大学福格艺术博物馆 | | 龙谷大学图书馆（大宫图书馆） |
| 英国 | 大英博物馆 | | 天理大学附属天理图书馆 |
| | 英国国家图书馆东方部 | | 大阪大学外国学图书馆 |
| 法国 | 法国国家图书馆 | | 国立民族学博物馆 |
| | 法国吉美国立亚洲艺术博物馆 | 波兰 | 雅盖隆图书馆 |
| 瑞典 | 瑞典斯德哥尔摩民族学博物馆 | 印度 | 新德里博物馆 |
| 德国 | 柏林民俗博物馆 | | |

# 参考文献

## （一）古籍

（唐）魏徵等：《隋书》，中华书局 1973 年版。

（后晋）刘昫：《旧唐书》，中华书局 1975 年版。

（宋）欧阳修、宋祁：《新唐书》，中华书局 1975 年版。

（元）脱脱等：《宋史》，中华书局 1977 年版。

（元）脱脱等：《辽史》，中华书局 1974 年版。

（元）脱脱等：《金史》，中华书局 1975 年版。

（宋）李焘：《续资治通鉴长编》，中华书局 2004 年版。

（明）胡汝砺：《（嘉靖）宁夏新志》，宁夏人民出版社 1982 年版。

（清）徐松辑：《宋会要辑稿》，上海古籍出版社 2014 年版。

（清）吴广成：《西夏书事》，龚世俊等《西夏书事校证》本，甘肃文化出版社 1995 年版。（清）顾祖禹：《读史方舆纪要》，中华书局 2005 年版。

## （二）出土文献文物

史金波、魏同贤、〔俄〕E. N. 克恰诺夫主编，俄罗斯科学院东方文献研究所，中国社会科学院民族研究所，上海古籍出版社编：《俄藏黑水城文献》，上海古籍出版社 1996—2020 年版。

史金波、陈育宁总主编，宁夏大学西夏学研究中心、国家图书馆、甘肃省古籍文献整理编译中心编:《中国藏西夏文献》，甘肃人民出版社、敦煌文艺出版社 2006 年版。

俄罗斯科学出版社东方文学部、上海古籍出版社编:《俄藏敦煌文献》，上海古籍出版社 2004 年版。

西北第二民族学院、英国国家图书馆、上海古籍出版社编:《英藏黑水城文献》，上海古籍出版社 2005 年版。

西北第二民族学院、上海古籍出版社编:《法藏敦煌西夏文献》，上海古籍出版社 2007 年版。

宁夏大学西夏学研究中心、内蒙古考古研究所、甘肃省古籍文献整理编译中心编:《中国藏黑水城汉文文献》，国家图书馆出版社 2008 年版。

沙知、吴芳思主编:《斯坦因第三次中亚考古所获汉文文献》(非佛经部分)，上海辞书出版社 2005 年版。

中国社会科学院西夏文化研究中心、宁夏大学西夏学研究院、甘肃省古籍文献整理编译中心、内蒙古博物院编:《西夏文物·内蒙古编》，中华书局、天津古籍出版社 2014 年版。

中国社会科学院西夏文化研究中心、宁夏大学西夏学研究院、甘肃省古籍文献整理编译中心、甘肃博物馆编:《西夏文物·甘肃编》，中华书局、天津古籍出版社 2014 年版。

中国社会科学院西夏文化研究中心、宁夏大学西夏学研究院、甘肃古籍文献整理编译中心、宁夏博物馆编:《西夏文物·宁夏编》，中华书局、天津古籍出版社 2016 年版。

俄罗斯国立艾尔米塔什博物馆、西北民族大学、上海古籍出版社编:《俄藏黑水城艺术品》，上海古籍出版社 2008 年版。

俄罗斯国立艾尔米塔什博物馆、西北民族大学:《俄罗斯国立艾尔米塔什博物馆藏黑水城艺术品》，上海古籍出版社 2012 年版。

夏鼐、宿白等编：《中国石窟》，中国文物出版社、日本国平凡社 1997 年版。

北京图书馆金石组编：《北京图书馆藏中国历代石刻拓本汇编（37）》，中州古籍出版社 1989 年版。

史金波、白滨、吴峰云：《西夏文物》，文物出版社 1988 年版。

国家文物局主编：《中国文物地图集·陕西分册》，西安地图出版社 1998 年版。

国家文物局主编：《中国文物地图集·宁夏分册》，文物出版社 2010 年版。

国家文物局主编：《中国文物地图集·青海省分册》，中国地图出版社 1993 年版。

国家文物局主编：《中国文物地图集·甘肃分册》，测绘出版社 2001 年版。

国家文物局主编：《中国文物地图集·内蒙古分册》，西安地图出版社 2003 年版。

李范文：《西夏陵墓出土残碑粹编》，宁夏人民出版社 1984 年版。

宁夏文物考古研究所、银川西夏陵区管理处：《西夏三号陵地面遗迹发掘报告》，科学出版社 2007 年版。

宁夏文物考古研究所、银川西夏陵区管理处：《西夏六号陵》，科学出版社 2013 年版。

中国社会科学院考古研究所编：《宁夏灵武窑发掘报告》，中国大百科全书出版社 1995 年版。

宁夏文物考古研究所：《拜寺沟西夏方塔》，文物出版社 2005 年版。

宁夏文物考古研究所：《宏佛塔》，文物出版社 2017 年版。

宁夏文物考古研究所：《闽宁村西夏墓地》，科学出版社 2004 年版。

甘肃省地方志办公室：《甘肃省志·文物志》，文物出版社 2019 年版。

敦煌研究院编：《中国石窟·敦煌莫高窟》，文物出版社 2011 年版。

敦煌研究院编:《中国石窟·安西榆林窟》,文物出版社 2012 年版。

彭金章、王建军:《敦煌莫高窟北区石窟》,文物出版社 2004 年版。

敦煌研究院、甘肃省博物馆:《武威天梯山石窟》,文物出版社 2000 年版。

陕西省文物局:《陕西第三次全国文物普查丛书·榆林卷》,陕西旅游出版社 2012 年版。

延安市文物志编纂委员会:《延安市文物志》,陕西旅游出版社 2004 年版。

青海省文物志编辑委员会:《青海省志文物志》,青海人民出版社 2001 年版。

青海省文物志编辑委员会:《西宁市大通县文物志》,西宁市城西区民族印刷厂 1991 年版。

青海省文物志编辑委员会:《湟中县湟源县文物志》,西宁市城西区民族印刷厂 1991 年版。

青海省文物志编辑委员会:《乐都县文物志》,青海民族印刷厂 1992 年版。

青海省文物志编辑委员会:《互助县平安县文物志》,西宁新宁印刷厂 1999 年版。

## (三) 研究论著

侯仁之:《历史地理学的理论与实践》,上海人民出版社 1979 年版。

敦煌文物研究所:《敦煌研究文集》,甘肃人民出版社 1982 年版。

罗福颐:《西夏官印汇考》,宁夏人民出版社 1982 年版。

陈炳应:《西夏文物研究》,宁夏人民出版社 1985 年版。

史金波:《西夏文化》,吉林教育出版社 1986 年版。

马文宽:《宁夏灵武窑》,紫禁城出版社 1988 年版。

史金波:《西夏佛教史略》,宁夏人民出版社 1988 年版。

许成:《宁夏考古史地研究论集》,宁夏人民出版社 1989 年版。

鲁人勇、吴忠礼、徐庄:《宁夏历史地理考》,宁夏人民出版社 1993 年版。

韩小忙:《西夏王陵》,甘肃文化出版社 1995 年版。

许成、杜玉冰:《西夏陵中国田野考古报告》,东方出版社 1995 年版。

洛阳市地方史志编纂委员会编:《洛阳市志》,中州古籍出版社 1996 年版。

[俄]米哈依·彼奥特洛夫斯基著,许洋主译:《丝路上消失的王国西夏黑水城的佛教艺术》,台北国立历史博物馆 1996 年版。

史金波、聂鸿音、白滨译注:《天盛改旧新定律令》,法律出版社 2000 年版。

[俄]捷连提耶夫·卡坦斯基著、景永时译:《西夏书籍业》,宁夏人民出版社 2000 年版。

方国瑜著、林超民编:《云南金石文物题跋》,云南教育出版社 2001 年版。

韩小忙:《西夏美术史》,文物出版社 2001 年版。

焦进文、杨富学校注:《元代西夏遗民文献〈述善集〉校注》,甘肃人民出版社 2001 年版。

党寿山:《武威文物考述》,武威光明印刷物资有限公司 2001 年版。

谢继胜:《西夏藏传绘画:黑水城出土西夏唐卡研究》,河北教育出版社 2001 年版。

陈炳应:《西夏探古》,甘肃文化出版社 2002 年版。

周兴华:《宁夏古迹新探》,宁夏人民出版社 2002 年版。

汤晓芳:《西夏艺术》,宁夏人民出版社 2003 年版。

牛达生:《西夏遗迹》,文物出版社 2007 年版。

史金波:《西夏社会》,上海人民出版社 2007 年版。

杨蕤:《西夏地理研究》,人民出版社 2008 年版。

[俄]吉拉·费达罗芙娜·萨玛秀克:《俄藏黑水城艺术品 2》,上海古籍出版社 2008 年版。

吴天墀:《西夏史稿》,商务印书馆 2010 年版。

陈育宁、汤晓芳:《西夏艺术史》,上海三联书店 2010 年版。

杭天：《西夏瓷器》，文物出版社 2010 年版。

谢继胜、熊文彬、罗文华：《藏传佛教艺术发展史》（上），上海书画出版社 2010 年版。

杜建录：《中国藏西夏文献研究》，上海古籍出版社 2012 年版。

牛达生：《西夏考古论稿》，上海古籍出版社 2013 年版。

牛达生：《西夏钱币研究》，宁夏人民出版社 2014 年版。

黎大祥、张振华、黎树科：《武威地区西夏遗址调查研究》，社会科学文献出版社 2014 年版。

杜建录：《党项西夏碑石整理与研究》，上海古籍出版社 2015 年版。

孙明：《菏泽市古石刻调查与研究》，科学出版社 2015 年版。

史金波：《瘠土耕耘——史金波论文选集》，中国社会科学出版社 2016 年版。

潘洁：《〈天盛律令〉农业门整理研究》，上海古籍出版社 2016 年版。

吕章申：《中国国家博物馆藏古代瓷器》，安徽美术出版社 2016 年版。

李进兴：《西夏瓷》，宁夏人民教育出版社 2016 年版。

陈育宁、汤晓芳、雷润泽：《西夏建筑研究》，社会科学文献出版社 2016 年版。

史金波：《西夏风俗》，四川文艺出版社 2017 年版。

史金波著，陈高华、徐吉军编：《中国风俗通史丛书？西夏风俗？全彩插图本》，上海文艺出版社 2017 年版。

## （四）期刊论文

李范文、李志清：《介绍西夏陵区的几件文物》，《文物》1978 年第 8 期。

宁夏回族自治区博物馆：《西夏八号陵发掘简报》，《文物》1978 年第 8 期。

宁夏回族自治区博物馆：《西夏陵区 108 号墓发掘简报》，《文物》1978 年第 8 期。

宁笃学、钟长发:《甘肃武威西郊林场西夏墓清理简报》,《考古与文物》1980 年第 3 期。

陈炳应:《甘肃武威西郊林场西夏墓题记、葬俗略说》,《考古与文物》1980 年第 3 期。

郑隆:《准格尔旗大沙塔壁画墓及附近古城》,《内蒙古文物考古》1981 年创刊号。

郑隆:《准格尔旗西夏壁画墓》,载《鄂尔多斯文物考古文集》,1981 年。

牛达生:《西夏陵园》,《考古与文物》1982 年第 6 期。

宁夏回族自治区博物馆:《西夏陵区 101 号墓发掘简报》,《考古与文物》1983 年第 5 期。

宁笃学:《武威西郊发现西夏墓》,《考古与文物》1984 年第 4 期。

李志清:《西夏墓封土形制、施色及位置探讨》,《考古学集刊》1985 年第 5 期。

中国社会科学院考古研究所内蒙古工作队编:《宁夏灵武磁窑堡窑址发掘简报》,《考古》1987 年第 10 期。

汪一鸣、许成:《论西夏京畿的皇家陵园》,《宁夏社会科学》1987 年第 5 期。

韩兆民、李志清:《宁夏银川西夏陵区调查简报》,《考古学集刊》1987 年第 5 期。

吴峰云:《西夏陵园的建筑特点》,载《西夏文物》,文物出版社 1988 年版。

宁夏文物考古研究所:《西夏陵园北端建筑遗址发掘简报》,《文物》1988 年第 9 期。

韩兆民、李志清:《关于西夏八号陵墓主人问题的商榷》,《考古学集刊》1987 年第 5 期。

中国社会科学院考古研究所编:《宁夏灵武县回民巷窑址调查》,《考古》1991 年第 3 期。

盖山林:《内蒙古西部地区西夏和党项人的文物》,《前线》1992 年第 3 期。

韩小忙:《西夏陵在中国古代陵寝制度发展史上的地位》,《宁夏社会科学》1993 年第 6 期。

宁夏文物考古研究所:《银川西夏陵区三号陵园东碑亭遗址发掘简报》,《考古与文物》1993 年第 2 期。

牛达生、贺吉德:《西夏陵三题》,《宁夏社会科学》1995 年第 4 期。

陈国灿:《乌海市所出西夏某参知政事碑考释》,《内蒙古大学学报》1997 年第 4 期。

韩小忙:《〈天盛律令〉与西夏丧葬习俗》,《青海民族学院学报》1998 年第 2 期。

韩小忙:《西夏陵陪葬墓述略》,载李范文主编《首届西夏学国际学术会议论文集》, 1998 年。

西考保:《西夏考古屡获新成果清理两处墓葬, 发现一处塔群遗址, 出土各类文物两千余件》,《中国文物报》1999 年 11 月 3 日。

刘斌:《武威发现西夏砖室火葬墓》,《丝绸之路》2000 年第 1 期。

姚永春:《武威西郊西夏墓清理简报》,《陇右文博》2000 年第 2 期。

余军:《关于西夏陵区三号陵园西碑亭遗址的几个问题》,《宁夏社会科学》2000 年第 5 期。

孙寿岭:《西夏的葬俗》,《陇右文博》2001 年第 2 期。

武威博物馆:《武威西关西夏墓清理简报》,《陇右文博》2001 年第 2 期。

朱存世、李芳:《西夏陵六号陵园平面结构及其文化意义》,《固原师专学报》(社会科学版) 2000 年第 1 期。

孙昌盛、杜玉冰:《宁夏灵武市回民巷西夏窑址的发掘》,《考古》2002 年第 8 期。

宁夏文物考古研究所、银川市西夏陵区管理处:《宁夏银川市西夏三号陵园遗址发掘简报》,《考古》2002 年第 8 期。

邓辉、白庆元:《内蒙古乌审旗发现的五代至北宋夏州拓跋部李氏家族墓志铭考释》，载《唐研究》第 8 卷，北京大学出版社 2002 年版。

孙昌盛：《略论西夏的墓葬形制和丧葬习俗》，《东南文化》2004 年第 5 期。

彭向前：《西夏圣容寺初探》，《民族研究》2005 年第 5 期。

杨蕤：《浅析西夏陵北端建筑遗址出土的泥塑人像》，《宁夏社会科学》2005 年第 4 期。

潘静、刘临安：《西夏王陵与北宋皇陵空间结构的比较》，《文博》2006 年第 1 期。

陈育宁、汤晓芳：《西夏官式建筑的文化特点——西夏王陵出土建筑构件之分析》，《西北民族研究》2006 年第 1 期。

彭向前：《再论西夏陵区北端建筑遗址的性质》，《宁夏师范学院学报》（社会科学版）2007 年第 1 期。

聂鸿音：《迦陵频伽在西夏王陵的象征意义》，《宁夏师范学院学报》2007 年第 1 期。

崔红芬：《多元文化对西夏丧葬习俗的影响——以河西地区为中心》，《西南民族大学学报》（人文社会科学版）2007 年第 6 期。

周伟、杨弋：《西夏三号陵出土瓦当及其研究价值探讨》，《文教资料》2008 年第 5 期。

黄震云：《西夏王陵鎏金铜牛石马和辽兴平公主墓葬考》，《西夏学》第五辑，上海古籍出版社，2010 年第 1 期。

杨浣、王军辉：《西夏王陵形制综论》，《西夏研究》2010 年第 3 期。

杨蕤、董红征：《浅析西夏力士碑座的艺术风格》，《四川文物》2010 年第 5 期。

陈于柱：《武威西夏二号墓彩绘木板画"蒿里老人"考论》，载《首届西夏学国际学术研讨会论文集》，2010 年。

于光建、徐玉萍：《武威西夏墓出土冥契研究》，《西夏研究》2010 年第 3 期。

孟凡人：《西夏陵陵园形制布局研究》，《故宫学刊》2012 年第 8 辑。

倪润安:《西夏墓葬的用木葬俗及其渊源》,《边疆考古研究》2012 年第 1 期。

孙昌盛:《西夏六号陵陵主考》,《西夏研究》2012 年第 3 期。

朱建路、刘佳:《元代唐兀人李爱鲁墓志考释》,《民族研究》2012 年第 3 期。

哈彦成:《玉泉营西夏墓群初探》,《文物世界》2013 年第 3 期。

汤晓芳:《西夏三号陵出土迦陵频伽、摩羯的艺术造型》,《西夏学》第九辑,上海古籍出版社,2013 年第 1 期。

牛达生:《自成体系的西夏陵屋顶装饰构件》,《西夏学》第十辑,上海古籍出版社,2013 年第 2 期。

张雯:《略论党项民族葬俗在西夏建国后的延续与演化闽宁村西夏墓地与西夏陵的比较研究》,《西夏学》第十辑,上海古籍出版社,2013 年第 2 期。

刘广瑞、朱建路:《大名新出夏汉文合璧墓志铭的价值和意义》,《光明日报》2014 年 5 月 21 日第 14 版。

于光建、黎大祥、张振华:《甘肃永昌县花大门藏传佛教石刻塔群遗址考论》,《西藏研究》2014 年第 1 期。

朱建路:《元代〈宣差大名路达鲁花赤小李钤部公墓志〉考释》,《民族研究》2014 年第 6 期。

魏亚丽:《西夏帽式研究》,宁夏大学西夏学研究院 2014 年硕士学位论文。

于光建:《武威西郊西夏二号墓出土木板画内涵新解》,《西夏研究》2014 年第 3 期。

刘毅:《辽西夏金陵墓制度的新因素及其影响》,《南方文物》2015 年第 3 期。

余军:《西夏王陵对唐宋陵寝制度的继承与嬗变以西夏王陵三号陵园为切入点》,《宋史研究论丛》2015 年。

何晓燕、金宁:《西夏陵区北端建筑遗址出土文物研究》,《西夏学》第十三辑,甘肃文化出版社,2016 年第 2 期。

于光建、邓文韬:《开封宋代繁塔夏州李光文题刻考述》,《石河子大学学报》(社会科学版)2016 年第 3 期。

史金波：《唐至宋初西北党项族拓跋氏上层的殡葬以出土墓志铭为例》，《西夏学》第十四辑，甘肃文化出版社，2017 年第 1 期。

王昌丰：《西夏陵区帝陵陵主新探》，《西夏学》第十四辑，甘肃文化出版社，2017 年第 1 期。

于光建：《武威西夏墓出土太阳、太阴图像考论》，《宁夏社会科学》2017 年第 3 期。

宋娟、王胜泽：《从宁夏博物馆藏“荔枝纹金牌饰”看西夏六号陵的墓主身份》，《宁夏社会科学》2018 年第 1 期。

## （五）外文文献

A.Ivanov, S.F.Oldenburgandv. Kotvich,IznakhodokP.K.Kozlova v gprode Khara Khoto *Some of P.K.Kozlov's Finds from the Town of Khara Khoto*, St. Perter burg:n. p.1909.

S.F.Oldenburg, *Materialypobuddiyskoylkonografii Khara-Khoto: Obrazatibetskogopis'ma Materials on the Buddhist Iconography of Khara Khoto: Icons in the Tibetan Style Heather Stoddard*：*Early Sino-Tibetan Art*，Orchid Press，2009.

Rhie , M .M .&T hurman, R.A .F .,eds., *Wisdom and Compassion:The Sacred Art of Tibet* , exhibition catalogue, London, 1991.

Huntington , John Cooper, *The Styles and Stylistic Sources of Tibetan Painting* , University of California , Los Angeles, Ph .D.Dissertation , 1968 , Fine Arts.

Pal, Pratapaditya , *Tibetan Paintings* , Switzerland, 1984.

Pal ,Pratapaditya , *Art of Tibet -A Catalogue of the Los Angeles County Museum of Art Collection* , 1990.

Linrothe , Rob,Peripheral Vision :On Recent Finds of Tangut Buddhist Art , Monumenta Serica, *Journal of Oriental Studies* , vol .XLIII , 1995.

Linrothe ,Rob , New Delhi and New England:Old Collections of Tangut Art , *Orientations* , June 1996.

Linrothe, Rob, *Sidd has on the Margins: Twelfth -to -Fourteenth-Century Images from Western Tibet and the Tangut Daxia, a paper given at the Arthur M .Sacler symposium "Saints, Sufis, and Siddhas:Holy Men and Women in South Asian Art"* , on April, 29, 1995 ,Washington D .C .

*Ushinishavijaya and the Tangut Cult of the Stupa at Yu-lin Cave 3*, National Palace Museum Bulletin31 :4 −5 :1 −24 , plates.

*Portraiture and Patronage in Tangut Buddhism 12th-13th Century*. Nath, Amarendra, Buddhist Images and Narratives , New Delhi , 1986.

# 后　记

编纂一部多卷本西夏通志是多年的夙愿，2001年教育部批准建设西夏学重点研究基地时，就将该任务纳入基地建设规划。只是鉴于当时资料匮乏，研究团队也比较薄弱，在上级主管部门和学界的支持下，确定先从基础资料和研究团队抓起，采取西夏文献资料整理出版、西夏文献资料专题研究和大型西夏史著作编纂的"三步走"战略，率先开展教育部基地重大项目"国内藏西夏文献整理研究"。2008年多卷本《中国藏西夏文献》出版后，开始着手《西夏通志》的编纂，起初取名《西夏国志》，后更名《西夏通志》。经过几年的准备，2015年获批国家社科基金重大项目，2017年得到滚动支持，2022年完成结项。

《西夏通志》编纂团队除史金波等前辈学者外，大多是基地培养出的学术带头人和学术骨干，他们绝大部分主持多项国家社科基金项目和部省级项目，有的承担国家社科基金重大重点项目，研究领域涉及西夏政治、经济、军事、文化、艺术、地理、文字、文献、文物等方方面面，为保质保量完成编纂任务奠定了坚实的基础。

《西夏通志》编纂过程中，得到学界的大力支持，史金波、陈育宁、聂鸿音、李华瑞、王希隆、程妮娜、孙伯君等先生或讨论提纲，或参与撰稿，或评审稿本，提出宝贵的意见。人民出版社赵圣涛编审积极组稿，并获批国家出版基金资助，使本书得以顺利出版，在此表示由衷地感谢！

杜建录

2025 年 3 月 12 日

责任编辑：赵圣涛
责任校对：吕　飞　高　敏
封面设计：郭海鹏　汪　莹　胡欣欣


**图书在版编目（CIP）数据**

西夏通志／杜建录主编. -- 北京：人民出版社，2024. -- ISBN 978-
7-01-026632-9

Ⅰ. K246.3

中国国家版本馆 CIP 数据核字第 2024RN5367 号

**西夏通志**

XIXIA TONGZHI

杜建录　主编

人民出版社 出版发行

（100706　北京市东城区隆福寺街 99 号）

北京雅昌艺术印刷有限公司　新华书店经销

2025 年 8 月第 1 版　2025 年 8 月北京第 1 次印刷
开本：710 毫米×1000 毫米 1/16　印张：283.5
字数：4200 千字

ISBN 978-7-01-026632-9　定价：1599.00 元（全十二册）

邮购地址 100706　北京市东城区隆福寺街 99 号
人民东方图书销售中心　电话（010）65250042　65289539